Die Hürde der deutschen Sprache ist hoch.

Dennoch bemühen sich viele darum, sie zu nehmen. «Deutsch Zwei» baut auf den Anfängerkurs «Deutsch Eins» (rororo sprachen 61411) auf. Es ist geeignet für alle, die allein oder in Gruppen Deutsch lernen wollen – ein lebendiger Einstieg in die Umgangssprache, nahe am Alltag. Als Lehr- und Arbeitsbuch in einem enthält es Dialoge, Lesetexte, Kontrolltests, Schlüssel zu den Übungen. Eine Besonderheit ist das rund 1800 Wörter umfassende Glossar am Ende des Buches. Alle Wörter werden in der Bedeutung, die sie in den Texten haben, in folgende Sprachen übersetzt: Englisch, Französisch, Italienisch, Spanisch, Arabisch, Persisch, Türkisch und Russisch.

Die CD im Buch bringt «Deutsch Zwei für Ausländer» mit hörspielhaften Dialogen und Hörverständnisübungen ins Ohr.

Christof Kehr ist Lehrer für Deutsch als Fremdsprache und Autor («Spanisch von Anfang an», «Flüssiges Spanisch», «Spanisch in letzter Minute»).

Michaela Meyerhoff ist Germanistin und Romanistin, hat als Deutschlehrerin in Paris und Lausanne gearbeitet und unterrichtet in Mainz Deutsch als Fremdsprache.

---

rororo sprachen
Herausgegeben von Ludwig Moos

Überarbeitete Neuausgabe, Oktober 2002
Veröffentlicht im
Rowohlt Taschenbuch Verlag GmbH,
Reinbek bei Hamburg, Oktober 1991
Copyright © 1991, 2002 by
Rowohlt Taschenbuch Verlag GmbH,
Reinbek bei Hamburg
Umschlaggestaltung
Notburga Stelzer
Umschlagillustration
Gerd Huss
Layout und Grafik
Iris Christmann
Alexander Urban
Zeichnungen
Mathias Hütter
Fotos
Alexander Kehr
Satz
Times und Futura
Gesamtherstellung
Clausen & Bosse, Leck
Printed in Germany
ISBN 3 499 61414 6

Christof Kehr
Michaela Meyerhoff

DEUTSCH

DEUTSCH ZWEI FÜR AUSLÄNDER

Ein Aufbaukurs
zum
Reden und Verstehen

Rowohlt Taschenbuch Verlag

INHALT

Deutsch Zwei

INHALT

Vorwort 6
Gebrauchsanweisung 10

Thema 1 **Zusammenleben** 14
Thema 2 **Freizeit** 50
         Test 1 88

Thema 3 **Papierkrieg** 94
Thema 4 **Jobsuche** 130
         Test 2 166

Thema 5 **Gesellschaft und Politik** 172
Thema 6 **Moderne Zeiten** 208
         Test 3 254

Glossar   Deutsch, Englisch, Französisch,
           Italienisch, Spanisch, Arabisch,
           Persisch, Türkisch, Russisch
           260

Lösung   Übungen 1–6 314
Schlüssel Tests 1–3 339
Verben   Unregelmäßige Konjugation 344
Index   Grammatik 1–6 354

VORWORT

BEVOR ES LOSGEHT

Deutsch Zwei ist der abschließende Band eines zweibändigen Lehrwerkes, das an das Niveau der **Zertifikatsprüfung Deutsch als Fremdsprache** heranführt. Diese Prüfung wird vom Deutschen Volkhochschulverband und dem Goethe-Institut definiert und in den meisten Ländern der Welt anerkannt. *Deutsch Eins* und *Zwei* ist methodisch-didaktisch so angelegt, dass es ohne weitere Hilfsmittel im Gruppenunterricht eingesetzt werden kann. In Intensivkursen mit täglich mehreren Unterrichtsstunden empfiehlt sich dennoch, stärker auf individuelle Interessen einzugehen, indem der Lehrer Zusatzmaterial präsentiert und mit dem Kurs bearbeitet. In Kursen mit 2 - 6 Wochenstunden kann er darauf verzichten.

Selbstlerner, die ganz ohne Lehrer vorgehen, finden im Buch und auf CD alles, was sie brauchen. Wer mit Hilfe des Lösungsschlüssels seine Arbeit selbst kontrolliert, der kann problemlos alle Themen bewältigen. Wer diesen Band durchgearbeitet hat, wird mindestens über ein Vokabular von ca. 1800 Wörtern verfügen.

Deutsch Zwei vermittelt ein heute gesprochenes Alltagsdeutsch, das nah dran ist an der gesellschaftlichen Realität jüngerer Generationen. Darüber hinaus führt es durch gezielte Aufgaben langsam an das Schreiben heran. Wir empfehlen dazu, die schriftlichen Übungen auch wirklich zu schreiben. Wem es zu lästig ist, immer ein Heft mit sich zu führen, der sollte zumindest immer einige lose Blätter im Buch liegen haben.

Deutsch Zwei ist so aufgebaut:

1. Der ***Dialog*** am Anfang eines jeden ***Themas*** ist als fortlaufende Geschichte verpackt. Das schafft Spannung, denn man will wissen, wie es weitergeht. Die Sprache, die den Dialogen zugrunde liegt, ist eine informelle bis familiäre Umgangssprache, für die – so wie im Leben – auch ein Schimpfwort kein Tabu ist.

2. Eine große Anzahl an ***Hörverständnis-Übungen*** trägt dazu bei, dass sich der Lerner auch von Buch und Buchstaben lösen lernt. Obwohl Kommunikation nur zum Teil schriftlich fließt, kommen Hören und Sprechen oft zu kurz beim Lernen. Denn entweder gibt es zu wenige Übungen in den Lehrwerken, oder der Lehrer selbst redet zu viel. Um das Sprechen zu trainieren, bringen wir in der Praxis Partnerübungen und ***Mini-Dialoge***, das sind immer wieder anwendbare Sprechformeln. Neu im Vergleich zu ***Deutsch Eins*** ist der Teil ***Hör&Spiel***. Hier geht die Dialog-Story nur (auf CD) gesprochen weiter, nur Gehörtes und nicht Nachlesbares wird bearbeitet. Neben einem Spielvorschlag für Gruppen steht hier auch der ***Maxi-Dialog***, der auffordert, das im Thema Gelernte szenisch zu verarbeiten (deshalb der Theater-Vorhang als Symbol).

3. ***Deutsch Zwei*** ist komfortabel: Zum Buch gibt es eine CD, auf der alles das zu hören ist, was im Buch mit einem CD-Symbol versehen ist. Die Nummern im Symbol führen Sie schnell zu der entsprechenden Stelle auf der CD.

4. Lehrbuch, Arbeitsbuch und Schlüssel zu den Übungen sind nicht in drei, sondern in einen einzigen Band gepackt. In ein Taschenbuch zudem, das leicht handhabbar und überallhin mitzunehmen ist. Es passt in die Hand- oder Jackentasche und lässt sich leicht in der U-Bahn oder auf der Autobahnraststätte wieder herausholen.

Die Bequemlichkeit ist inhaltlich durchdacht:
– Jedes neue *Thema* kann auch mit der *CD* begonnen werden: Man hört sich den Dialog an, beantwortet die *Hör-Zu-Fragen A*, hört noch einmal den Dialog und beantwortet nun die *Hör-Zu-Fragen B*.

– Danach kommen sofort die *Wörter,* die auch im *Glossar* aufgeführt und in acht Sprachen (Englisch - Französisch - Italienisch - Spanisch - Arabisch – Persisch - Türkisch – Russisch) übersetzt sind. Trifft man zum Beispiel in **Thema 1** auf das Wort „übertreiben" und versteht es nicht sofort im Zusammenhang, so findet man im *Glossar*: «übertreiben 1, to exagerate, exagérer, esagerare ....» Spätestens jetzt hat man das Wort verstanden und trägt es in seiner Muttersprache in *Wörter* ein. Diejenigen, die keine dieser acht Sprachen beherrschen, sollten ein Wörterbuch zu Hilfe nehmen.

– Neben der *Theorie* steht die *Praxis*, das heißt links die Grammatik und rechts die Übungen dazu. Auch das erspart einiges an Blättern. Am Ende des Theorieteils sind unter *Achtung* wichtige Ausdrucksweisen zusammengefasst, die typisch für das Deutsche sind und in anderen Sprachen oft keine wörtliche Entsprechung haben.

– Die *Lektüre*-Texte mit ihren Leseverständnis-Übungen am Ende jedes Themas führen behutsam an das Lesen heran. Wer sich das Wichtigste eines Themas mehr oder weniger mühevoll einverleibt hat, der kann sich jetzt in Ruhe zurücklehnen und den *Lektüre*-Text lesen. Alles ist problemlos zu verstehen. Wir haben nämlich das bisher bekannte Vokabular neu durchgemischt und landeskundlich verpackt.

Nach jeweils zwei Themen folgt ein längerer Wiederholungstest, in dem das neu Gelernte nochmals vertieft wird. Die Hörverständnis-Übungen sind nur in Verbindung mit der CD zu machen, die Übungen selbst sind schnell zu bewältigen: Multiple-Choice erspart viel Schreiberei. Wer den Text durchgearbeitet hat, der findet im Anhang unter *Lösung* die korrekten Antworten und kann sich so selbst überprüfen. Dafür gilt: bis zu 20 Prozent falsch – sehr gut bis gut; bis zu 50 Prozent falsch – gut genug; über 50 Prozent falsch – nicht gut genug. Mehr als die Hälfte Fehler sind zu viel – der Lerner sollte sich **Wörter, Theorie und Praxis** der vorhergehenden Themen nochmals genau zu Gemüte führen.

Die folgende Gebrauchsanweisung ist ein Vorschlag, wie ein Selbstlerner ohne Lehrer mit Buch und CD vorgehen kann. Natürlich gibt es auch andere Möglichkeiten, vor allem für diejenigen, die in einer Gruppe mit Lehrer lernen.

SO GEHT'S

GEBRAUCHS-ANWEISUNG

Sie können so mit diesem Buch arbeiten:

1.

Sie hören den **Dialog**: Was ist hier los? Was ist die Situation?

2.

Hörverständnis-Übung: **Hör Zu A**.

3.

Sie hören den **Dialog** noch einmal genau: Verstehen Sie alles? Wer? Wo? Wann? Was? Warum? Wie?

4.

Hörverständnis-Übung: **Hör Zu B**.

5.

Sie hören noch einmal den **Dialog**. Sie lesen den **Dialog**.

6.

Sie suchen die neuen Wörter im **Glossar** (oder im Wörterbuch). Sie schreiben die Wörter in Ihrer Sprache in **Wörter**.

7.

Sie lernen die neuen **Wörter**. Sie halten zum Beispiel das deutsche Wort immer zu und fragen sich selbst.

8.

Sie suchen die neue Grammatik im **Dialog** und in der **Theorie**.

9.

Sie machen in der **Praxis** die Übungen zum Thema. Sie überprüfen die Aufgaben mit der **Lösung** am Ende des Buches.

10.

Sie hören das Hörspiel von der Kassette und beantworten die Fragen unter **Hör&Spiel** dazu. Dann spielen Sie mit Partnern das Spiel und den Maxi-Dialog.

11.

Sie lesen den **Lektüre**-Text. So wiederholen Sie noch einmal das Thema. Dann beantworten Sie die Fragen dazu. (Antworten im Schlüssel)

12.

Sie machen immer nach zwei Themen den Wiederholungs-**Test** und überprüfen die Aufgaben mit dem **Schlüssel**.

SO GEHT'S

Sie finden am Ende des Buches:

Glossar: Alle Wörter in acht Sprachen: Englisch, Französisch, Spanisch, Italienisch, Arabisch, Persisch, Türkisch, Russisch.

Lösung: Die Antworten zu den Fragen aus **Hör Zu**, **Praxis**, **Hör & Spiel** und **Lektüre**.

Schlüssel: Die Antworten zu den **Tests** (1–3).

Verben: Alle unregelmäßigen Verben aus **Deutsch Eins** und **Deutsch Zwei**.

Index: Wo (in welchem Thema) steht die Grammatik?

Die Piktogramme im Übungsteil

Zur besseren Übersicht sind die praktischen Übungen durch Symbole gekennzeichnet. Sie bedeuten:

 Hier gibt es ein Problem.

 Sie schreiben in ein Heft.

 Sie sprechen.

 Sie sprechen mit einem Partner.

 Sie spielen Theater.

 Stopp! 1. Denken 2. Machen

 Sie hören.
Die Nummer ist die Tracknummer der CD.

 Hier stehen die Übungen zur Theorie.

THEMA 1

DIALOG

ZUSAMMENLEBEN

Einziehen

Janina, wie findest du das Foto hier neben dem Regal?

Welches Foto? Das griechische, das mit dem alten Fischer?

Nee, das andere, das der Amerikaner von uns gemacht hat. (Tapp, tapp, tapp, Janina kommt ins Zimmer.) *Nun?*

Ja, das passt gut da. Der Ami war ein komischer Typ.

Irgendwie war der etwas verloren in Kreta.
Ich habe mich gefreut, dass er uns zu dieser irren Bootstour eingeladen hat. Ja, ja, Thomas, da habe ich mich richtig in dich verliebt.
Bei mir hat das schon im Flugzeug angefangen. Weißt du noch? Damals im Zug. Da habe ich mich erst mal über dich geärgert.
Wieso?
Du warst halt so kühl zu mir.
Ich hatte eben keine Lust zu reden.
Und dann ist Gott sei Dank alles doch ganz anders gekommen.
Jetzt bin ich endlich weg von zu Hause. Ich bin wirklich froh, dass wir zusammengezogen sind.
Ich habe es auch kaum ausgehalten, bis wir hier eingezogen sind.
Jetzt sind wir glücklich....

Anziehen

Du, Janina, ich weiß nicht, was ich anziehen soll.
Das Fest ist doch bei deinen Freunden. Du musst wissen, ob die Männer da im weißen Smoking aufkreuzen oder ob eine alte Jeans reicht.
Soll ich den Anzug anziehen?
Welchen?
Den Anzug, der dir so gut gefällt?
Das ist doch übertrieben!
Ich glaube, ich ziehe das braune Jackett an. Da kann man nichts falsch machen.
Ich möchte mich heute nicht so aufdonnern, Thomas. Ich finde die Freunde, die du hast, sowieso nicht so interessant.
Sei nicht so negativ! Du kennst sie doch gar nicht.
Na, mal sehen, wie sie mir gefallen.

Umziehen

Dieser Marius hat dir wohl gut gefallen.
Wieso?
Du hast den ganzen Abend nur mit ihm getanzt.
Jetzt übertreib aber nicht!
Mit mir hast du kein einziges Wort geredet.
Wir können doch den ganzen Tag miteinander reden.
Komm, komm! ... Wir sehen uns doch nur beim Frühstück und abends.
Na, jedenfalls hat er mir Geschichten erzählt, die wirklich interessant und komisch waren. Ich habe mich auf dem Fest gut amüsiert.

Besonders mit diesem arroganten Marius.
Ja, warum nicht, ist das verboten? Komm, beruhige dich, mach nicht so 'nen Zirkus! Du bist unmöglich.
Nein, so kann ich nicht mit dir zusammenleben. Das macht mich unglücklich. Ich ziehe um, heute Nacht schlafe ich auf dem Sofa.

Ausziehen
Wer kriegt das Foto aus Kreta?
Das kannst du ruhig mitnehmen. Ich mache mir nichts aus sentimentalen Erinnerungen.
Thomas, morgen hole ich meine Möbel und meine anderen Sachen.
Wo ziehst du eigentlich hin?
Ich habe eine WG gefunden. So kann ich Geld sparen, weil wir die Miete teilen.

Was für eine WG?
Eine ganz normale. Da wohnt eine Frau, die mit mir studiert.
Und dieser Marius, den du auf dem Fest kennen gelernt hast, wohnt der auch da?
Was biste denn so neugierig? Ich wohne da mit zwei netten Frauen und drei Typen.
Wohnt dieser Marius auch da?!!
Na und, was ist schon dabei? Wir haben nichts miteinander.
Janina, ich glaube dir nicht. Aber das geht mich ja auch nichts mehr an.
Unsere Geschichte ist halt aus und vorbei. Wir lieben uns nicht mehr.
Deswegen ist es besser, dass du hier auszieht.

HÖR ZU

A

Was ist richtig?

1. Janina und Thomas
a sind zusammen im Urlaub.
b fahren nach Kreta.
c wohnen zusammen.

2. Janina und Thomas
a gehen zusammen auf ein Fest.
b kaufen Kleider.
c sprechen über ihre Eltern.

3. Janina und Thomas
a amüsieren sich beide gut.
b ziehen in eine Wohngemeinschaft.
c haben Probleme nach dem Fest.

B

Ja oder nein?

Ja Nein

Einziehen
1. Thomas hängt ein Foto aus Griechenland auf.
2. Janina findet das Foto komisch.
3. Sie haben Probleme, weil sie von zu Hause weg sind.

Anziehen

4. Janina weiß nicht, was sie anziehen soll.
5. Sie will sich nicht sehr schön machen.
6. Janina kennt die Freunde von Thomas sehr gut.

Umziehen

7. Janina hat nur mit Thomas getanzt.
8. Thomas hat sich auf dem Fest gut amüsiert.
9. Thomas macht Theater, weil Janina sich besonders gut mit Marius verstanden hat.

Ausziehen

10. Janina zieht in eine andere Wohnung.
11. Thomas glaubt, dass sie in Marius verliebt ist.
12. Janina und Thomas lieben sich noch.

WÖRTER

ZUSAMMENLEBEN

Einziehen

das Regal, – e

....

das Foto, – s

....

griechisch

....

alt

....

der Fischer, –

....

anderer

....

der Amerikaner, –

....

passen

....

der Ami, – s

....

komisch (2x!)

....

....

der Typ, – en

....

irgendwie

....

verloren (verlieren)

....

irre

....

die Bootstour, – en

....

die Tour, – en

....

richtig

....

das Flugzeug, – e

....

anfangen

....

damals

....

sich ärgern

....

kühl

....

ganz

....

anders

....

endlich

....

wirklich

....

zusammenziehen (zusammengezogen)

....

kaum

....

aushalten (ausgehalten)

....

glücklich

....

Anziehen

der Smoking, – s

....

aufkreuzen ◊

....

übertrieben

....

falsch

....

ZUSAMMENLEBEN   21

sich aufdonnern ◊

....

negativ

....

Umziehen

umziehen (umgezogen)

....

wohl

....

tanzen

....

übertreiben (übertrieben)

....

einzig

....

miteinander

....

amüsieren (amüsiert)

....

arrogant

....

verbieten (verboten)

....

sich beruhigen

....

der Zirkus, – se

....

unmöglich

....

unglücklich

....

schlafen (geschlafen)

....

Ausziehen

ruhig

....

mitnehmen (mitgenommen)

....

solch

....

sentimental

....

die Erinnerung, – en

....

das Möbel, –

....

ziehen (gezogen)

....

die WG,–s ◊ = die Wohngemeinschaft, – en

....

sparen

....

teilen

....

normal

....

studieren (studiert)

....

dabei

....

Was ist schon dabei?
Das macht nichts

....

Wir haben etwas miteinander
Wir sind verliebt.

....

angehen (angegangen)

....

Das geht mich nichts an
Das ist nicht mein Problem.

....

vorbei

....

aus und vorbei
ganz zu Ende

....

lieben

....

Thema 1

Theorie

das Adjektiv

aufziehen, (aufgezogen)

der Aufzug, – züge

ausdrücken

der Auszug, – züge

die Batterie, – n

die Beziehung, – en

der Einzug, – züge

das Gefühl, – e

man

das Monster, –

die Ordnung, – en

positiv

das Relativpronomen, –

der Relativsatz, – sätze

überziehen, (überzogen)

der Umzug, – züge

unbestimmt

die Wiederholung, – en

die Wortfamilie, – n

wunderbar

Praxis

das Bild, – er

bunt

das Chaos

der Fisch, – e

gefährlich

das Gemüse, –

das Glas, Gläser

heimlich

jung

kosten

Kreuzworträtsel

der Kuchen, –

die Liebe, – n

der Mafioso, Mafiosi

der Mitschüler, –

ZUSAMMENLEBEN

nachdenken

....

ordnen

....

die Party, Parties

....

raten (geraten)

....

der Schüler, –

....

Spanien

....

spannend

....

sprechen

....

trocken

....

überhaupt

....

der Wagen, –

....

weglaufen (weggelaufen)

....

der Zettel, –

....

Angaben zur Person

die Angabe, – n

....

die Person, – en

....

der Vorname, – n

....

geb. (= geboren)

....

die Anschrift, – en

....

das Geburtsdatum, –daten

....

der Geburtsort, – e

....

die Staatsangehörigkeit, – en

....

kanadisch

....

israelisch

....

ägyptisch

....

die Religion, – en

....

christlich

....

protestantisch

....

katholisch

....

jüdisch

....

moslemisch

....

buddhistisch

....

hinduistisch

....

atheistisch (= ohne Religion)

....

der Familienstand

....

ledig

....

verheiratet

....

verwitwet

....

geschieden

....

die Anzahl

....

Name:	Gretzler, geb. Meyerhoff	Johnson	Meir	Al-Malaika
Vorname:	Michaela	Bob	Esther	Chalil
Anschrift:	Am Volkereck 3 50123 Köln Deutschland	Lowell Drive, Kamloops, Kanada	King Street 31 Jerusalem, Israel	Sadoun Street Bagdad Irak
Geburtsdatum:	14.03.1956	01.07.1960	14.05.1948	14.07.1958
Geburtsort: Land	Mainz BRD	Uranium City Kanada	Budapest Ungarn	Alexandria Ägypten
Staatsangehörigkeit:	deutsch	kanadisch	israelisch	ägyptisch
Religion:	keine	katholisch	jüdisch	moslemisch
Familienstand:	verheiratet	geschieden	ledig	verwitwet
Anzahl der Kinder:	drei	drei	keine	sechs

ZUSAMMENLEBEN

THEORIE

Der Relativsatz

1. ... **das** andere Foto, **das** der Amerikaner gemacht **hat**.
2. ... **der** Anzug, **der** dir so gut **gefällt**.
3. ... **die** Freunde, **die** du **hast**.
4. ... **die** Geschichten, **die** wirklich interessant **sind**.
5. ... **die** Frau, **die** mit mir **studiert**.
6. ... **dieser** Marius, **den** du auf dem Fest kennen gelernt **hast**.

Der Relativsatz ist ein **Nebensatz** → **das Verb** steht immer ganz am Ende.

Die Relativpronomen

	maskulin	feminin	neutrum	Plural
Nominativ	der	die	das	die
Akkusativ	**den**	die	das	die

Das ist **der** nette **Italiener**, **der** mit uns nach Kreta **gefahren ist**.
den wir gestern **kennen gelernt haben**.

Relativsatz im Perfekt → **Relativpronomen + ... + Partizip 2 + haben/sein**

❏ KONTAKTE/FREUNDE

Gedankenaustausch gesucht! Ich wünsche mir einen offenen Briefwechsel über alles was uns bewegt, gemeinsames Nachdenken und Philosophieren. Ich (m, 36) bin sensibel, nachdenklich, ziemlich schüchtern, aber auch eigensinnig, ernst und humorvoll. Mir selbst und der Gesellschaft stehe ich kritisch gegenüber. Jeder Brief wird beantwortet. Chiffre: **Tauwetter**

Wer, wenn nicht Du. Wann, wenn nicht jetzt.

1. Aus zwei mach eins
Relativpronomen im Nominativ

1. Das ist die Frau. Sie ist so nett.

Das ist die Frau, die so nett ist.

2. Das ist der Typ. Er erzählt irre Geschichten.
3. Das sind die Freunde. Sie sind gerade in Peking gewesen.
4. Das ist Edgar. Er schläft immer auf dem Sofa.
5. Das ist Karin. Sie donnert sich immer so auf.
6. Das ist der Junge. Er ist mit vierzehn Jahren von zu Hause weggelaufen.
7. Das ist das Buch. Es hat nur zehn Euro gekostet.
8. Das ist der Smoking. Er steht dir so gut.
9. Das ist die Geschichte. Sie gefällt mir so gut.

2. Aus zwei mach eins
Relativpronomen im Akkusativ

1. Hier ist das Foto. Der Fischer hat es gemacht.

Hier ist das Foto, das der Fischer gemacht hat.

2. Wir kaufen die Zeitung. Du findest sie gut.
3. Wo ist der Scheck? Ich habe ihn dir gestern gegeben.
4. Ich esse gerne den Kuchen. Meine Oma hat ihn gemacht.
5. Ich stelle dir meine Freunde vor. Wir haben sie in Frankreich kennen gelernt.
6. Das ist ein Auto. Man findet es heute gut.
7. Wer hat den Mann gesehen? Petra sucht ihn.
8. Wann kommt endlich die Zwiebelsuppe? Ich habe sie bestellt.
9. Herrn Mayer gehört die Wohnung. Wir haben sie jetzt gemietet.

3. Fragen zum Thema

1. Wovon sprechen Janina und Thomas beim Einziehen in ihre neue Wohnung?
2. Wo haben sie sich ineinander verliebt?
3. Warum sprechen Janina und Thomas hier über Kleider?
4. Warum schläft Thomas nach dem Fest auf dem Sofa?
5. Wie lebt Janina jetzt?
6. Was tun Sie, wenn die Liebe «aus und vorbei» ist?

THEORIE

Achtung! Monster-Sätze

Das ist **der** nette **Italiener**, **den** wir gestern Abend in Frankfurt auf dem tollen Fest von meiner Freundin Susanne und ihrem türkischen Freund beim Tanzen nach afro-brasilianischer Musik **kennen gelernt haben**.

> Auch in sehr sehr langen **Relativsätzen** steht das **Verb** ganz **am Ende**.

4. Setzen Sie das passende Relativpronomen ein

1. Das sind meine neuen Hosen, …… ich heute Morgen gekauft habe.
2. Darf ich Ihnen Herrn Mueller vorstellen, …… ich in Paris kennen gelernt habe.
3. Da kommt der junge Mann, …… gestern in die Wohnung neben uns gezogen ist.
4. Julian kommt mit seiner Schwester Karina, …… sich immer so aufdonnert.
5. Da steht Marius, …… immer so interessante Geschichten erzählt.
6. Das ist das Buch, …… er mir geschenkt hat.
7. Da steht der Mann, …… ich liebe.
8. Wo ist das Kino, …… immer alte Filme zeigt?
9. Er kommt mit dem roten Porsche, …… du so toll findest.

5. Verbinden Sie
Was gehört zusammen?

1. Es ist wirklich besser,
2. Er hat es kaum ausgehalten,
3. Egon hat den Braten bestellt,
4. Eva hat sich aufgedonnert für Tim,
5. Du erzählst immer Geschichten,
6. Wir sind so neugierig,

a der uns das letzte Mal so gut geschmeckt hat.
b die keiner glauben kann.
c den sie jetzt liebt.
d dass wir nicht mehr darüber reden.
e weil wir alles wissen wollen.
f bis sie endlich «ja» gesagt hat

THEORIE

Welcher oder was für ein?

Welches Foto? — **Das** griechische Foto.
Welche Fotos? — **Die** griechischen Fotos.
Was für eine Geschichte? — **Eine** amüsante Geschichte.
Was für Geschichten? — Amüsante Geschichten.

Sing.	Nominativ			Akkusativ			Dativ		
Mask.	welcher?	→	der	welchen?	→	den	welchem?	→	dem
Fem.	welche?-	→	die	welche?	→	die	welcher?	→	der
Neut.	welches?-	→	das	welches?	→	das	welchem?	→	dem
Plural	welche?	→	die	welche?	→	die	welchen?	→	den
Mask.	was für ein?	→	ein	was für einen?	→	einen	was für einem?	→	einem
Fem.	was für eine?	→	eine	was für eine?	→	eine	was für einer?	→	einer
Neut.	was für ein?	→	ein	was für ein?	→	ein	was für einem?	→	dem
Plural	was für – ?	→	–	was für – ?	→	–	welchen?	→	den

welcher	→ der	(bestimmter Artikel)
was für ein	→ ein	(unbestimmter Artikel)
was für + Plural	→	(ohne Artikel)

6. Wortsalat

PRAXIS

Ordnen Sie das Chaos, bis Sie richtige Sätze finden. Wenn es sehr schwer ist, dann schreiben Sie die Satzteile auf Zettel:

1. irren Bootstour – eingeladen hat – dass er uns – ich habe – mich gefreut – zu dieser

2. froh, dass – ich bin – sind – wir zusammengezogen – wirklich

3. aufkreuzen oder ob – die Männer da – du – Jeans reicht – musst wissen, ob – eine alte – im weißen Smoking

4. erzählt, die – hat er – interessant und komisch – mir Geschichten – na jedenfalls – waren – wirklich

5. nichts mehr an – aber das geht – dir nicht, – ich glaube – mich ja auch

7. Wer ist das?

Beschreiben Sie einen Mitschüler aus Ihrer Klasse. Die anderen sollen raten, wer es ist, zum Beispiel:

X trägt eine blaue Jeans und ein weißes Hemd, einen roten Pullover und schwarze Schuhe.

ZUSAMMENLEBEN

THEORIE

Adjektive

Wie findest du **das griechische** Foto?
Das mit **dem alten** Fischer?
Er hat uns zu **dieser irren** Bootstour eingeladen.
Soll ich da **im weißen** Smoking aufkreuzen?
Ich ziehe **das braune** Jackett an.
Besonders mit **diesem arroganten** Marius.

Er war **ein komischer** Typ.
Soll ich **eine alte** Jeans anziehen?
Du hast **kein einziges** Wort mit mir geredet.

Adjektive beim bestimmten Artikel

Singular	Maskulinum	Femininum	Neutrum	Plural
Nom.	der nette Mann **der -e**	die nette Frau **die -e**	das nette Kind **das -e**	die netten Kinder **die -en**
Akk.	den netten Mann **den -en**	die nette Frau **die -e**	das nette Kind **das -e**	die netten Kinder **die -en**
Dat.	dem netten Mann **dem -en**	der netten Frau **der -en**	dem netten Kind **dem -en**	den netten Kindern **den -en**

Adjektive beim unbestimmten Artikel

Singular	Maskulinum	Femininum	Neutrum	Plural
Nom.	ein netter Mann **ein -er**	eine nette Frau **eine -e**	ein nettes Kind **ein -es**	nette Kinder **-e**
Akk.	einen netten Mann **einen -en**	eine nette Frau **eine -e**	ein nettes Kind **ein -es**	nette Kinder **-e**
Dat.	einem netten Mann **einem -en**	einer netten Frau **einer -en**	einem netten Kind **einem -en**	netten Kindern **-en**

8. Ergänzen Sie die Adjektiv-Endungen nach bestimmtem Artikel

1. Das ist der jung…… Amerikaner.
2. Wo ist das griechisch…… Foto?
3. Das Foto mit dem alt…… Fischer?
4. Ich ziehe das braun…… Jackett an.
5. Du kannst doch nicht diese alt…… Jeans anziehen!
6. Ich suche die neu…… Fotos mit der schön…… jung…… Frau.
7. Ich finde diesen arrogant…… Marius blöd.
8. Hast du auch die lang…… Bootstour in Kreta mitgemacht?
9. Wo ist die rot…… Bluse?
10. Gib mir das neu…… Kinderbuch mit den viel…… bunt…… Bildern.

9. Ergänzen Sie die Adjektiv-Endungen nach unbestimmtem Artikel

1. Der junge Mann ist ein komisch…… Typ.
2. Er hat nicht ein einzig…… Wort gesagt.
3. Hast du eine rot…… Bluse zu diesem Rock?
4. Sie zieht sicher wieder eine alt…… Jeans an.
5. Er kommt jedesmal mit einem ander…… Auto.
6. Heute ist es ein blau…… Porsche, morgen ist es ein rot…… Mercedes.
7. Ich suche ein Buch mit einer sentimental…… Liebesgeschichte.
8. Ich möchte endlich mal wieder auf ein amüsant…… Fest gehen!
9. Janina und Thomas waren ein glücklich…… Paar.
10. Er erzählt immer lustig…… und interessant…… Geschichten.
11. Sie trifft sich mit viel…… schön…… jung…… Männern.

PRAXIS

10. Wie heißt die Endung?

1. Wie finden Sie den neu…… Nachbarn aus dem dritt…… Stock?
2. Ich lade euch zu ein…… irr…… Party ein.
3. Der neu……. Lehrer ist ein……… komisch…… Typ, findest du nicht?
4. Entweder du kommst im weiß …… Smoking, oder du bleibst zu Hause.
5. Wer hat kein…… einzig…….. Wort gesagt?
6. Ich mache mir nichts aus dies……… sentimental…… Filmen!
7. Mit ein………… weiß…… Bluse können Sie nichts falsch machen, mein Fräulein.
8. Ich wohne in ein…… ganz normal……WG mit sieben nett…… Frauen.
9. Der neu………… Freund von Maria interessiert mich nicht.
10. Die viel…… Lieben von ihr gehen mich nichts an!

ZUSAMMENLEBEN

THEORIE

«un-» heißt «nicht»

Du bist **un**glücklich. Du bist **nicht** glücklich.
Das ist **un**möglich. Das ist **nicht** möglich.

«un-» vor einem Wort heißt «nicht-»

genauso:

bestimmt	unbestimmt
bürokratisch	unbürokratisch
gemütlich	ungemütlich
gleich	ungleich
interessant	uninteressant
klar	unklar
nötig	unnötig
ordentlich	unordentlich
pünktlich	unpünktlich
regelmäßig	unregelmäßig
sicher	unsicher
vorsichtig	unvorsichtig
wichtig	unwichtig

11. Was passt zusammen?

Ich möchte das ..neue Buch zum neuen Film..

der französische Champagner
die weiße Bluse
das neue Buch
der trockene Wein
der elegante Tisch
die braune Hose
das weiße Bett

der gekochte Fsch
das grüne Jackett
das neue Schlafzimmer
das rote Ledersofa
der russische Kaviar
der neue Film
der schwarze Rock

12. Der gute Freund oder ein guter Freund?

1. Ich habe gestern .... Film gesehen, der mir besonders gut gefallen hat. (neu)
2. Er war .... Freund, bis er mit meiner Frau nach Hawaii gefahren ist. (gut)
3. Zu diesem Kleid passen nur .... Schuhe von dir. (rot)
4. Wen suchen Sie, wie sieht er aus? – Ich suche .... Jungen mit .... Haaren. (klein, rot)
5. Haben Sie .... Platte von Madonna? (neu)
6. Der Mann mit .... Alfa Romeo ist .... Mafioso. (rot, gefährlich)
7. Da hinten kommt .... Schauspielerin Catherine Deneuve. (französisch)
8. Ich habe Hunger. Kennen Sie hier ...., ... Restaurant? (nett, klein)
9. .... Restaurant Alexis Sorbas hat heute geschlossen. (griechisch)
10. Kennst du .... Deutschbuch mit acht Sprachen im Glossar? (interessant)
11. .... Student lernt besser. (neugierig)

THEORIE

Die Wortfamilie «ziehen»

Verb mit Präfix	Substantiv
1. anziehen	Anzug
2. aufziehen	Aufzug
3. ausziehen	Auszug
4. einziehen	Einzug
5. überziehen	–
6. umziehen	Umzug
7. –	Beziehung
8. zusammenziehen	

1. Thomas **zieht** morgens zuerst sein Hemd, dann die Hose **an**.
   Sein **Anzug** steht ihm wirklich gut!
2. Diese alte Uhr läuft nicht mit Batterien, du musst sie jeden Tag **aufziehen**.
   Ich laufe die Treppe hoch, fahr du mit dem **Aufzug**!
3. Der Vermieter hat uns gekündigt, wir müssen zum ersten März **ausziehen**.
   Wir haben schon wieder das Konto **überzogen**.
   Hier ist der Konto-**Auszug**, da steht es: wir müssen der Bank 2000 Euro bezahlen.
4. Die Wohnung ist in Ordnung, Sie können sofort **einziehen**.
5. Wir haben kein Geld, weil meine Frau immer das Konto **überzieht**.
6. Nächste Woche haben wir keine Zeit. Wir haben eine neue Wohnung gefunden und **ziehen um**.
7. Die **Beziehung** zwischen Janina und Thomas ist nicht mehr besonders gut. Zuerst waren sie so verliebt, jetzt **zieht** sie in eine andere Wohnung.
8. Sie haben sich vier Monate gekannt, dann sind sie **zusammengezogen**.

13. Was fehlt?

Umzug – überziehen – ausziehen – einziehen – Aufzug – Beziehung – anziehen

1. Was, ihr zieht in den siebten Stock? Gibt es da überhaupt einen ...., oder müsst ihr zu Fuß die Treppe hoch?
2. Ich habe keine Ahnung, was ich zu dem Konzert .... soll.
3. Die Wohnung ist frei, Sie können sofort ....
4. Ich .... mein Konto nicht, lieber gehe ich Teller waschen.
5. Die Wohnung ist frei, der letzte Mieter ist gestern ....
6. Ein .... von Hamburg nach München kostet mindestens 6000 Euro.
7. Die .... zwischen den USA und China ist schwierig.

ZUSAMMENLEBEN

THEORIE

Erinnern Sie sich?

Verben im Präsens

	Singular	Plural
Regelmäßig		
1. Person	ich wohn **-e**	wir wohn **-en**
2. Person	du wohn **-st**	ihr wohn **-t**
3. Person	er wohn **-t**	sie wohn **-en**
Unregelmäßig		
1. Person	ich schlaf**e**	wir schlaf**en**
2. Person	du schl**ä**f**st**	ihr schlaf**t**
3. Person	er schl**ä**f**t**	sie schlaf**en**
Trennbar		
1. Person	ich halte aus	wir halten aus
2. Person	du hältst aus	ihr haltet aus
3. Person	er hält aus	sie halten aus

Keine Probleme mit den unregelmäßigen Verben

1. nehmen → du **nimmst**, er **nimmt**   fahren → du **fährst**, er **fährt**

Viele unregelmäßige Verben: in der **2** und **3. Person Singular** (du; er, sie, es) → **Stamm** wird **anders**:

a → ä: fahren, gefallen, halten, tragen, waschen.
(laufen → du läufst - man spricht äu wie z.B. Europa)

e → i: geben, nehmen, treffen, vergessen, essen.

e → ie: empfehlen, sehen, lesen.

2. schließen → du schließt, er schließt   heißen → du heißt, er heißt

Verben auf **-ßen** haben in der zweiten Person Singular im Präsens die Endung **-ßt**.

PRAXIS

14. Schreiben Sie die 2. Person Präsens

1. arbeiten ....
2. aussehen ....
3. wollen ....
4. tragen ....
5. ausgeben ....
6. sitzen ....
7. vergessen ....
8. waschen ....
9. heißen ....
10. nehmen ....
11. empfehlen ....
12. grüßen ....
13. dürfen ....
14. aushalten ....
15. essen ....
16. gefallen ....
17. quatschen ....
18. verstehen ....
19. laufen ....
20. frühstücken ....

15. Welches Verb?

Setzen Sie das richtige Verb in der passenden Person ein!

nehmen – schlafen – fahren müssen – umziehen – angehen – ärgern – wohnen – fahren – anfangen

1. ...... ihr im Sommer auch nach Frankreich?
2. Herr und Frau Schimbrowski .... in einer 4-Zimmer-Wohnung.
3. Der Film .... um Viertel nach acht ... .
4. .... du auch einen Sauerbraten?
5. Er ...... heute Nachmittag nach Hannover ......
6. Eva .... sich für die Party ....
7. Diese Geschichte ...... dich wirklich nichts ....
8. Warum .... ihr euch über diese Sache?
9. .... du immer auf dem Sofa?

16. Genauso

aushalten müssen – zusammenleben – verbieten – gefallen – vergessen – aufhören – treffen – abfahren – wissen – aufkreuzen

1. Sie .... nur noch zwei Stunden ...., dann ist alles zu Ende.
2. .... der Zug schon um sieben Uhr ......?
3. Ich .... doch nicht im Smoking auf so einem Fest ....
4. Ich sage dir, uns .... solche Filme überhaupt nicht.
5. Sie haben sich verliebt und .... jetzt in einer schönen Wohnung ....
6. Er .... ihr, dass sie in der Disko immer nach anderen Männern schaut.
7. Wann .... ihr endlich mit diesem Quatsch......?
8. Hans .... immer seine Brieftasche mit den Schecks.
9. Du hast mir gar nicht erzählt, dass du ihn heimlich ....
10. Egon .... das wirklich nicht, er war nämlich gestern gar nicht da.

ZUSAMMENLEBEN

THEORIE

Perfekt

mit haben

ich **habe** ge-wohn-t	wir **haben** ge-wohn-t
du **hast** ge-wohn-t	ihr **habt** ge-wohn-t
er **hat** ge-wohn-t	sie **haben** ge-wohn-t

Verb regelmäßig → Partizip: **ge**-[...]-**t**

mit sein

ich **bin** ge-lauf-en	wir **sind** ge-lauf-en
du **bist** ge-lauf-en	ihr **seid** ge-lauf-en
er **ist** ge-lauf-en	sie **sind** ge-lauf-en

Verb unregelmäßig → Partizip: **ge**-[...]-**en**

trennbar

ich bin um-**ge**-zog-**en**	wir sind um-**ge**-zog-**en**
du bist um-**ge**-zog-**en**	ihr seid um-**ge**-zog-**en**
er ist um-**ge**-zog-**en**	sie sind um-**ge**-zog-**en**

Verb trennbar → Partizip: [...]-**ge**-[...]-**en**
　　　　　　　　　　　　　[...]-**ge**-[...]-**t**

Freiheit ist viel mehr als man darf

17. Sagen Sie es im Perfekt

1. Du sagst kein einziges Wort.
   Du hast kein einziges Wort gesagt.
2. Meine Freunde machen das Foto.
3. Thomas lernt Janina im Zug kennen.
4. Endlich ziehen wir hier ein.
5. Die zwei sind glücklich.
6. Ich finde meinen Smoking nicht.
7. Der Film gefällt ihr gut.
8. Die Geschichte fängt im Flugzeug an.
9. Meistens kommt alles ganz anders.

PRAXIS

19. Wie heißt das Partizip Perfekt?

1. finden *gefunden*
2. gratulieren
3. tragen
4. verstehen
5. treffen
6. ankommen
7. rausschmeißen
8. liegen
9. sitzen
10. setzen
11. tun
12. vergessen
13. wissen
14. verlieren
15. quatschen
16. frühstücken
17. anhalten
18. empfehlen
19. aussehen
20. sein

18. Genauso

1. Du bist so kühl zu mir.
   Du bist so kühl zu mir gewesen.
2. Herr Köckritz verliert sein ganzes Geld.
3. Herr Hubertus donnert sich für Frau Schmid auf.
4. Alle fahren im Urlaub nach Spanien.
5. Ich fliege nach Amerika.
6. Du übertreibst mal wieder.
7. Sie reden miteinander.
8. Meine Mutter beruhigt sich nicht.

THEORIE

Achtung

Das sagt man:	Das meint man:
Alles ist ganz anders gekommen.	Es ist anders passiert, als wir gedacht haben.
Da kann man nichts falsch machen.	Jeder findet richtig, was ich tue.
Mach nicht so einen Zirkus!	Mach nicht so ein Theater!
Was ist schon dabei?	Das macht doch nichts.
Wir haben nichts miteinander.	Wir sind nicht verliebt.
aus und vorbei	ganz zu Ende
in Ordnung	okay, kein Problem

21. Kreuzworträtsel

1. Eine kleine Reise auf dem Wasser ist eine ...
2. Zusammen in einer Wohnung wohnen oder ...
3. Sich sehr schön machen, sich ...
4. Es geht dir sehr, sehr gut, du bist ...
5. Sich sehr freuen auf einem Fest oder sich ...
6. An alte Liebe denken, ...e Erinnerungen.
7. Mit dem ... in einer Stunde von München nach Hamburg.

Lösung: Ist gut für ein elegantes Fest.

20. Welches Wort fehlt hier?
Denken Sie mal scharf nach

1. Also, wenn ich in Urlaub fahre, dann fahre ich nicht mit dem Auto und nicht mit dem Zug. Ich nehme das .... und bin dann ganz schnell dort. 2. Elvira steht jeden Morgen auf und hat das gleiche Problem: «Was soll ich ....? Hose oder Rock?» 3. Nein, nein! Du ....! Das waren nicht 1000 Euro, das waren nur 10 Euro. 4. Wenn zwei sich sehr lieben, dann können sie es kaum ...., bis sie endlich zusammenziehen. 5. Die Party war langweilig, die Musik war schlecht, das Essen war schlecht, die Leute waren arrogant. Ich habe mich gar nicht ....

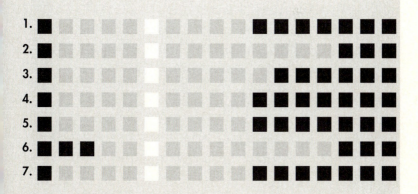

ZUSAMMENLEBEN

THEORIE

Gefühle ausdrücken

positiv:
Ich finde das gut (toll, wunderbar, prima, stark etc.).
Das gefällt mir.
Ich habe mich gefreut.
Ich bin glücklich.
Ich bin froh, dass alles so gekommen ist.
Wir haben uns gut amüsiert.
Ich habe es kaum ausgehalten, bis wir endlich ...

negativ:
Ich ärgere mich über diese Sache.
Du bist so kühl (kalt) zu mir.
Ich habe keine Lust auf Spaghetti.
Jetzt übertreib aber nicht!
So kann ich nicht mit dir leben!
Ich mache mir nichts aus kaltem Kaffee (heißem Bier, Schweinefleisch etc.).
Das geht mich nichts an.

Liebe Mami, lieber Paps!

Gestern habe ich mich für immer von Thomas getrennt. Wir haben uns nicht mehr verstanden. Ich bin in eine WG gezogen. Da wohnen sehr nette Leute. Ich glaube, Paps freut sich jetzt, weil ich von Thomas weg bin. Aber mir geht's nicht so gut. Bis bald, Eure Janina

22. Mini-Dialoge

Was für ein – was für eine – was für einen

A: Ich möchte **einen Pullover.**
B: Was für einen?
A: **Einen blauen.**

1. Pullover, blau
2. Rock, lang
3. Porsche, schnell
4. Fernseher, neu
5. Freund, amerikanisch
6. Uhr, elegant
7. Gemüse, frisch
8. Fisch, frisch
9. Gläser, einfach
10. Schuhe, bequem
11. Bücher, interessant
12. Haus, groß
13. Antwort, gut
14. Wohnung, billig
15. Video-Apparat, automatisch

Welcher – welche – welches?

A: **Welcher Film** gefällt dir am besten?
B: **Der neue Film** mit Götz George

1. Film – neu, Film mit Götz George
2. Kleid – blau, Kleid von Christian Dior
3. Romane – spannend, Romane von Agatha Christie
4. Fotos – alt, schwarz-weiß, Fotos aus Kreta
5. Häuser – alt, Häuser im Stadtzentrum
6. Sportwagen – rot, Sportwagen von Daisy Duck

PRAXIS

23. Finden Sie Situationen zu den Sätzen aus Übung 17

1. Du sagst kein einziges Wort, z.B.:

Ich will unbedingt mit dir reden, wir müssen das Problem lösen. Aber du sagst kein einziges Wort.

ZUSAMMENLEBEN

HÖR & SPIEL

A
Janina und Thomas – Jahre später
Ist das richtig?

Hören Sie das Gespräch. Beantworten Sie dann die Fragen 1. bis 3.

1. Janina und Thomas haben lange nichts mehr voneinander gehört.
Ja ■   Nein ■

2. Janina und Thomas sind seit fünf Jahren ein Liebespaar.
Ja ■   Nein ■

3. Marius und Janina sind verheiratet und haben eine Tochter.
Ja ■   Nein ■

B
Was ist richtig?

Jetzt lesen Sie die Aufgaben. Dann hören Sie ein zweites Mal und kreuzen die richtige Lösung an.

1. Janina und Thomas haben sich
a zwei Jahre
b fünf Jahre
c vier Jahre nicht mehr gesehen.

2. Janina ist vor fünf Jahren nach
a München
b Frankfurt
c Australien gezogen.

3. Janina wohnt in München
a mit einer Frau zusammen.
b in einer Wohngemeinschaft.
c bei ihren Eltern.

4. Thomas
a macht gerade Examen.
b ist fertig und arbeitet als Arzt.
c arbeitet als Ingenieur.

5. Janina und Thomas treffen sich heute
a um halb zehn in Sachsenhausen.
b um halb neun in Sachsenhausen.
c um halb neun am Bahnhof.

6. Janina und
a Marius sind ein Liebespaar.
b Thomas sind ein Liebespaar.
c Thomas waren ein Liebespaar.

C
Erklären Sie kurz

1. Warum ist Janina in Frankfurt?
2. Warum sind Janina und Marius kein Paar mehr?

D
Erzählen Sie die Geschichte weiter.

Was passiert heute Abend, wenn Janina und Thomas sich wiedersehen?

Maxi-Dialog

1. A und **B** sind zusammen in eine Wohnung gezogen. **B** möchte nicht die Kleider von **A** waschen. Sie haben eine Diskussion über die Hausarbeit.

2. C lebt mit **D**. **C** ist ein Casanova (Playboy). Er hat eine andere Frau kennen gelernt. **D** spricht mit ihm. Sie will nicht mehr mit ihm zusammenleben.

Spiel: Personen raten

Einer denkt sich eine Person, die jeder kennt (Helmut Kohl, Madonna, Boris Becker). Die anderen fragen, wer diese Person ist (Leben Sie in Deutschland? Haben Sie viel Geld? Machen Sie Musik?). Die Antwort ist immer nur «ja!» oder «nein!».

ZUSAMMENLEBEN

LEKTÜRE

WIE LEBEN JUNGE LEUTE IN DEUTSCHLAND?

Ein wichtiger Moment im Leben für junge Leute ist, wenn sie endlich von zu Hause ausziehen. Viele heiraten nicht. Sie studieren oder arbeiten in einer anderen Stadt, oder sie verstehen sich nicht so gut mit ihren Eltern. Einige ziehen schon mit siebzehn Jahren von zu Hause aus. Andere erst mit zweiundzwanzig. Wenn jemand über dreißig Jahre alt ist und noch zu Hause wohnt, dann finden viele das nicht «normal».

Aber man findet nicht immer so leicht eine Wohnung. Es gibt nicht viele, und die, die frei sind, sind oft sehr teuer. In großen Städten kostet die Miete für eine 3-Zimmer-Wohnung oft 900 Euro kalt, ohne Nebenkosten, oder sogar noch mehr. Viele können nicht so viel Geld bezahlen und ziehen deshalb in eine Wohngemeinschaft. Das ist nicht so teuer, weil alle Miete und Nebenkosten teilen.

Andere bleiben doch zu Hause wohnen, wenn sie kein Zimmer finden. Außerdem ist es so schön bequem, wenn die Mama wäscht und kocht. Wer das tut, der spart Geld für ein Auto, für den Urlaub oder für die Disko. Wenn zwei sich lieben, dann suchen sie eine Wohnung und ziehen zusammen. Heute ist es kein Problem mehr, wenn unverheiratete Paare zusammenleben. Früher war das unmöglich. Wenn diese zwei sich dann nicht mehr lieben, wird es schwierig: Sie wollen nicht mehr zusammenwohnen, jeder aber will in der Wohnung bleiben. Und was wird zum Beispiel mit den Möbeln? Wer bekommt das neue Sofa? Wenn der eine den CD-Player kriegt und der andere die CDs, dann ist keinem geholfen.

Wenn sie dann keine Lust auf Probleme haben, ihre Sachen nicht teilen und auch nicht wegziehen wollen, sagen sie vielleicht: «Okay, wir wollen es noch einmal miteinander probieren, wir bleiben zusammen.»

Ja oder nein?

	Ja	Nein
1. Alle jungen Leute ziehen von zu Hause aus.	☐	☐
2. Wer in einer anderen Stadt zur Universität geht oder eine Arbeit findet, der zieht von zu Hause aus.	☐	☐
3. Wer Probleme mit seinen Eltern hat, der bleibt lieber zu Hause.	☐	☐
4. Es kann Probleme geben, wenn man eine Wohnung braucht.	☐	☐
5. Es gibt viele Wohnungen, die nicht viel kosten.	☐	☐
6. In einer Wohngemeinschaft spart man Geld.	☐	☐
7. Wenn die Mama kocht, ist das Leben leichter.	☐	☐
8. Wer zu Hause wohnen bleibt und nicht auszieht, hat mehr Geld.	☐	☐
9. Unverheiratete Paare dürfen nicht in einer Wohnung zusammenleben.	☐	☐
10. Wer sich nicht mehr liebt, der fährt nach Kreta.	☐	☐

ZUSAMMENLEBEN

THEMA 2

DIALOG

FREIZEIT

Vor dem Fernseher

Du, Edgar, was machen wir an diesem Wochenende?

Wie? Was sollen wir machen?

Also, ich habe keine Lust, wieder zu Hause zu bleiben. Ich möchte etwas unternehmen. Warum verabreden wir uns nicht mit Gundi und Joe?

Ehrlich gesagt, ich habe keine Lust auf die beiden.

Warum nicht? Wir unterhalten uns doch immer so nett mit ihnen. Findest du nicht?

Nein, lieber nicht, Karin, weil die immer nur von ihrem süßen, kleinen Hund reden.

Was hältst du davon, Maria zu besuchen?
Welche Maria?
Maria, der wir unseren alten VW verkauft haben.
Können wir nicht später darüber reden? Lass mich erst das Spiel fertig gucken! Das dauert nur noch zehn Minuten.
Du immer mit deiner Sportschau! Ich ruf mal meine Mutter an, wir sind morgen zum Mittagessen eingeladen.
Oh, immer diese langweiligen Familienessen bei deinen Eltern, Karin! Letzten Sonntag haben wir da vier Stunden gesessen.
Ist das so schlimm?
Und ich musste mir die ganze Zeit die alten Geschichten anhören, die dein Vater so gerne erzählt...

Am Telefon

Sieben drei sechs fünf acht eins.
Hier ist der automatische Anrufbeantworter 736581. Leider sind wir zur Zeit nicht zu Hause. Sie können nach dem Pfeifton eine Nachricht hinterlassen. (knacks......... knacks......pieeeep)
Hallo Mutti. Hier ist Karin. Du bist ja nie zu Hause. Wann sollen wir denn morgen zum Essen kommen? Ruf mich bitte zurück, wenn du wieder da bist!
(knack*)*

Wieder vor dem Fernseher

So, Edgar, hast du jetzt mal eine Minute für mich?
Was ist denn los?
Wir haben immer noch nichts für heute Abend und morgen ausgemacht.
Wieso, wir gehen doch zu deinen Eltern.
Meinst du, ich habe Lust, den ganzen Sonntag bei meinen Eltern im Wohnzimmer zu verbringen?
Wir können ja nach dem Essen bald wieder gehen und einen Spaziergang machen.
Und heute Abend? Im Astoria läuft der neue Film von Spielberg, der so spannend sein soll. Los, wir gehen ins Kino!
Wart mal, eben fängt die Tagesschau an. Lass mich gerade mal sehen, ob es etwas Neues gibt.
Verdammte Tagesschau, ich interessiere mich jetzt nicht für Nachrichten. Ich will wissen, was wir machen!

FREIZEIT

Können wir nicht gemütlich zu Hause bleiben und einfach Fernsehen gucken?
Och nee, ... was gibt es denn?
Im ersten gibt es um Viertel nach acht einen Tatort mit Schimanski. Auf den Krimi freue ich mich schon den ganzen Tag.
Der letzte war so schlecht, ich wollte eigentlich keinen mehr sehen.

Wieder am Telefon

Rrring, rrring ...
Karin Krautmann. Hallo?
Hallo Karin. Ich bin's.
Hallo Mutti. Bist du endlich wieder da?
Du, Karin, ich wollte dir etwas sagen: Es geht leider morgen nicht.
Warum hast du das nicht früher gesagt? Klaus und Helga haben angerufen, sie wollten mit uns essen gehen.
Das tut mir Leid. Aber Vati und ich fahren mit Beckmanns weg.
Beckmanns, wer ist denn das?
Na, das sind die Leute, denen dieses hübsche Haus in Bayern gehört, wo wir im Urlaub waren. Ich konnte unmöglich absagen. Lassen wir das Essen einfach ausfallen.
Eigentlich haben wir uns schon drauf eingestellt. Jetzt haben wir für morgen nichts zu essen im Kühlschrank. Aber, na schön, vielleicht klappt es ja nächste Woche. Tschüs Mutti.
Tschüs Karin.

Und wieder vor dem Fernseher

Edgar, du musst vorher nochmal an die Tankstelle gehen und etwas einkaufen.
Wieso?
Wir haben nämlich nichts mehr im Kühlschrank, mein Lieber. Wir wollten doch bei meinen Eltern morgen Mittag essen. Mutti hat aber gerade abgesagt.
Na prima, ich hatte sowieso keine Lust, wieder zu deinen Eltern zu gehen.
Und beeile dich, der Film fängt gleich an.
Ja, ja, ich geh ja schon.
Und hör zu, wir gehen aber morgen raus. Das musst du mir versprechen! Ich schlage vor, dass wir eine Radtour mit den neuen Fahrrädern machen. Okay?
Ja, warum nicht? Hoffentlich regnet es nicht ...

FREIZEIT

HÖR ZU

A
Was ist richtig?

1. Edgar und Karin reden über
   a eine Bootstour.
   b das Wochenende.
   c den Besuch beim Doktor.

2. Karin telefoniert
   a mit Edgar.
   b mit ihrem Vater.
   c mit ihrer Mutter.

3. Karin möchte am Wochenende
   a nicht zu Hause bleiben.
   b Tennis spielen.
   c eine Reise nach Paris machen.

B
Ja oder nein?

	Ja	Nein
Vor dem Fernseher		
1. Edgar und Maria sprechen über ein Fest bei Karin.	■	■
2. Edgar und Karin wissen noch nicht, was sie am Wochenende machen wollen.	■	■
Am Telefon		
3. Karin hört den automatischen Anrufbeantworter von ihren Eltern.	■	■
4. Sie spricht mit ihrem Vater über das Essen am Sonntag.	■	■
Wieder vor dem Fernseher		
5. Edgar sitzt gerne den ganzen Sonntag bei den Eltern von Karin.	■	■
6. Abends gehen sie nicht weg und schauen einen Krimi.	■	■
Wieder am Telefon		
7. Die Mutter von Karin sagt, dass sie morgen kein Essen macht.	■	■
8. Karin hat für den Sonntag viel zu essen eingekauft.	■	■
Und wieder vor dem Fernseher		
9. Edgar soll einkaufen.	■	■
10. Karin möchte eine Radtour machen.	■	■

FREIZEIT

WÖRTER

Vor dem Fernseher

die Freizeit

....

das Wochenende, -n

....

unternehmen (unternommen)

....

sich verabreden mit

....

ehrlich

....

beide

....

sich unterhalten (unterhalten)

....

süß

....

halten von (gehalten)

....

besuchen

....

der VW, -s

....

das Spiel, -e

....

dauern

....

die Sportschau

....

anhören

....

Am Telefon

automatisch

....

der Anrufbeantworter, -

....

der Pfeifton, -töne

....

die Nachricht (Singular)

....

hinterlassen (hinterlassen)

....

zurückrufen (zurückgerufen)

....

Wieder vor dem Fernseher

ausmachen

....

das Wohnzimmer, -

....

verbringen

....

bald

....

verdammt

....

sich interessieren für

....

die Nachrichten (Plural)

....

Fernsehen gucken

....

der Tatort

....

der Krimi, -s

....

Wieder am Telefon

hübsch

....

Bayern

....

denen

....

absagen

....

ausfallen (ausgefallen)

....

sich einstellen auf

....

der Kühlschrank, -schränke

....

....

es klappt

....

Und wieder vor dem Fernseher

die Tankstelle, -n

....

mein Lieber

....

prima

....

sich beeilen

....

versprechen (versprochen)

....

vorschlagen (vorgeschlagen)

....

die Radtour, -en

....

die Tour, -en

....

das Fahrrad, -räder

....

Okay

....

regnen

....

Theorie

sich anfreunden

....

sich ärgern

....

die Astrologie

....

die Aufforderung, -en

....

der Ausdruck, -drücke

....

der Feind, -e

....

sich hassen

....

sich lieben

....

sich streiten (gestritten)

....

sich verfeinden

....

Praxis

die Angst, Ängste

der Arbeitstag, -e

die Bewegung, -en

das Chaos

die Chips (Plural)

der Comic, -s

der Computer, -

der Dieb, -e

auf einmal

einschlafen (eingeschlafen)

die Erdnuss, -nüsse

flirten

der Fotoapparat, -e

fürchterlich

das Gewitter, -

das Herz, -en

der Jugendliche, -n

das Kabelfernsehen, -

kassieren

das Kaufhaus, -häuser

klatschnass

manche

der Mittagsschlaf

die Mode, -n

modisch

näher sein

nass

die Natur

die Nordsee

das Paar, -e

die Physik

die Politik

das Programm, -e

der Rat

der Rest, -e

sauber

die Sauna, -s

FREIZEIT

der See, -n

....

das Spiel, -e

....

der Sport

....

der Star, -s

....

die Tabelle, -n

....

die Tante, -n

....

der Traum, Träume

....

der Turnschuh, -e

....

unterstellen (untergestellt)

....

das Wohngebiet, -e

....

Was machen wir am Wochenende?

1. einen Ausflug machen

....

....

2. in eine Ausstellung / Galerie gehen

....

....

3. in den Zoo gehen

....

4. ins Museum gehen

....

5. schwimmen (geschwommen)

....

6. in die Sauna gehen

....

....

7. wandern

....

8. Ski fahren

....

9. joggen

....

10. Schach spielen

....

11. Karten spielen

....

12. Fußball / Tennis spielen

....

....

FREIZEIT

THEORIE

Reflexive Verben

1. **Wir** verabreden **uns** mit Gundi und Joe.
2. **Wir** unterhalten **uns** mit ihnen.
3. **Ich** interessiere **mich** für Nachrichten.
4. **Ich** freue **mich** auf den Krimi.
5. **Wir** haben **uns** darauf eingestellt.

sich freuen

Präsens

ich freue **mich**
du freust **dich**
er freut **sich**
wir freuen **uns**
ihr freut **euch**
sie freuen **sich**

Perfekt

ich habe **mich**...gefreut
du hast **dich**...gefreut
er hat **sich**...gefreut
wir haben **uns**...gefreut
ihr habt **euch**...gefreut
sie haben **sich**...gefreut

Achten Sie auf die Präpositionen

1. sich verabreden **mit** .... (+ Dativ)
2. sich unterhalten **mit** .... (+ Dativ)
3. sich interessieren **für** .... (+ Akkusativ)
4. sich freuen **auf** .... (+ Akkusativ)
5. sich einstellen **auf** .... (+ Akkusativ)

Außerdem: sich ärgern **über** (+ Akkusativ) – sich beschäftigen **mit** (+ Dativ)
– sich freuen **über** (+ Akkusativ) – sich erinnern **an** (+ Akkusativ)

Ich freue mich **auf** den Urlaub.
sich freuen + **auf → Zukunft**

Ich habe mich **über** das Buch gefreut.
sich freuen + **über → Vergangenheit/Gegenwart**

PRAXIS

1. Fragen zum Thema

1. Was alles möchte Karin am Wochenende machen?
2. Warum geht Edgar nicht gern zu den Eltern von Karin?
3. Kann Karin mit ihrer Mutter telefonieren?
4. Hat Edgar viel Zeit für seine Frau?
5. Was machen sie am Sonntag und warum?
6. Wissen Sie auch manchmal nicht, was Sie am Wochenende tun sollen?

2. Konjugieren Sie in allen Personen

1. sich auf den Urlaub freuen
2. sich über den langen Arbeitstag ärgern
3. sich nicht für Tagespolitik interessieren
4. sich mit schwierigen Problemen beschäftigen

Ich freue *mich auf den Urlaub.*
Du freust *dich auf den Urlaub.*
Er/Sie freut *sich auf den Urlaub.*
Wir freuen *uns auf den Urlaub.*
Ihr freut *euch auf den Urlaub.*
Sie freuen *sich auf den Urlaub.*

3. Ergänzen Sie

Er ärgert sich über	*den Film*		
	der Film	die Geschichte	das Buch
Sie interessiert sich für	....	....	....
Veronika unterhält sich mit	....	....	....
	der Freund	die Freundin	die Freunde
Christian streitet sich mit	....	....	....
Achim freut sich auf	....	....	....
	die Ferien	der Roman	das Kind
Alexander beschäftigt sich mit	....	....	....

FREIZEIT

THEORIE

Freund oder Feind?

sich gut verstehen	sich streiten
sich lieben	sich hassen
sich anfreunden	sich verfeinden

Erinnern Sie sich?
Denkst du **an Robert Redford**? – Ja, ich denke **an ihn**.
→ an ihn = **Person**

genauso:

Ich habe mich über den Krimi gestern Abend geärgert.	Ja, ich habe mich auch **darüber** geärgert.
Ich habe mich über Hansi in letzter Zeit oft geärgert.	Ich habe mich auch **über ihn** geärgert. Er hat mir das Geld immer noch nicht zurückgegeben.
Ich interessiere mich für Politik.	Ich interessiere mich **dafür**.
Ich interessiere mich für die neue Lehrerin.	……… **für sie**.
Er beschäftigt sich mit chinesischer Astrologie.	……… **damit**.
Er beschäftigt sich heute mit den Kindern.	……… **mit ihnen**.

PRAXIS

4. Sprechen Sie mit Ihrem Partner

A: Interessierst du dich **für** Sport?
B: Nein, **dafür** nicht. Ich interessiere mich **für** Bücher. Und du?
A: Ich interessiere mich **für** Musik.

Sport, Bücher, Politik, Musik, Geld, Autos, Filme, Computer, Kunst, Theater, Sprachen, Mode, Spiele, Opern, Konzerte, Comics.

A: Du siehst fröhlich aus. Freust du dich auch so **auf die Ferien**?
B: Nein, **darauf** nicht. Ich freue mich **auf** den Geburtstag.

Ferien, Geburtstag, Film, Abendessen, Radtour, Besuch, Museum, Ausstellung, Spiel, Bootstour, Reise, Kochen.

5. Sagen Sie es kurz

Achten Sie auch auf das richtige Pronomen

1. Er unterhält sich **mit seiner Kollegin.**
Er unterhält sich mit ihr.

2. Wir erinnern uns **an die schönen Ferien an der Nordsee. 3.** Freust du dich **auf Tante Bertha? 4.** Dieter und Detlef unterhalten sich gerne **über modische Kleider. 5.** Jetzt habe ich mich schon **auf das Wochenende bei euch** eingestellt. **6.** Hast du dich schon wieder **mit Franzi** verabredet? **7.** Sie hat sich wirklich **über die Blumen** gefreut. **8.** Interessiert ihr euch immer noch **für alte Radios? 9.** Verstehst du dich gut **mit deinem neuen Chef? 10.** Ich ärgere mich wirklich **über diese blöde Geschichte.**

FREIZEIT

THEORIE

Infinitiv mit «zu»

Also, ich habe keine **Lust**, wieder zu Hause **zu bleiben**.

Grund haben zu
Lust haben zu
Zeit haben zu

Gleich **fängt** es **an zu regnen**.

anfangen zu
aufhören zu
versprechen zu

Ich habe keine Zeit, ich habe **viel zu tun**.

etwas zu
nichts zu
viel zu
wenig zu

Infinitiv ohne «zu»

Können wir nicht später darüber **reden**?
Mit dir **gehe** ich nie mehr **Rad fahren**.

Modalverben
gehen
fahren
sehen
hören

Lass mich doch gerade das Spiel fertig **gucken**.

bleiben
lassen

Lust auf – Lust zu

Ich habe keine **Lust auf Kino**. (Lust auf + Substantiv)
Ich habe keine **Lust** ins Kino **zu gehen**. (Lust zu +

PRAXIS

6. «Zu» oder nicht «zu»?
Das ist die Frage

1. Habt ihr Lust mit ins Kino …… gehen? **2.** Nee, wir wollen eigentlich zu Hause …… bleiben. **3.** Ich brauche etwas Bewegung. Sollen wir denn ein Spiel …… spielen? **4.** Nee, lieber wollen wir miteinander …… reden. Habt ihr vielleicht noch etwas …… essen? **5.** Nee, das ist aber kein Problem: …… trinken ist noch genug da, und du gehst einfach zwei oder drei Pizzas …… holen. **6.** Und wer soll das …… bezahlen? **7.** Natürlich du! Du hast angefangen vom Essen …… reden. **8.** Okay, aber ihr müsst mir versprechen, das nächste Mal wenigstens Chips und Erdnüsse …… kaufen.

7. Ein verrücktes Haus – Wer tut was?

Ich verabrede mich mit dem amerikanischen Präsidenten zum Tee

	ich	wir	du	ihr	Maria	Gundi und Joe
sich mit dem amerikanischen Präsidenten zum Tee verabreden	●				●	
sich über das Wetter ärgern				●		●
sich gerne an das schlechte Essen bei Egon erinnern		●				●
sich für kaputte Autos interessieren	●				●	
sich mit kosmo-energetischer Astral-Physik beschäftigen				●	●	
sich immer über schlechte Nachrichten freuen			●	●		

FREIZEIT

THEORIE

Relativsätze mit dem Relativpronomen im Dativ

Maria, **der** wir unseren alten VW verkauft haben.
... die Leute, **denen** das hübsche Haus in Bayern gehört.

Erinnern Sie sich noch an das Relativpronomen im Nominativ und Akkusativ:

... der neue Film von Spielberg, **der** so spannend sein soll.
... die alten Geschichten, **die** dein Vater so gerne erzählt.

Der Relativsatz ist ein Nebensatz → das **Verb** steht immer **am Ende**.

Das Relativpronomen im Dativ

Singular maskulinum:	Edgar,	**dem** wir unser Auto verkauft haben ...	**dem**
Singular femininum:	Maria,	**der** wir unser Auto verkauft haben ...	**der**
Singular neutrum:	Das Kind,	**dem** wir ein Autochen gekauft haben ...	**dem**
Plural:	Die Leute,	**denen** wir unser Auto verkauft haben ...	**denen**

Alle Relativpronomen

Singular	maskulinum	femininum	neutrum	Plural
Nominativ	der	die	das	die
Akkusativ	den	die	das	die
Dativ	dem	der	dem	**denen**

Relativpronomen = bestimmter Artikel   **Ausnahme:** Dativ Plural: **denen**

PRAXIS

8. Verbinden Sie

1. Das ist mein Sohn Peter. Ich habe ihm ein Buch geschenkt. *Das ist mein Sohn Peter, dem ich ein Buch geschenkt habe.*

2. Das ist der Mann. Das Auto gehört ihm. 3. Hier kommt meine Schwester. Ich erzähle ihr jetzt die Geschichte. 4. Das ist der Junge. Ich schenke ihm meine Turnschuhe. 5. Das sind die Leute. Das Restaurant gehört ihnen. 6. Da kommt der Mann. Das Auto gefällt ihm. 7. Das ist Karin. Die tausend Euro gehören ihr. 8. Ich rufe die Müllers an. Der Hund gehört ihnen. 9. Ich spreche mit dem Kind. Der Hund gehört ihm. 10. Da kommt mein Mann. Ich habe ihm gerade im Kaufhaus einen Fotoapparat gekauft.

9. Setzen Sie das passende Relativpronomen ein

1. Da kommen die Leute, ………… ich mein Auto verkauft habe. 2. Da kommen die Leute, …… mein Auto gekauft haben. 3. Wo ist der Rest von dem Geld, …… ich dir gegeben habe? 4. Wann bringen Sie endlich die Frankfurter Würstchen, …… ich bestellt habe? 5. Wie findest du das Programm, …… immer Dienstag abends kommt? 6. Mir gefällt der Film, …… Hitchcock gemacht hat. 7. Das ist der Dieb, …… ich mein Geld geben musste. 8. Komm, wir kaufen die roten Schuhe, …… dir so gefallen haben. 9. Ich schreibe an Beckmanns, ………… das Haus gehört. 10. Das Haus, …… wir für die Ferien mieten wollen, liegt am See.

10. Themen zum diskutieren

1. Hinz möchte am Samstag zu Hause bleiben. Kunz will aber raus in die Natur. Was sollen sie tun?
2. Ist es gut, jeden Sonntag bei den Eltern zu essen?
3. Fernsehen oder Kino – was finden Sie besser?
4. Sport in der Freizeit – ist das wichtig.

FREIZEIT

THEORIE

Relativsatz → $E = mc^2$

11. Was möchten Sie am Wochenende machen?

PRAXIS

Antworten Sie mit einem Relativsatz

1. eine Radtour machen, sie darf nicht so lang sein
   Ich möchte eine Radtour machen, die nicht so lang sein darf.
2. einen Film sehen, ich kenne ihn noch nicht
3. die Freunde besuchen, wir haben ihnen unser altes Boot verkauft
4. in einem Wald spazieren gehen, er soll groß, ruhig und grün sein
5. in einem See schwimmen, er ist sauber und klar
6. in den Zoo gehen, ihr habt ihn so toll gefunden
7. das Haus ansehen, wir wollen es vielleicht kaufen
8. den Roman von Max Frisch lesen, ich kenn ihn schon, und er hat mir so gut gefallen (!)
9. im Garten in der Sonne liegen, sie scheint zum ersten Mal seit zwei Wochen
10. die Ausstellung von Andy Warhol besuchen, sie ist nur zwei Wochen geöffnet

12. Welches Wort fehlt hier?

Denken Sie mal nach

1. Seit Tagen rufe ich bei Charly an. Er ist aber nie selbst am Telefon, sondern immer nur sein blöder ………………………… .
2. Um acht Uhr abends kann ich nie mit Edgar sprechen. Er muss dann immer seine ………………………… sehen.
3. Komm, ………………………… dich, wir haben keine Zeit mehr!
4. Gut, dann bleiben wir zu Hause. Du musst mir aber ………………………… , dass wir nächste Woche zu Gundi und Joe fahren.
5. Wie? Ich soll an die ………………………… gehen und einkaufen? Ich bin doch kein Auto!
6. Ich arbeite gerne: morgens, mittags, abends, nachts. Ich mache mir nichts aus der Zeit ohne Arbeit, aus ………………………… .

THEORIE

Das Präteritum der Modalverben

Ich **musste** mir die alten Geschichten anhören.
Sie **wollte** eigentlich keinen Film mehr sehen.
Sie **wollten** mit uns essen gehen.
Ihr **konntet** unmöglich absagen.

	wollen	sollen	können	dürfen	müssen	Endung
ich	woll-t-e	sollte	konnte	durfte	musste	-te
du	woll-t-est	solltest	konntest	durftest	musstest	-test
er	woll-t-e	sollte	konnte	durfte	musste	-te
wir	woll-t-en	sollten	konnten	durften	mussten	-ten
ihr	woll-t-et	solltet	konntet	durftet	musstet	-tet
sie	woll-t-en	sollten	konnten	durften	mussten	-ten

Das - **t** - ist das Zeichen für das Präteritum: Stamm - **t** - Endung

---

17.10

Liebe Maria,

Ich weiß nicht, was ich machen soll. Das Leben mit Edgar ist so langweilig. Entweder er ist im Büro oder er sitzt zu Hause vor dem Fernseher. Zu meinen Eltern will er nicht und unsere Freunde findet er langweilig. Soll ich mich von ihm trennen?

Deine Karin

PRAXIS

14. Setzen Sie die Modalverben ins Präteritum

Vegessen Sie auch die «normalen» Verben nicht:

1. Es ist Sonntagabend. Karin will ins Kino gehen.
2. Edgar muss aber noch für sein Examen am Montag lernen.
3. Die Beckmanns wollen mit uns ins Restaurant gehen.
4. Wir wollen eigentlich einen Film im Fernsehen gucken.
5. Aber Herr Beckmann ist mein Chef. Ich kann ihm unmöglich absagen.
6. Petra will den Film «Killing Fields» sehen. Aber sie darf ihn nicht sehen. Sie ist nämlich noch keine 18 Jahre alt.
7. Du musst dem Psychiater deine Träume erzählen.
8. Du sollst am Sonntag in die Kirche gehen.
9. Er will Ski fahren gehen. Er kann aber nicht, weil er krank ist.
10. Ich will ein Tennisstar wie Boris Becker werden. Ich kann aber nicht, ich muss für die Schule lernen.
11. Ich kann nicht einschlafen. Ich habe nämlich starke Zahnschmerzen.
12. Ich muss an meinem Geburtstag zu Hause bleiben, weil ich krank bin.
13. Wir wollen in ein anderes Wohngebiet ziehen. Wir haben aber nicht genug Geld.

13. Unterstreichen Sie alle Sätze mit Modalverben im Dialog

Und erklären Sie auch die Zeit (Präsens oder Präteritum).

15. Chaos und Ordnung

Wenn Sie richtig suchen, dann finden Sie immer zwei komplette Sätze

1. das Spiel – eine Nachricht – fertig gucken – gerade – hinterlassen – können – Lass – mich doch – nach dem – Pfeifton – Sie.

2. an zu – fängt es – für morgen – gleich – haben wir – im Kühlschrank – jetzt – nichts – regnen – zu essen.

3. für Nachrichten – haben – ich – interessiere – mich – mit ihnen – uns – unterhalten – wir.

THEORIE

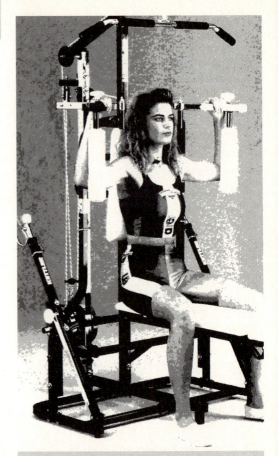

Freizeit

Erinnern Sie sich? Modalverben

Was sollen wir **machen**?
Ich möchte etwas **unternehmen**.
Können wir nicht später darüber **reden**?
Sie können ja nach dem Essen wieder **gehen**.

→ **Infinitiv** ganz **am Ende**

16. Welches Modalverb im Präteritum fehlt hier?

sollen – können – wollen – müssen – dürfen?

1. Peter ………… ein Auto kaufen. Er hatte aber kein Geld. Deshalb ………… er es nicht kaufen.
2. Ich ………… für mein Examen lernen. Also ………… ich gestern nicht ins Kino gehen.
3. Der Lehrer sagte ihm, dass er die Vokabeln besser lernen ……………………… .
4. Ich ……………… 15 Sprachen sprechen! Jetzt habe ich alle wieder vergessen.
5. Die letzten «Tatort»-Krimis waren so schlecht! Ich ……………… nie mehr einen gucken! Gestern habe ich aber wieder einen gesehen, der mir gut gefallen hat.
6. Er ……………… mit dem Auto fahren, aber das Auto war kaputt. Dann …………… er den Bus nehmen.
7. Sie war so krank, sie ………… zum Arzt gehen.
8. Ich ………… eigentlich ins Kino gehen, aber ich ………… nicht. Meine Eltern haben es mir verboten.
9. Er ……………… die Rechnung für das Fahrrad bis heute bezahlen, aber er hat es vergessen. Jetzt ………… er das Fahrrad zurückgeben.
10. Gestern habe ich mir das Bein gebrochen, deshalb …………… ich nicht zum Tennis kommen.

PRAXIS

17. Sagen Sie, was gestern war

Erfinden Sie, was wirklich passiert ist:

1. ins Kino gehen (ich, wollen)

Ich wollte ins Kino gehen. Dann ist aber meine Tante gekommen, und ich hatte keine Zeit.

2. sich mit Freunden treffen (wir, wollen)
3. ins Schwimmbad gehen (du, können)
4. zu Hause bleiben (Eva, dürfen)
5. mit den Kindern Monopoly spielen (ich, wollen)
6. ein Computerspiel spielen (die Kinder, wollen)
7. in die Disko gehen (du, dürfen)
8. ins Theater gehen (ihr, können)
9. nach München fahren (Herr Meisel, wollen)
10. den ganzen Tag Zeitung lesen (ich, wollen)
11. Tennis spielen (du, dürfen)

FREIZEIT

THEORIE

Wiederholung: Nebensatz

Hauptsatz	Nebensatz
Ruf mich an,	**wenn** du wieder da **bist**.
Lass mich sehen,	**ob** es etwas Neues **gibt**.
Ich schlage vor,	**dass** wir eine Radtour **machen**.
Ich möchte sie nicht treffen,	**weil** sie nur von ihrem Hund **redet**.
Das ist der neue Film,	**der** so spannend sein **soll**.
Kannst du mir sagen,	**wann** der Film **anfängt?**
Ich will wissen,	**was** wir **machen**.

Das **Verb** im Nebensatz steht immer, immer, immer, immer **am Ende**!

Der Nebensatz beginnt mit:
1. einer Konjunktion (weil, dass, wenn, ob ...)
2. mit einem Relativpronomen (der, dem, die ...)
3. mit einem Fragewort (wer, was, wann)

18. Geben Sie einen Rat

1. mehr Geld verdienen, andere Stelle suchen
   Wenn du mehr Geld verdienen willst, dann musst du dir eine Stelle suchen.
2. heiraten, eine Frau suchen
3. ins Kino gehen, jetzt den Bus nehmen
4. keine Radtour machen, den Freunden absagen
5. nicht krank werden, in die Sauna gehen
6. Mittagsschlaf machen, das Telefon in die Küche stellen

19. Aus zwei mach eins

1. Ich möchte Tante Frieda nicht besuchen. Sie redet immer von ihrem kranken Herz. (weil) *Ich möchte Tante Frieda nicht besuchen, weil sie immer von ihrem kranken Herz spricht.*
2. Wir hören immer die alten Geschichten vom Krieg. Wir essen sonntags bei deinen Eltern. (wenn)
3. Manche gehen an der Tankstelle einkaufen. Die Geschäfte sind geschlossen. (weil)
4. Es ist besser. Ihr bleibt heute zu Hause. (dass)
5. Hast du das Buch gelesen? Ich habe es dir vorgestern gebracht. (das)
6. Wir rufen dich gleich an. Wir kommen nach Hause. (wenn)
7. Ich freue mich. Ihr seid gekommen. (dass)
8. Ich weiß nicht. Was hat er gesagt. (was)
9. Am Sonntag sind wir nicht raus in die Natur gefahren. Es hat geregnet. (weil)
10. Es ist unmöglich. Er ist schon wieder zurück. (dass)
11. Jugendliche hören Pop-Musik. Sie haben Zeit. (wenn)
12. Ich habe Angst vor dem Hund. Er gehört unseren Nachbarn. (der)
13. Sie werden klatschnass bei ihrer Radtour. Es gibt ein starkes Gewitter. (wenn)
14. Keine Angst, ich werde nicht nass. Ich stelle mich unter. (weil)

FREIZEIT

THEORIE

WETTER

Wassertemperaturen (in Grad Celsius)

Nordseeküste	16-17 Grad
Ostseeküste	16-17 Grad
Adria	24-26 Grad
Östl. Mittelmeer	23-29 Grad
Westl. Mittelmeer	21-25 Grad
Algarve-Küste	um 20 Grad
Kanarische Inseln	20-21 Grad
Schwarzes Meer	23-24 Grad
Azoren	um 20 Grad

Deutschlandwetter heute

Berlin	sonnig	30°	Hamburg	wolkig	29°
Bremen	Schauer	28°	Hannover	wolkig	30°
Chemnitz	sonnig	28°	Köln	Schauer	30°
Dresden	sonnig	30°	Leipzig	sonnig	31°
Frankfurt	heiter	31°	München	heiter	30°
Freiburg	Schauer	31°	Stuttgart	wolkig	30°

20. Machen Sie Vorschläge

PRAXIS

1. Sie sitzen mit Ihrem Freund vor dem Fernseher. Das Programm ist fürchterlich.
2. Sie sitzen mit Ihrem Freund am Flughafen. Das Flugzeug geht erst in fünf Stunden.
3. Sie sitzen mit Ihrem Freund im Urlaubs-Hotel. Es gibt kein Kabelfernsehen im Zimmer. So eine Katastrophe!
4. Sie sitzen mit Ihrem Freund zu Hause. Sie haben nichts mehr zu essen im Kühlschrank. Es sind 10 Minuten zum Supermarkt, die Tankstelle ist viel näher.

21. Artikel und Plural

Schreiben Sie den richtigen Artikel vor und den Plural hinter das Wort:

1. ... Relativsatz ....
2. ... Umzug ....
3. ... Geburtsdatum ....
4. ... Glas ....
5. ... Beziehung ....
6. ... Möbel ....
7. ... Ausdruck ....
8. ... Dieb ....
9. ... Fahrrad ....
10. ... Museum ....
11. ... Aufzug ....
12. ... Fußball ....
13. ... Vorname ....
14. ... Traum ....
15. ... Wochenende ....
16. ... Star..............................
17. ... Rest ....
18. ... Wagen ....
19. ... Amerikaner ....
20. ... Erinnerung ....

THEORIE

Achtung

Aufforderungen

Warum verabreden wir uns **nicht** mit Gundi und Joe?

Was hältst du davon, Maria zu besuchen?

Was hältst du davon, wenn wir Maria besuchen?

Wir **können ja** nach dem Essen gleich wieder gehen und noch etwas machen.

Los, wir gehen ins Kino.

Können wir nicht gemütlich zu Hause bleiben und einfach Fernsehen gucken?

Hör zu, wir gehen aber morgen raus.

Ich schlage vor, wir machen eine Radtour.

Das sagt man:	Das meint man:
ehrlich gesagt ...	Ich sage jetzt, was ich wirklich denke:
fertig gucken	zu Ende gucken
Es geht leider morgen nicht.	Morgen klappt es nicht.
Lassen wir das Essen einfach ausfallen!	Morgen essen wir nicht miteinander.
Ohne mich, mein Lieber!	Da mache ich nicht mit, nicht mit mir!

22. Mini-Dialog

A: Hast du Lust, **ins Kino zu gehen?**
B: Nee, eigentlich nicht. Können wir nicht **zu Hause bleiben?**
A: Dazu habe ich keine Lust.
B: Gut, dann **gehen** wir **ein Bier trinken.**

1. ins Kino gehen, zu Hause bleiben, ein Bier trinken gehen
2. ins Schwimmbad gehen, einen Film im Fernsehen sehen, ein Computerspiel spielen
3. ins Museum gehen, Tennis spielen, einen Kaffee trinken gehen
4. Gitarre spielen, ins Kino gehen, Rudi besuchen
5. in die Disko gehen, einen Film sehen, einen Wein trinken gehen
6. mit den Kindern Monopoly spielen, spazieren gehen, nach Pfungstadt zu Erich fahren

A: Was hältst du davon, wenn wir **ins Kino gehen?**
B: Warum **bleiben** wir nicht **zu Hause?**
A: Das finde ich nicht gut.
B: Los, wir **gehen** ein **Bier trinken.**

1. ins Kino gehen, zu Hause bleiben, ein Bier trinken gehen
2. Gitarre spielen, ins Kino gehen, einen Wein trinken gehen
3. mit den Kindern Monopoly spielen, einen Film im Fernsehen sehen, nach Pfungstadt zu Erich fahren
4. ins Schwimmbad gehen, spazieren gehen, ein Computerspiel spielen
5. in die Disko gehen, einen Film sehen, Rudi besuchen
6. ins Museum gehen, Tennis spielen, einen Kaffee trinken gehen

HÖR & SPIEL

A

Was ist richtig?

**Hören Sie auf der CD den Dialog zwischen Karin und Edgar.
Beantworten Sie dann die Fragen**

1. Karin und Edgar
   a fahren zu ihren Eltern.
   b machen eine Radtour.
   c wollen in den Zoo gehen.

2. Das Wetter heute:
   a Das Wetter ist wunderbar.
   b Heute regnet es nicht.
   c Es gibt ein Gewitter.

B

Ja oder nein?

**Hören Sie noch einmal das Gespräch.
Sagen Sie dann, ob Sie das wirklich hören**

1. Es dauert bestimmt noch zwei Stunden bis nach Hause.
Ja ■   Nein ■

2. Edgar fährt so schnell, weil es gleich ein Gewitter gibt.
Ja ■   Nein ■

3. Karin hat seit ein paar Tagen Halsschmerzen.
Ja ■   Nein ■

4. Sie möchte in ein Café gehen.
Ja ■   Nein ■

5. Sie ärgert sich über den Regen.
Ja ■   Nein ■

6. Sie möchte am nächsten Wochenende wieder eine Radtour machen.
Ja ■   Nein ■

C
Erklären Sie kurz

1. Warum fahren Edgar und Karin schnell nach Hause?

....
....
....
....
....

2. Warum ärgert sich Karin über den Regen?

....
....
....
....
....

D
Erzählen Sie, wie Karin und Edgar den nächsten Sonntag verbringen

Spiel: Ich packe in meinen Rucksack
Der Erste sagt: Ich packe in meinen Rucksack ein Buch. Der Zweite sagt: Ich packe in meinen Rucksack ein Buch und ein Fahrrad. Der Dritte sagt: Ich packe in meinen Rucksack ein Buch, ein Fahrrad und ein Radio. Der Vierte sagt: Ich packe in meinen Rucksack ein Buch, ein Fahrrad, ein Radio und ein Flasche Bier usw. Wer etwas vergisst, der steigt aus dem Spiel aus. Die anderen machen weiter, bis nur noch einer übrig bleibt.

Maxi-Dialog

A und **B** sind ein Paar. Sie arbeiten beide am Samstag nicht. **A** möchte den ganzen Tag gemütlich zu Hause bleiben und abends in die Disko gehen. **B** möchte etwas unternehmen (Sport, spazieren gehen …) und abends einen Film sehen. **B** möchte nicht, dass **A** mit anderen Frauen in der Disko flirtet.

C und **D** sind Freunde. Sie sind auf Reisen und sitzen morgens beim Frühstück in einem Café. Sie überlegen, was sie heute tun können. **E** ist der Kellner, der das Frühstück bringt und kassiert.

FREIZEIT

LEKTÜRE

FREIZEIT

«Feierabend» heißt auf Deutsch das Ende vom Arbeitstag. Feierabend ist der Beginn der Freizeit. Was unternehmen die Menschen, wenn sie für den Rest vom Tag das tun können, was ihnen gefällt?

Manche gehen zuerst in die Kneipe und trinken Bier. Wenig oder viel. Andere gehen zuerst mal einkaufen, damit sie zu Hause etwas zu essen haben. Wieder andere ziehen sich die Turnschuhe an und joggen durch den Park. Sie haben vielleicht den ganzen Tag am Schreibtisch gesessen und brauchen jetzt Bewegung.

FREIZEITSCHLAF

Und manchmal kommt einer so müde nach Hause, dass er sich aufs Ohr legt: er nimmt eine Zeitung, legt sich aufs Sofa und liest so lange, bis er einschläft. Nach dem Mittagessen ist das ein Mittagsschlaf, am Abend kann das dann die ganze Nacht dauern. Er wacht dann morgens um vier Uhr auf, liegt angezogen mit allen Kleidern auf dem Sofa und weiß erst gar nicht, wo er ist.

FAMILIENTAG

Familien verbringen ihre Freizeit nicht oft zusammen. Nur am Wochenende und im Urlaub. Wenn die Väter nach der Arbeit müde nach Hause kommen, dann haben sie vielleicht keine Lust, sich mit den Kindern zu beschäftigen. Am Samstagnachmittag oder am Sonntagmorgen fährt die ganze Familie dann raus in die Natur. Dort gehen sie spazieren. Oder sie fahren in einen Freizeit-Park. Das sind kleine Disneylands oder Disney-Worlds mit spannenden Spielen und Überraschungen. Die Kinder finden das toll, und die Eltern freuen sich, dass die Kinder sich freuen.

Zu Hause, vor allem in den großen Städten, haben die Eltern oft Angst, ihre Kinder auf die Straße zu lassen. Es ist ganz einfach zu gefährlich, wenn die Autos schnell mit 60 oder 70 oder noch schneller durch die Wohngebiete rasen. Also müssen die Kinder zu Hause bleiben.

KAUFHAUS UND FERNSEHER

Jugendliche verbringen ihre Freizeit nicht nur vor dem Fernseher. Auch nicht mit Musik-Kassetten, einem Comic oder einem Buch. Nein, man will es nicht glauben, sie verbringen sehr, sehr viel Zeit im Kaufhaus. Da gibt es viel zu sehen, Computer, Spiele, tolle Turnschuhe, modische Kleider und alles, was das Herz freut. Im Kaufhaus sind die Jugendlichen ihren Träumen ein bisschen näher.

Und abends ist der Fernseher der beste Freund in den Familien. Wem drei Programme nicht reichen, der hat Kabelfernsehen und kann 35 Programme sehen. Und wenn er einen Film sieht, dann hat er immer Angst, dass er einen anderen nicht sieht. Aber der Mensch hat nur zwei Augen. Da kann er schlecht drei Programme zur gleichen Zeit sehen, oder?

Ja oder nein?

	Ja	Nein
1. Wenn die Arbeit endet, dann beginnt die Freizeit.	☐	☐
2. Wer in eine Kneipe geht, der hat zu Hause nichts zu essen.	☐	☐
3. Manche treiben in ihrer Freizeit Sport.	☐	☐
4. Es gibt Leute, die sehr, sehr müde nach Hause kommen.	☐	☐
5. Jugendliche hören keine Musik.	☐	☐
6. Jugendliche gehen nicht viel ins Kaufhaus.	☐	☐
7. Die Familien sind meist am Wochenende zusammen.	☐	☐
8. Es ist kein Problem, wenn Kinder auf der Straße spielen.	☐	☐
9. Der Fernsehapparat ist gar nicht so wichtig für die Leute.	☐	☐
10. Mit Kabelfernsehen bekommt man mehr Programme.	☐	☐

FREIZEIT

TEST 1

1. Hören Sie die Fragen von der CD.
Wie heißt die richtige Antwort?

1. **a** Der meint nichts.
   b Im Regal sind die Fotos.
   c Das mit dem Italiener.

2. **a** Sie tanzt mit ihm.
   b Das ist doch nicht verboten.
   c Wollen wir tanzen?

3. **a** Ich möchte mit dir zusammenleben.
   b Welchen Typ meinst du?
   c Wir wohnen in einer WG.

4. **a** Mit Erwin in einer alten Villa.
   b Ich möchte keine Wohnung.
   c Wir sehen uns beim Frühstück.

5. **a** Ich habe mich auf dem Fest amüsiert.
   b Ich kenne diese Geschichten.
   c Ich will nicht mehr mit dir in einem Bett schlafen.

6. **a** Warum kommst du so spät?
   b Warum fahren wir nicht zu Helga und Rainer?
   c Warum ruft deine Mutter nicht an?

7. **a** Er geht ins Kino.
   b Ich habe den Film schon gesehen.
   c Ich halte viel von Egon.

8. **a** Du bleibst zu Hause.
   b Zu Hause finde ich es gemütlich.
   c Ich möchte aber wegfahren.

9. **a** Er wollte nichts sagen.
   b Früher war er Student.
   c Ich hatte keine Zeit.

10. **a** Wir wollten nach Paris fahren.
    b Nee, gleich fängt es an zu regnen.
    c Ja, ich finde sie schön.

2. Verbinden Sie die Sätze mit einem Relativpronomen.

1. Morgen kommt Frau Waldherr. Wir haben *ihr* unser Haus in Lugano verkauft.
....
....

2. Der Film hat mir sehr zu denken gegeben. Wir haben *ihn* gestern gesehen.
....
....

3. Die Geschichten langweilen mich. Rainer erzählt *sie* immer.
....
....

4. Die Tour hat mir nicht gefallen. Ich habe *sie* mit dir gemacht.
....
....

5. Ich kann die Leute nicht leiden. Du kennst *sie*.
....
....

6. Die guten Krimis kommen erst nachts um halb zwölf. Ich sehe *sie* gerne.
....
....

7. Ich kenne keinen Politiker. Ich kann *ihm* glauben.
....
....

8. Der Freund war sehr sympathisch. Du hast *ihn* mir auf dem Fest vorgestellt.
....
....

9. Der Franzose konnte sieben Sprachen sprechen. Wir haben *ihn* im Zug nach Salzburg kennen gelernt.
....
....

10. Du kannst das Geld behalten. Wir sparen *es*, wenn wir zu Hause bleiben.
....
....

3. Was ist richtig?

1. Was machen wir an ... Wochenende?
   a diese
   b dieses
   c diesem

2. Sagst du bitte ... Mutter, dass sie nicht kommen soll.
   a deine
   b dein
   c deiner

3. Ich wollte ... Film mehr sehen.
   a keiner
   b keinen
   c kein

4. Schlimm, diese ... Familienessen!
   a langweilige
   b langweiligen
   c langweilig

5. Ihr gehört das ... Fahrrad.
   a hübsches
   b hübsch
   c hübsche

6. Ich kann den ... Typ nicht leiden.
   a arroganten
   b arrogant
   c arrogantem

7. Du hast kein ... Wort gesagt.
   a einzigem
   b einzigen
   c einziges

8. Das war eine ... Bootstour.
   a irre
   b irren
   c irres

9. Tut mir Leid, ich habe keinen ... Smoking.
   a weißen
   b weiße
   c weißer

10. Die Zehntels sind ja ... Leute!
    a unsympathisch
    b unsympathischen
    c unsympathische

4. Hören Sie die Sätze von der CD.
Schreiben Sie die Wörter, die fehlen.

1. Damals im Zug, da habe ich mich............ über dich .... **2.** Komm .... dich, mach nicht so einen .... **3.** Na, ... hat er mir .... erzählt, die wirklich interessant und .... waren. **4.** Ich mache mir nichts aus sentimentalen .... **5.** Hier ist der automatische .... 17................ **6.** Ich .... mich nicht für .... **7.** Jetzt haben wir für morgen .... im .... **8.** Gleich fängt es an zu regnen, ... dich ein .... !

5. Wie heißt der Satz im Perfekt?

1. Herr und Frau Läufer kommen um halb elf zurück.
....
2. Ich halte es nicht mehr aus mit Maria.
....
3. Die Müllers ziehen in eine Wohnung am Bahnhof.
....
4. Am Wochenende unternehmen wir nichts.
....
5. Mario studiert vier Jahre in Moskau.
....
6. Hans und Karin verstehen sich nicht besonders.
....
7. Versprechen Sie nicht zu viel?
....
8. Die zwei schlafen noch nicht miteinander.
....
9. Diese Geschichten interessieren mich nie.
....
10. Wir streiten uns nur.
....

6. Hören Sie die Antworten von der CD.
Wie heißen die richtigen Fragen dazu?

1. a Welches Auto soll ich kaufen?
   b Was für ein Auto?
   c Ist das Auto alt?

2. a Hast du gut geschlafen?
   b Hast du dich gut amüsiert?
   c Haben sie sich gut verstanden?

3. a Können wir nicht nach München fahren?
   b Können wir nicht zu Hause bleiben?
   c Möchtest du eine Pause machen?

4. a Könnten wir das nicht übermorgen tun?
   b Hast du jetzt Hunger?
   c Könnten wir morgen mit ihnen essen gehen?

5. a Welche Filme?
   b Was für ein Film?
   c Wer ist Amerikaner?

6. a Hast du keine Lust, noch mal mit ihm Kaffee zu trinken?
   b Wolltest du ihn nicht kennen lernen?
   c Versprechen Sie mir, jetzt anzufangen?

7. a Ärgerst du dich?
   b Liebt ihr euch?
   c Streiten sie sich viel?

8. a Warum? Hat es angefangen zu regnen?
   b Warum kannst du gehen?
   c Warum? Haben Sie sich getrennt?

9. a Welche Filme gefallen ihm?
   b Was für ein Film ist das?
   c Was für Filme sieht er?

10. a Haben Sie die Uhrzeit?
    b Musstet ihr dort arbeiten?
    c Durfte er das tun?

7. Zwei Lösungen sind richtig.
Finden Sie die falsche!

1. Das sind .... Fotos aus der Türkei.
   a schöne
   b die schönen
   c schönes

2. Ich habe es kaum ausgehalten, bis wir ... sind.
   a eingezogen haben
   b zusammengezogen
   c hier eingezogen

3. Heute möchte sie sich nicht
   a so aufzudonnern.
   b so aufdonnern.
   c so elegant anziehen.

4. Was mir besonders an Menorca gefällt,
   a ist der schöne Strand.
   b sind die schönen Strände.
   c ist schöne Strand.

5. Konrad erzählt Geschichten,
   a die du nicht glaubst.
   b die nicht erfunden sind.
   c die interessant ist.

6. Ich mache mir nichts aus
   a deinen komischen Geschichten.
   b sentimentalen Erinnerungen.
   c alte Autos.

7. Ich möchte nicht zu Ferdinand gehen,
   a weil der nur von sich erzählt.
   b weil er hat nie etwas zu trinken.
   c weil er sich nie Zeit nimmt.

8. Wir können ja gleich nach dem Essen
   a wieder nach Hause zu gehen.
   b ein Mittagsschläfchen machen.
   c in die Stadt fahren.

9. Du musst nochmal an die Tankstelle gehen,
   a es ist nämlich kein Bier mehr da.
   b weil der Kühlschrank ist leer.
   c weil nichts mehr zu essen da ist.

10. Barbara schlägt vor, dass
    a wir bleiben am Strand.
    b wir weggehen.
    c wir später gehen.

TEST 1

THEMA 3

DIALOG

PAPIERKRIEG

Am Schalter bei den Verkehrsbetrieben
Ich hätte gerne eine Fahrkarte.
Fahrkarten bekommen Sie im Bus. Meinen Sie vielleicht eine «Mehrfahrtenkarte»?
Nein, ich möchte eine Fahrkarte für den ganzen Monat.
Ach so, eine Monatskarte also. Ja, die bekommen Sie bei mir. Hier haben Sie ein Formular. Wenn Sie das ausgefüllt haben, kommen Sie wieder.
Kann ich die Karte dann gleich mitnehmen?
Klar, die Verkehrsbetriebe sind nicht so langsam wie die Post!

(Name: Tabbert, Vorname: Pam, Anschrift: Jakob-Welder-Weg 18, Mainz, Geburtsdatum: 30. 6. 65, Beschäftigungsverhältnis? What the hell does that mean?) Entschuldigen Sie, ich habe eine Frage: Was ist ein Beschäftigungsverhältnis?

Na ja, wie Sie beschäftigt sind. Sind Sie angestellt, freiberuflich, arbeitslos oder ... pensioniert?

Was hat das mit der Busfahrt zu tun?

Wir brauchen diese Angaben für die Statistik. Es ist Vorschrift, dass jeder das ausfüllt.

Ist «Student» ein Beschäftigungsverhältnis?

Student? Wollen Sie denn eine normale Monatskarte oder eine mit Studentenermäßigung?

Kostet das weniger?

Ja, damit sparen Sie 20 Euro im Monat. Aber

dafür brauchen Sie ein anderes Formular, zwei Passbilder und einen Stempel von der Universität beziehungsweise von der Schule.
Ja, dann geben Sie mir das andere Formular, ich komme nachher wieder. ...

An der Anmeldung in der Volkshochschule
Guten Tag, ich möchte mich für einen Deutschkurs anmelden.
Welches Niveau? Haben Sie schon den Einstufungstest gemacht?
Ja, ich soll in Kurs Fünf.
Hier haben Sie ein Anmeldeformular. Das füllen Sie bitte aus und kommen wieder.
Schon wieder ein Formular! Tabbert, Pam, USA, Jakob-Wel... . Entschuldigen Sie! Was bedeutet das: «Ich bin damit einverstanden, dass meine

Daten zu statistischen Zwecken weitergegeben werden.»

Wollen Sie in irgendeinen Computer kommen? Wenn Sie das nicht wollen, dann schreiben Sie «nein».

Gut, hier ist die Anmeldung.

Moment, ich werde das gerade in unseren Computer eingeben. Das dauert ein bisschen. (Pieps, Pieps, Rrrrrieeps) .... Oh, ich sehe gerade, dass der Kurs voll ist. Da können wir Sie nicht mehr aufnehmen.

Aber ich möchte den Kurs machen. Ich bin doch extra nach Deutschland gekommen, damit ich hier in die Schule gehen kann.

Ja, tut mit Leid, wenn der Kurs voll ist, ist er voll. Da kann man nichts machen.

Gibt es denn keine Möglichkeit, dass ich doch noch einen Platz bekomme?

Also, der Kurs wird nächsten Montag um neun Uhr beginnen. Kommen Sie doch um halb neun, wenn sich jemand abgemeldet hat, dann klappt es vielleicht doch noch.

Meinen Sie, dass ich eine Chance habe?

Ich kann Ihnen nichts versprechen, bevor nicht jemand zurücktritt.

Können Sie mir den Stempel für die Monatskarte schon geben?

Nein, da muss ich warten, bis Sie eingeschrieben sind. Vorher geht das nicht.

Und was mache ich jetzt? ...

Im Bus

Fahrausweiskontrolle.

? ... ?

Ihren Fahrschein, bitte!

Eh, hee, eh, hhee ....

Zeigen Sie mir bitte Ihre Fahrkarte!

Nix färstäiin, I'm American.

Dann bekomme ich von Ihnen 30 Euro.

Was, wie viel? Ehh, how much?

Ach, Sie sprechen ja doch Deutsch? Dreißig Euro, bitte! Wenn Sie ohne Fahrkarte fahren und ich Sie erwische, dann müssen Sie bezahlen.

Sorry, ich habe kein Geld bei mir.

Dann werden wir das bei der Polizei klären.

Polizei? Können Sie mir nicht die Rechnung schicken?

Sie sind doch Ausländerin. Wohnen Sie hier? Zeigen Sie mir bitte Ihre Papiere. Ich muss Ihre Personalien feststellen.

PAPIERKRIEG

Hier, bitte, ich bin Studentin. Ich habe ab heute eine Monatskarte.

Warum zeigen Sie mir die nicht?

Ich war gerade in der Sprachschule. Ich habe mir den Stempel für die Monatskarte besorgt. Jetzt bin ich auf dem Weg zur Verkaufsstelle. Ich bin doch kein Schwarzfahrer.

Ihr Deutsch wird ja immer besser. Sie wollten wohl nicht zahlen? Also, mir reicht es jetzt. Legen Sie schriftlich Widerspruch ein. Wenn Sie mit den 30 Euro nicht einverstanden sind, dann schreiben Sie an die Verkehrsbetriebe. Die werden feststellen, ob Sie zahlen müssen oder nicht.

Pam Ann Tabbert
Jakob-Welder-Weg 18
55122 MAINZ

25. Februar

Betr.: Erhöhtes Fahrgeld in der Buslinie 21 am 24.02.

Sehr geehrte Damen und Herren,

gestern Morgen versuchte ich eine ermäßigte Monatskarte zu kaufen. Der Beamte sagte mir, dass ich dazu einen Stempel von meiner Schule brauchte. Ein Kontrolleur erwischte mich auf der Rückfahrt von der Schule zur Fahrkarten-Verkaufsstelle. Er wollte 30 Euro von mir. Sie werden verstehen, dass ich das sehr hart finde. Ich bin Studentin und habe nicht viel Geld. Soll ich eine Tages-Fahrkarte kaufen, obwohl ich eine Monatskarte habe?

Ich bitte Sie, mir die 30 Euro zu erlassen. Ich war doch gerade auf der Fahrt zu der Verkaufsstelle. Ich verspreche Ihnen auch, dass so etwas nie mehr vorkommen wird.

Mit freundlichen Grüßen
(Pam Ann Tappert)

HÖR ZU

A
Was ist richtig

1. Pam hat
   a einen Sportunfall.
   b bürokratische Probleme.
   c nette Freunde.

2. Sie möchte
   a eine Fahrkarte kaufen und einen Deutschkurs machen.
   b ein Deutschbuch verkaufen und eine Fahrkarte bezahlen.
   c nach Hause fliegen und Deutsch lernen.

3. Wo ist Pam? Unterstreichen Sie, was richtig ist.
   Am Fahrkartenschalter – in der Volkshochschule – in der Universität – am Bahnhof – im Bus – beim Psychologen – zu Hause – im Zug – im Kino – bei Freunden.

B
Ja oder nein?

Am Schalter bei den Verkehrsbetrieben

	Ja	Nein
1. Pam möchte eine Zugfahrkarte kaufen.	☐	☐
2. Sie muss ein Formular ausfüllen.	☐	☐
3. Sie möchte eine Monatskarte für Studenten kaufen.	☐	☐
4. Sie kann die Karte jetzt kaufen.	☐	☐

An der Anmeldung in der Volkshochschule

5. Pam möchte Englisch lernen.	☐	☐
6. Sie hat noch keinen Test gemacht.	☐	☐
7. Sie muss ein Anmeldeformular ausfüllen.	☐	☐
8. Der Kurs ist noch nicht voll.	☐	☐

Im Bus

9. Pam fährt ohne Fahrkarte.	☐	☐
10. Sie spricht kein Deutsch.	☐	☐
11. Sie soll 130 Euro zahlen.	☐	☐
12. Sie soll einen Brief an die Verkehrsbetriebe schreiben.	☐	☐

Der Brief

13. Pam schreibt einen Brief, um vielleicht 30 Euro zu sparen.	☐	☐
14. Sie verspricht, vor die Verkaufsstelle zu kommen.	☐	☐

PAPIERKRIEG

Am Schalter bei den Verkehrsbetriebe

der Papierkrieg, -e

....

die Verkehrsbetriebe (Plural)

....

ich hätte gerne

Ich möchte..............

....

die Mehrfahrtenkarte, -n

....

die Monatskarte, -n

....

das Formular, -e

....

ausfüllen

....

die Post

....

das Beschäftigungsverhältnis, -se

....

beschäftigt

....

angestellt

....

freiberuflich

....

arbeitslos

....

pensioniert

....

die Statistik, -en

....

die Vorschrift, -en

....

der Student, -en

....

die Ermäßigung, -en

....

die Studentenermäßigung, -en

....

das Passbild, -er

....

der Stempel, -

....

die Universität, -en

....

WÖRTER

beziehungsweise (bzw.)

....

An der Anmeldung in der Volkshochschule

die Volkshochschule, -n

....

sich anmelden für

....

der Deutschkurs, -e

....

das Niveau, -s

....

der Einstufungstest, -s

....

der Kurs, -e

....

das Anmeldeformular, -e

....

einverstanden

....

die Daten (Plural)

....

statistisch

der Zweck, -e

weitergeben (weitergegeben)

irgendein

eingeben (eingegeben)

voll

extra

damit

die Möglichkeit, -en

abmelden

die Chance, -n

einschreiben (eingeschrieben)

vorher

Im Bus

die Fahrausweiskontrolle, -n

nix färstäiin (amerikanisches Deutsch)

erwischen

klären

schicken

der Ausländer, -

die Ausländerin, -nen

das Papier, -e

die Personalien (Plural)

feststellen

die Sprachschule, -n

die Verkaufsstelle, -n

der Schwarzfahrer, -

besser

einlegen (eingelegt)

schriftlich

der Widerspruch, -sprüche

ob

Der Brief

erhöht

das Fahrgeld (Singular)

die Buslinie, -n

versuchen

ermäßigen

der Beamte, -n

dazu

....

der Kontrolleur, -e

....

die Rückfahrt, -en

....

hart

....

obwohl

....

erlassen (erlassen)

....

vorkommen (vorgekommen)

....

freundlich

....

der Gruß, Grüße

....

Theorie

abschreiben

....

die Abschrift, -en

....

aufschreiben

....

die Bürokratie, -n

....

einschreiben

....

das Einschreiben, -

....

das Futur

....

der Gebrauch

....

die Inversion, -en

....

das Präteritum

....

schriftlich

....

die Schrift, -en

....

die Vorschrift, -en

....

Praxis

das Abitur

....

die Anzeige, -n

....

Argentinien

....

Asien

....

das Bargeld

....

begrüßen

....

böse

....

der Bundeskanzler, -

....

der Detektiv, -e

....

dumm

....

erlauben

....

Europa

....

PAPIERKRIEG

das Gymnasium, Gymnasien (!)

....

Indien

....

japanisch

....

korrekt

....

lachen

....

ein Loch in den Bauch fragen
viel und neugierig fragen

....

die Lösung, -en

....

der Nordpol

....

das Meer, -e

....

das Orchester, -

....

Pizza, -s

....

plötzlich

....

die Politesse, -n

....

die Salami, -s

....

spielen

....

die Strafe, -n

....

trennbar

....

die Vermutung, -en

....

die Wahl, -en

....

der Zeitungsartikel, -

....

das Zeug

....

THEORIE

Vergangenheit: das Präteritum
Erinnern Sie sich an das Präteritum bei den Modalverben?

dürfen	können
durf -**t**-e	konn -**t**-e
durf -**t**-est	konn -**t**-est
durf -**t**-e	konn -**t**-e
durf -**t**-en	konn -**t**-en
durf -**t**-et	konn -**t**-et
durf -**t**-en	konn -**t**-en

Regelmäßige Verben (Präteritum)

Ich **versuchte** eine Monatskarte zu kaufen.
Der Beamte **sagte** mir …

	sagen		arbeiten		einkaufen
ich	sag-**t**-e	ich	arbeite-**t**-e	ich	kauf-**t**-e ein
du	sag-**t**-est	du	arbeite-**t**-est	du	kauf-**t**-est ein
er	sag-**t**-e	er	arbeite-**t**-e	er	kauf-**t**-e ein
wir	sag-**t**-en	wir	arbeite-**t**-en	wir	kauf-**t**-en ein
ihr	sag-**t**-et	ihr	arbeite-**t**-et	ihr	kauf-**t**-et ein
sie	sag-**t**-en	sie	arbeite-**t**-en	sie	kauf-**t**-en ein

Stamm -**t**- **Endung**

Trennbare Verben:

ausfüllen:		
	ich fülle aus	→ Präsens
	ich füllte aus	→ Präteritum
aber:	ich habe ausgefüllt	→ Perfekt

PRAXIS

1. Suchen Sie alle Verben im Präteritum im Brief von Pam an die Verkehrsbetriebe
Sagen Sie die Formen auch im Präsens und Perfekt

2. Schreiben Sie die Form im Präteritum

1. ich lache ....
2. du kaufst ein ....
3. wir sagen ....
4. ihr macht ....
5. du antwortest ....
6. er arbeitet ....
7. sie bilden ....
8. ihr redet ....
9. du besorgst ....
10. sie macht aus ....
11. ihr bezahlt ....
12. du sagst ab

3. Fragen zum Thema

1. Was macht Pam am Fahrkartenschalter?
2. Welche Probleme hat sie dort?
3. Warum geht sie zur Volkshochschule?
4. Warum bekommt sie keinen Stempel für die Monatskarte?
5. Was passiert im Bus?
6. Hatten Sie schon einmal Probleme mit Papieren und Formularen?

4. Schreiben Sie die Geschichte als Zeitungsartikel im Präteritum

1. Henry sucht eine Frau.
   Henry suchte eine Frau.
2. Er kauft sich eine Zeitung.
3. In der Zeitung ist eine Anzeige von einer Frau, die einen Mann sucht.
4. Henry schickt ihr einen Brief.
5. Er will mit ihr essen gehen.
6. Sie sind im Restaurant.
7. Henry redet viel.
8. Er erzählt ihr viel.
9. Am Schluss sagt sie: «Ich glaube, ich will doch keinen Mann.»
10. Jetzt sucht Henry wieder eine Frau.

5. Konjugieren Sie im Präteritum in allen Personen

1. zeigen
2. telefonieren
3. warten
4. bestellen
5. abmelden
6. sich langweilen

PAPIERKRIEG

	Die grünen Felder werden vom Finanzamt ausgefüllt.			
12 Nummer	Zeitr.	**11** Steuernummer	**10 01**	Vorg.

☐ **Einkommensteuererklärung**
☐ **Antrag auf Festsetzung der Arbeitnehmer-Sparzulage**
☐ **Erklärung zur Feststellung des verbleibenden Verlustvortrags**

An das Finanzamt
MAINZ SÜD

Steuernummer 4942/1360/29 H   bei Wohnsitzwechsel: bisheriges Finanzamt

Allgemeine Angaben   Telefonische Rückfragen tagsüber unter Nr.
Steuerpflichtige Person (Stpfl.), bei Ehegatten: Ehemann   06131 567119

Name: TABBERT
Vorname: PAM ANN
Geburtsdatum: Tag 16 Monat 06 Jahr 75   Religion: Kath.   Ausgeübter Beruf: Studentin
Straße und Hausnummer: Jakob-Welder-Weg 18
Postleitzahl, derzeitiger Wohnort: 55122 MAINZ

Verheiratet seit dem	Verwitwet seit dem	Geschieden seit dem	Dauernd getrennt lebend seit dem

Eingetragene Lebenspartnerschaft seit dem (weitere Angaben bitte auf besonderem Blatt)

Ehefrau: Vorname

ggf. von Zeile 2 abweichender Name

Geburtsdatum: Tag   Monat   Jahr   Religion   Ausgeübter Beruf

Straße und Hausnummer, Postleitzahl, derzeitiger Wohnort (falls von Zeilen 5 und 6 abweichend)

Nur von Ehegatten auszufüllen:
☐ Zusammenveranlagung   ☐ Getrennte Veranlagung   ☐ Besondere Veranlagung für das Jahr der Eheschließung   Wir haben Gütergemeinschaft vereinbart ☐ Nein ☐ Ja

Bankverbindung   Bitte stets angeben!

Kontonummer: 689.08.019   Bankleitzahl: 55090500
Geldinstitut (Zweigstelle) und Ort: SPARDA SÜDWEST
Kontoinhaber lt. Zeilen 2 u. 3 oder: P.A. TABBERT (im Fall der Abtretung bitte amtlichen Abtretungsvordruck beifügen)

6. Schreiben Sie im Präteritum

1. wünschen – ich ....
2. wandern – wir ....
3. tanzen – du ....
4. suchen – ihr ....
5. stören – er ....
6. schicken – ich ....
7. reichen – es ....
8. spielen – wir ....
9. meinen – Sie ....
10. klingeln – ihr ....
11. brauchen – er . ...
12. grüßen – Sie ....
13. joggen – du ....

7. Weil es so schön war, noch einmal

1. ausatmen – ich ....
2. bestellen – wir ....
3. sich beeilen – er ....
4. feststellen – du ....
5. erzählen – ihr ....
6. herunterhandeln – ich ....
7. kennen lernen – er ....
8. aufräumen – du ....
9. sich anfreunden – wir ....
10. sich beeilen – er ....
11. anprobieren – Sie ....
12. versuchen – ihr ....
13. verzichten – wir ....

PRAXIS

8. Schreiben Sie eine Geschichte im Präteritum

Eva wollte ins Kino gehen.

Eva – ins Kino gehen wollen – mit Thomas telefonieren – sich am Bahnhof verabreden – um 19 Uhr 30 da sein – eine halbe Stunde warten – regnen – sich im Café unterstellen – Hermann auch dort sein – zusammen reden und erzählen – abends zusammen ein Rock-Konzert besuchen – die halbe Nacht tanzen – Thomas am nächsten Tag sehr böse sein.

Was passierte dann? Wie geht die Geschichte weiter? Erzählen Sie ...

PAPIERKRIEG

THEORIE

Die Zukunft – das Futur

Ich werde das in den Computer **eingeben**.
Dann **werden wir** das bei der Polizei **klären**.

beginnen	wegfahren
ich werde beginnen	ich werde wegfahren
du wirst beginnen	du wirst wegfahren
er wird beginnen	er wird wegfahren
wir werden beginnen	wir werden wegfahren
ihr werdet beginnen	ihr werdet wegfahren
sie werden beginnen	sie werden wegfahren

Futur: werden + Infinitiv

Futur: Der Gebrauch

1. In drei Wochen **werde** ich nach Berlin **fahren**.
Ich studiere noch. In zwei Jahren **werde** ich mein **Diplom** haben.

Zeit: heute in drei Wochen, in zwei Jahren

2. Wie alt ist er? – Er **wird** 25 Jahre alt **sein**.
Was kostet so ein Computer? – Ich weiß es nicht, er **wird** ungefähr 1000 Euro **kosten**.

Vermutung: Ich weiß es nicht, ich glaube ...

9. Sagen Sie, was in 10 Jahren sein wird

1. Heute rauchen viele Leute 20 Zigaretten am Tag.
   In zehn Jahren werden viele Leute 20 Zigaretten am Tag rauchen.
2. Heute quatschen die im Radio nur dummes Zeug.
3. Heute gehen die Kinder um acht Uhr schlafen.
4. Heute schreibt man Briefe mit dem Computer.
5. Heute bezahlt man Fahrkarten mit Bargeld.
6. Heute verabredet man sich am Telefon.
7. Heute langweilt sich jeder in der Schule.
8. Heute mietet man ein Haus in den Ferien.
9. Heute arbeiten wir acht Stunden am Tag.
10. Heute fahren wir mit dem Auto.

11. Lesen Sie über das Leben von Michel Müller

1. Michel Müller steht jeden Morgen um sieben Uhr auf. 2. Seine Frau macht ihm das Frühstück. 3. Er frühstückt mit ihr und den zwei Kindern. 4. Dann fährt er mit dem Wagen zur Arbeit. 5. Die Kinder nehmen den Bus zur Schule. 6. Mittags kommt Michel Müller nie nach Hause. 7. Seine Frau und die Kinder essen alleine. 8. Abends um fünf Uhr nimmt er wieder das Auto und fährt nach Hause. 9. Zu Hause begrüßt er seine Frau und spielt ein bisschen mit den Kindern. 10. Nach dem Abendessen guckt er Fernsehen. 11. Michel Müller lebt ein langweiliges Leben.

Thomas, der Sohn von Michel Müller, wird im Jahr 2020 genauso leben wie sein Vater heute: verheiratet, zwei Kinder, acht Stunden Arbeitstag, Fernsehen .... Schreiben Sie über sein Leben: *Thomas Müller wird jeden Morgen um 7 Uhr aufstehen.*

PRAXIS

10. Konjugieren Sie im Futur

1. klingeln
2. besuchen
3. sich unterhalten
4. sich streiten
5. weggehen

12. Sie sind nicht sicher. Erfinden Sie passende Antworten im Futur

1. Wie viel Uhr ist es?
   Keine Ahnung, es wird jetzt drei Uhr sein.
2. Wann fängt der Film an? 3. Um wie viel Uhr fährt der Zug nach Köln? 4. Wie alt ist der russische Präsident? 5. Welche Telefonnummer hat die Polizei? 6. Wann fährt Joe nach Toronto? 7. Was kostet der neue VW? 8. Wie lange dauert die Busfahrt von München nach Hamburg? 9. Wann kommt Sting nach Zotzenheim? 10. Was frühstückt Madonna?

THEORIE

Die Zeit

		Vergangenheit
Ich **war** gestern in Köln.	Ich **hatte** viel Geld.	→ Präteritum
Ich **bin** gestern in Köln **gewesen**.	Ich **habe** viel Geld **gehabt**.	→ Perfekt

		Gegenwart
Ich **bin** heute in Köln.	Ich **habe** viel Geld.	→ Präsens

		Zukunft
Ich **werde** morgen in Köln **sein**.	Ich **werde** viel Geld **haben**.	→ Futur

---

Zwei Vergangenheitszeiten

Präteritum → geschriebene Sprache: Buch, Zeitung, Formular ...

Perfekt → gesprochene Sprache: Unterhaltung, Telefon, Party ...

Was schon passiert ist, vor vielen Jahren, gestern, heute morgen oder gerade vor zwei Minuten, sagen wir in der **Vergangenheit**.

Was im Moment oder in unserer Zeit passiert, das sagen wir in der **Gegenwart**.

Was noch kommt und noch passieren wird, das sagen wir in der **Zukunft**.

13. Fragen Sie Ihren Nachbarn.

1. Wie alt ist Madonna etwa?
2. Was wirst du in drei Jahren machen?
3. Wo wirst du in zehn Jahren leben?
4. Wohin werden Sie in den nächsten Ferien fahren?
5. Wann werden Sie 90 Jahre alt sein?
6. Womit wirst du dir in Zukunft dein Geld verdienen?
7. Wie werden Sie in 20 Jahren leben?
8. Wie viel Kinder hat Pam Tabbert in 15 Jahren?
9. Muss Pam die 30 Euro Strafe wirklich zahlen?
10. Wer gewinnt die nächsten Wahlen?

Wer … ?
Was … ?
Wo … ?
Wie … ?

Hilfe für die Antworten: Kinder haben – verheiratet sein – zum Nordpol / nach Indien fahren – zur Schule gehen – Ferien machen – in Europa, Asien, Afrika leben – etwa … Jahre alt sein – im Spielkasino gewinnen – Bundeskanzler von Deutschland sein – auf dem Mond leben…

Beispiel für die Antwort: Wie alt ist Madonna etwa? *Sie wird 30 Jahre alt sein.*
Wo werden Sie in 20 Jahren leben?
Ich werde immer noch in Franakfurt leben.
Ich werde in Chicago als Supermafioso leben.

PRAXIS

14. Präteritum, Präsens oder Futur?

Setzen Sie das Verb in der richtigen Zeit ein:
1. Gestern abend .... Anna auf einer Party. (sein)
2. Die Musik .... sehr laut und gut, und Anna .... viel. (sein, tanzen)
3. Sie .... sich sehr gut. (amüsieren) 4. Sie .... einen tollen, jungen Mann ...., in den sie sich sofort .... (kennen lernen, verlieben) 5. Die Party .... bis um fünf Uhr morgens. (dauern) 6. Heute .... sich Anna sehr müde. (fühlen) 7. Sie .... den ganzen Morgen im Bett. (bleiben) 8. Sie .... ihre Freundin .... und .... ihr von der Party. (anrufen, erzählen) 9. Sie .... mit ihrer Freundin für den nächsten Urlaub. (verabreden) 10. In drei Wochen .... sie zusammen nach Italien .... (fahren)

PAPIERKRIEG

THEORIE

Ü 15,16,18,19

Nebensätze

1. Kommen Sie wieder, **wenn** Sie das ausgefüllt **haben**.
2. Ich bin doch extra nach Deutschland gekommen, **damit** ich hier in die Schule gehen **kann**.
3. Die werden feststellen, **ob** Sie zahlen müssen oder **nicht**.
4. Ich kann Ihnen nichts versprechen, **bevor** nicht jemand **zurücktritt**.
5. Soll ich eine Tages-Fahrkarte kaufen, **obwohl** ich eine Monatskarte habe?
6. Ich sage Ihnen, **dass** so etwas nie mehr vorkommen **wird**.

wenn, damit, ob, bevor, obwohl, dass, etc. sind Nebensatz-Konjunktionen.

Nicht vergessen: Wenn ein Satz mit einer Nebensatz-Konjunktion beginnt, dann muss das **Verb** immer ganz **am Ende** stehen.

Wann kommt sie? – **Wenn** sie Zeit hat.	wenn → Zeit
Wann war er hier? **Als** du noch im Büro warst.	als → Zeit
Wann wart ihr in Rio? – **Bevor** Max den Unfall hatte.	bevor → Zeit
Wie lange bleibt sie? – **Bis** sie wieder zurückfährt.	bis → Zeit
Wozu lernt er Deutsch? – **Damit** er lesen und reden kann.	damit → Zweck
Warum sagt er nichts? – **Weil** er sich ärgert.	weil →

als + Vergangenheit
wenn + Gegenwart

außerdem:
Wir gehen ins Kino, **obwohl** der Film uns nicht interessiert.   → Gegengrund
Ich weiß nicht, **ob** Frau Gurland schon zurück ist.
   → indirekte Frage

15. Verbinden Sie die beiden Sätze mit der Konjunktion

Achtung: Es gibt immer zwei Möglichkeiten/Lösungen

1. Peter kommt zu mir. Er hat Zeit. (wenn)
   Peter kommt zu mir, wenn er Zeit hat.
   Wenn Peter Zeit hat, kommt er zu mir.
2. Eva liest ein Buch. Sie hat Zeit. (wenn) 3. Ich rufe dich an. Ich bin aus Indien zurück. (wenn) 4. Ich hatte keine Fahrkarte. Der Kontrolleur wollte die Fahrkarte sehen. (als) 5. Hans macht eine Reise nach China. Er spricht kein Chinesisch. (obwohl) 6. Die Kinder bleiben in den Ferien am Meer. Die Schule fängt wieder an. (bis) 7. Du brauchst einen Stempel von der Universität. Du kannst eine Studentenkarte kaufen. (damit) 8. Wir haben nichts zu essen. Du hast nichts eingekauft. (weil) 9. Du musst 30 Euro bezahlen. Der Kontrolleur erwischt dich ohne Fahrschein. (wenn) 10. Pam sagt zum Kontrolleur: «Nix färstäiin, I'm American». Sie spricht sehr gut Deutsch. (obwohl)

PRAXIS

17. Themen zum Diskutieren

1. Sind Kontrolleure, Polizisten, Leute am Schalter etc. in Deutschland nett?

2. Was kann man tun, wenn man Bürokratie-Deutsch schlecht versteht?

3. Wie sind die Bürokraten in Ihrem Land?

4. Wer ist schon einmal ohne Fahrschein im Bus/Zug gefahren und erwischt worden?

16. Wie heißt der korrekte ganze Satz?

1 Wenn du keine Zeit hast,	a bis der Zug abfährt.
2 Ihr müsst noch spülen,	b weil das Benzin so teuer ist.
3 Heinrich Schmalz geht in die Oper,	c damit sie in Frankreich arbeiten kann.
4 Wir warten noch,	d bevor eure Mutter zurückkommt.
5 Karoline studiert Französisch,	e dann musst du eben morgen kommen.
6 Henry und Silvie fahren mit dem Zug,	f obwohl er Mozart und Wagner nicht leiden kann.

PAPIERKRIEG

THEORIE

850 Mietgesuche Wohnungen

Schweizer Bank sucht
für neue Mitarbeiter wegen Erweiterung ihrer Niederlassung in Frankfurt
3 x 5- bis 6-Zl.-Wohnung oder -Haus
4 x 4-Zl.-Wohnung, 5 x 2-Zl.-Wohnung
3 x 3-Zl.-Wohnung, 4 x 1-Zl.-Wohnung
Angebote erbeten an das alleinbeauftragte Unternehmen
Immobilien-Heisch@t-online.de
Wendelsweg 74, 60599 Frankfurt, ☎ 069/70766211 o. 0173/32777717, Fax 069/70766222

HomeCompany
Zuhause auf Zeit!
HomeCompany Wohnraumvermittlung
0 69/19 445 www.homecompany-frankfurt.de

6510 Suche 1-Zi.-Wohg./ Appartement Frankfurt

Hochschulabsolventin sucht zum 01.08.02 möbl. 1-ZW in Ffm. bzw. Nähe Flughafen. ☎ 0173/3745028

18. «Wenn», «weil» oder «obwohl»?
Ergänzen Sie

1. Eva, wann ziehst du von zu Hause aus? – Ich ziehe erst von zu Hause aus, ……..... …ich mein Abitur gemacht habe und ……..... ich anfange zu studieren.
2. Peter, warum wohnst du nicht mehr bei deinen Eltern? – Ich bin ausgezogen, ……..... es bei uns in Pirmasens keine Universität gibt. 3. Ich wohne immer noch bei meinen Eltern in Mainz, ……........ ich in Koblenz studiere. Ich fahre jeden Tag zwei Stunden mit dem Zug hin und zurück. 4. Ich kaufe mir gerade einen Computer, ….……… ich nichts davon verstehe. 5. Ich mache einen Spanisch-Kurs an der Volkshochschule, …….... ich im Sommer nach Spanien fahre und mit den Leuten reden möchte. 6. Mein Mann schläft im Kino ein, ….……… der Film langweilig ist. (2x !) 7. Mein Mann schläft im Kino ein, ….……… der Film nicht langweilig ist. 8. Heute gehen wir Pizza essen, …..…… der Kühlschrank leer ist. 9. Konrad hat sich einen Porsche gekauft, ….……… er gar kein Geld hat. 10. Bitte rufe uns sofort an, ….……… du in New York ankommst.

19. Welche Konjunktion fehlt?

1. Oh, ich sehe gerade, ……. Herr Becker gekommen ist. 2. Du musst so lange warten, ….…… Jutta wieder da ist. 3. Ich kann Ihnen nichts sagen, ….…… der Chef nicht zurückkommt. 4. ….……… Sie das getan haben, dann kommen Sie wieder. 5. Ich verspreche Ihnen auch, ……........ wir das nie vergessen werden. 6. Soll ich das essen, …….…… ich keinen Hunger habe? 7. Die werden Ihnen sagen, ……. sie zahlen müssen oder nicht. 8. Frau Kümmerling sagte mir, ….…… ich dazu einen Stempel von der Polizei brauchte. 9. Sie joggen jeden Morgen, ….……… sie ein bisschen Bewegung haben. 10. Herr und Frau Köhler bleiben in Berlin, ….…… sie alles wissen. 11. Er geht ins Konzert, ….……… er sich nichts aus klassischer Musik macht. 12. Ich bin doch extra hergekommen, ….…… ich ihn hier treffe.

THEORIE

Die Inversion

Hauptsatz	Nebensatz	Hauptsatz
Ich freue mich,	wenn du kommst.	
Subjekt + Verb +...,	Konjunktion +... + Verb.	
	Wenn du kommst,	freue ich mich.
	Konjunktion + ... + Verb,	Verb + Subjekt + ...

Wenn ein **Nebensatz vor** dem **Hauptsatz** steht, dann muss im **Hauptsatz** zuerst das **Verb** und dann das **Subjekt** stehen.

Erinnern Sie sich: Subjekt + Verb

Subjekt + Verb
Ich habe ihn gestern im Kino gesehen.
→ Gestern **habe ich** ihn im Kino gesehen.
→ Im Kino **habe ich** ihn gestern gesehen.
Verb + Subjekt

Wenn ein Hauptsatz nicht mit dem **Subjekt** beginnt, dann steht immer zuerst das **Verb** und dann das **Subjekt**.

Erinnern Sie sich: damit – dafür

Eine Karte mit Studentenermäßigung.

→ **Damit** sparen Sie 20 Euro im Monat. **Mit der Studentenermäßigung** sparen Sie 20 Euro im Monat.

→ **Dafür** brauchen Sie ein anderes Formular. **Für die Studentenermäßigung** brauchen Sie ein anderes Formular.

20. Sagen Sie es anders

1. Wenn Sie das nicht wollen, schreiben Sie nein.
   Sie schreiben nein, wenn Sie das nicht wollen.
2. Wenn sich jemand abgemeldet hat, klappt es vielleicht doch noch.
3. Wenn Sie ohne Fahrkarte fahren und ich Sie erwische, müssen Sie bezahlen.
4. Sie müssen warten, bis Sie eingeschrieben sind.
5. Wenn Sie mit den 30 Euro nicht einverstanden sind, schreiben Sie an die Verkehrsbetriebe.
6. Soll ich eine Tages-Fahrkarte kaufen, obwohl ich eine Monatskarte habe?
7. Sie wohnten in Nürnberg, bevor sie die Villa in Regensburg mieteten.
8. Er lernt Japanisch, damit er in Tokio studieren kann.
9. Carsten Schulz hat nie Geld, obwohl er so viel verdient.
10. Ich gehe nicht mit, weil ich keine Lust habe.

21. Fragen Sie ihrem Nachbarn ein Loch in den Bauch

Stellen Sie auch selbst Fragen

1. Warum lernst du Deutsch?
2. Warum bist du nach Deutschland (nach Österreich, in die Schweiz) gekommen?
3. Warum bist du...(Sekretärin, Mafioso, Kellner, Ingenieur, Arzt, Student)?
4. Warum ist Wasser nass?
5. Warum ist die Zitrone sauer?
6. Warum schmeckt Zucker süß?
7. Warum hat der Mensch zwei Beine?
8. Warum fragst du immer «warum»?
9. Warum...?
10. Warum...?

PRAXIS

22. Was gehört zusammen?

Suchen Sie zu jedem Substantiv das passende Verb oder Adjektiv

Ausstellung, Anrufbeantworter, besuchen, Brief, Deutschkurs, Disko, Foto, Fußball, joggen, lernen, machen, Problem, protestantisch, Religion, schicken, spielen, sprechen, tanzen, Turnschuh, schwierig.

THEORIE

Die Wortfamilie «schreiben»

schreiben

abschreiben = selbst (mit der Hand, mit der Maschine, mit dem Computer etc.) kopieren
aufschreiben = auf ein Papier schreiben
einschreiben = für einen Kurs anmelden
verschreiben = der Arzt schreibt ein Medikament auf

schriftlich = im Brief, im Formular etc. geschrieben
(mündlich = gesprochen)

Schrift = alle Buchstaben
Vorschrift = Regel
Abschrift = Kopie
Einschreiben = ein Brief mit Garantie von der Post

24. In welcher Zeit steht das Verb?

1. ich studiere
2. hast du ihr schon gratuliert
3. sie werden warten
4. er trudelt spät ein
5. er wird sich langweilen
6. ich studierte
7. Madonna frühstückte
8. er donnert sich auf
9. wir sind zusammengezogen
10. ich beeile mich

Die Lösung: besser als acht mal zu Hause

23. Hier fehlt ein Wort
Denken Sie mal nach

1. Jemand, der ohne Chef arbeitet, ist ....
2. Mit einer .... kann man vier Wochen lang Bus fahren.
3. Es hat keinen .... , immer wieder zu fragen. Ich kann Ihnen keine Antwort geben.
4. Wir haben zwei .... : 1. Sie kommen morgen wieder. 2. Sie rufen am Montag hier an.
5. Ich möchte mich für den neuen Englischkurs ....
6. Habe ich eine .... , dass das doch noch klappt?
7. Du brauchst das nicht zu bringen. Du kannst es mit der Post ....
8. Es ist schon einmal .... , dass ich plötzlich eine Million Euro auf meinem Konto hatte. Leider musste ich das Geld zurückzahlen.

PAPIERKRIEG

THEORIE

Bürokratie-Deutsch

Bürokratie-Deutsch	«Normales» Deutsch
Mehrfahrtenkarte	Fahrkarte für 4, 6 oder 10 Fahrten
Beschäftigungsverhältnis	Wie jemand arbeitet: selbständig, angestellt
Vorschrift	Regel, wie und was man tun muss
Studentenermäßigung	Es kostet nicht so viel für Studenten
Anmeldeformular	Papier mit Name und Anschrift
Fahrausweiskontrolle	Kontrolle, ob auch jeder einen Fahrschein hat
Personalien feststellen	Name und Anschrift aufschreiben (Polizei, Kontrolle)
Widerspruch einlegen	nicht einverstanden sein und protestieren
erlassen	dem anderen sagen, dass er etwas nicht tun muss
einen Pass beantragen	auf der Polizei einen Pass bestellen
sich um eine Arbeit bewerben	sagen, dass man eine Arbeit machen will
der Pass ist abgelaufen	das Datum ist schon vorbei

25. Mini-Dialog

A: Haben Sie noch **Kinokarten?**
B: Tut mit Leid, alle Karten sind verkauft.
A: Gibt es keine Möglichkeit, dass ich **den Film** noch **sehe?**
B: Ich habe Ihnen doch gesagt, **dass alle Karten verkauft sind.**

1. Kinokarten – alle Karten verkauft – Film sehen
2. Konzertkarten – alle Karten verkauft – Mozart-Sinfonie hören
3. Salami-Pizza – alles verkauft und gegessen – etwas zum essen bekommen
4. Lust, mit mir tanzen zu gehen – ich, müde sein – wir in die Disko gehen
5. Zeit für mich – Ich, nach Köln fahren – Sie, hier bleiben
6. freie Plätze für den Italienisch-Kurs – alles voll – einen Kurs besuchen

A: Kommt du mit ins **Kino?**
B: Ach nein, **ich bin so müde.**
A: Wenn du müde bist, musst du schlafen.
B: Vielleicht komme ich morgen mit **ins Kino ...**

1. ins Kino, so müde sein, schlafen
2. zum Schwimmen, so erkältet sein, ins Bett gehen
3. zu Leo, keine Lust auf Leo haben, zu Hause bleiben
4. ins Theater, gestern schon im Theater gewesen, in die Disko gehen
5. in den Deutschkurs, keine Lust haben, zu Hause lernen
6. ins Restaurant, kein Geld haben, zu Hause essen
7. zu Karin zum Essen, keinen Hunger haben, nichts essen
8. in die Kneipe, keinen Durst haben, nichts trinken

PRAXIS

HÖR & SPIEL

A

Was ist richtig?

**Hören Sie auf der CD, was Pam erzählt.
Beantworten Sie dann die folgenden Fragen**

1. Pam erzählt von
a ihrem Deutschkurs in Amerika.
b ihrem Urlaub.
c den Verkehrsbetrieben.

2. Ein Kontrolleur im Bus
a hat ihr die Strafe von 30 Euro erlassen.
b hat sie beim Schwarzfahren erwischt.
c hat ihr von Amerika erzählt.

3. Der Chef der Verkehrsbetriebe
a war nicht freundlich zu Pam.
b liebt Japaner, Italiener und Iraner.
c findet Amerika wunderbar.

B

Hören Sie noch einmal, was Pam erzählt.

Kreuzen Sie an, ob Sie das wirklich hören

1. Pam muss jeden Morgen mit dem Bus in den Deutschkurs.
2. Mit einer Monatskarte spart sie Geld.
3. Sie konnte sich ohne Probleme an der Volkshochschule einschreiben.
4. Sie hat den Kontrolleur beim Schwarzfahren erwischt.
5. Sie hat schriftlich bei den Verkehrsbetrieben Widerspruch eingelegt.
6. Nach vier Wochen hatte sie die Antwort der Verkehrsbetriebe.
7. Pam sollte das Strafgeld in einer Woche einzahlen.
8. Sie hat im Büro der Verkehrsbetriebe protestiert.
9. Der Chef war sehr unfreundlich zu ihr.
10. Sie sagte dem Chef, dass sie nicht sehr reich ist.
11. Der Chef findet Afrika wunderbar.
12. Pam musste nicht bezahlen, weil sie Amerikanerin ist.

C
Schreiben Sie eine kurze Antwort

1. Warum sollte Pam 30 Euro an die Verkehrsbetriebe zahlen?

2. Warum hat Pam Glück gehabt?

D
Schreiben Sie einen Dialog.
Pam *hat* jetzt eine Monatskarte und trifft im Bus den Kontrolleur wieder.

Spiel: Wortkette

Einer sagt ein Wort. Der nächste muss ein Wort sagen, das mit dem letzten Buchstaben vom ersten Wort beginnt.

z. B. Tag → gut → Telefon → Nebenkosten

Maxi-Dialog

A kauft im Kaufhof ein. Sie sieht ein schickes Kleid und steckt es in ihre Tasche. B ist der Detektiv. Er sieht A.

C hat sein Auto falsch geparkt. D ist Politesse. D sagt, dass C 20 Euro bezahlen soll. C ist nicht einverstanden.

PAPIERKRIEG

LEKTÜRE

SCHWARZFAHREN

Wenn man alleine ist, tut man manchmal komische Dinge: man singt im Auto, man spricht im Badezimmer, oder man tanzt im Aufzug. Wenn man glaubt, dass man ohne Kontrolle ist, dann tut man manchmal gefährliche Dinge: man nimmt etwas im Supermarkt mit und bezahlt nicht, man fährt 130 Kilometer schnell mit dem Auto, wo nur 90 erlaubt sind, oder man fährt im Bus ohne Fahrkarte.

Busfahren ist teuer, und jeder freut sich, wenn er zwei oder drei Euro sparen kann. Aber so einfach ist das nicht. Schwarzfahren ist gefährlich.

Im Bus fahren nicht nur «normale» Leute. Nein, es gibt manchmal auch Kontrolleure. Die tragen normale Kleidung und sehen aus wie normale Leute.

Wenn man ohne Fahrschein fährt, dann ist man vielleicht etwas nervös. Schwarzfahren ist spannend. Nach zehn Minuten aber schaut man aus dem Fenster und träumt ein bisschen. Dann kommen die Kontrolleure und sagen: «Fahrausweiskontrolle!»

Wenn der Kontrolleur dann zum zweiten Mal sagt: «Ihren Fahrschein, bitte!», dann schauen alle anderen Leute und denken: «So, so, schon wieder ein Schwarzfahrer!»

Die Situation ist nicht angenehm. Vor allem, weil Schwarzfahren 25 oder 30 Euro kostet. Man hat vielleicht kein Geld dabei, man wird rot im Gesicht, und die anderen Leute schauen so komisch. Man will so schnell wie möglich raus aus dem Bus, das geht aber nicht.

Und wenn ein Freund mitfährt oder jemand, den man kennt? Dann dauert es nicht lange, und alle wissen: du bist schwarzgefahren, und der Kontrolleur hat dich erwischt. Der Chef weiß es, die Kollegen und deine Freunde. Und alle reden darüber. Nein, das ist wirklich nicht angenehm.

Manche Schwarzfahrer sagen: «Es gibt Probleme, weil es so viele Autos gibt. Die Busfahrkarten sind teuer. Deshalb fahren die Leute mit dem Auto. Weil so viele Leute mit dem Auto fahren, gibt es Probleme .... Also kann man nur ohne Fahrschein fahren.»

Schade, dass das im Flugzeug nicht geht!

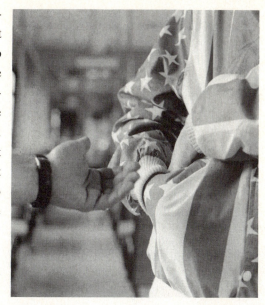

Ja oder nein?

	Ja	Nein
1. Manche Leute tanzen im Auto.	☐	☐
2. Manche kaufen ein und wollen nicht bezahlen.	☐	☐
3. Es gibt Leute, die finden, dass Busfahren teuer ist.	☐	☐
4. Es ist kein Problem, ohne Fahrkarte im Bus zu fahren.	☐	☐
5. Kontrolleure kommen dann, wenn man an etwas anderes denkt.	☐	☐
6. Es ist sehr angenehm, wenn man 30 Euro für eine Busfahrt zahlen soll.	☐	☐
7. Freunde sprechen nicht über Schwarzfahrer.	☐	☐
8. Es gibt keine Probleme mit Autos.	☐	☐
9. Manche fahren schwarz, weil die Busfahrkarten teuer sind.	☐	☐
10. Im Flugzeug spart der Schwarzfahrer viel Geld.	☐	☐

PAPIERKRIEG

THEMA 4

DIALOG

JOBSUCHE

Das Problem kommt auf den Tisch
Ich halt das nicht mehr aus, Sina.
Was ist denn nun schon wieder los?
So geht das nicht weiter. Es muss schnellstens etwas passieren!
Was hast du denn, Andrea? Rück mal raus mit der Sprache.
Es ist immer dasselbe. Seit sechs Monaten suche ich eine Arbeit und kriege immer nur Absagen. Letzte Woche hatte ich ein Gespräch bei einer Produktionsfirma. Die stellen Filme her. Ich dachte, diesmal klappt es. Der Job schien sehr interessant ...
Ja und? Hat es geklappt?
Nee, heute Morgen kam die Absage. Pech gehabt – wieder kein Job. Jetzt bin ich total down. Ich habe keine Lust mehr, immer wieder von vorne anzufangen ...
Komm, Andrea, nimm noch ein Weinchen. Es wird schon wieder besser werden.

Das nützt mir wenig. Ich habe kein Geld mehr... Mein Freund ist weg, weil ich immer unzufriedener werde. Und Versicherung und Steuer für das Auto muss ich auch bald zahlen. Mir hilft nur eins: Ich brauche unbedingt einen Job, um regelmäßig Geld zu kriegen. Ich will endlich mal ein festes Einkommen ...

Sag mal, du bist doch beim Arbeitsamt gemeldet. Finden die nichts für dich? Oder hast du mal in die Zeitung geschaut, um eine Stelle zu finden?

Beim Arbeitsamt

(poch, poch) Einen Moment noch, bitte. Ich rufe Sie gleich herein.

...

(31 Minuten später:)

So, Frau Raab, darf ich Sie bitten, jetzt hereinzukommen. Was gibt's?

Raten Sie mal, warum ich hierher gekommen bin?

Mmh, vielleicht suchen Sie eine Arbeit?

Richtig. Und Sie finden einen Job für mich mit 4000 netto, 32 Stunden pro Woche und drei Monaten Urlaub pro Jahr.
Ha, ha, aber jetzt mal im Ernst. Auch Sie selbst müssen sich ein bisschen mehr umschauen. Sie wissen doch, wie die Situation auf dem Arbeitsmarkt ist ...
Haben Sie jetzt einen Job für mich oder nicht?
Also, ich tue alles, um eine Arbeit für Sie zu finden. Aber so schnell, wie Sie denken, geht das nicht. Ich verspreche, Sie anzurufen, sobald ich etwas Passendes habe. Ich gebe Ihnen dann Bescheid ...

In der Telefonzelle

Sunny Vacation – Reiseagentur, Trödler am Apparat, guten Tag.
Hallo? Hier spricht Andrea Raab. Ich rufe an wegen Ihrer Anzeige in der «Morgenpost». Sie suchen eine Fachkraft für Ihre Auslandsabteilung?
Ja, haben Sie schon in unserer Branche gearbeitet?
Ja, ja. Wann kann ich bei Ihnen vorbeikommen, um mich vorzustellen?
Sobald wie möglich. Aber diese Woche geht es nicht mehr. Schicken Sie mir schon Ihre Unterlagen und kommen Sie, warten Sie …, vielleicht am Montag Nachmittag? Geht das?
Um wie viel Uhr?
Nach Geschäftsschluss, 18 Uhr.

Montag, 18 Uhr, Sunny Vacation

So, Frau Raab, dann wollen wir mal. Nehmen Sie Platz bitte ... Ich habe mir leider Ihre Zeugnisse noch nicht angesehen. Wo arbeiten Sie denn zurzeit?

Also, ehh, im Moment, ehh, arbeite ich für einen Verlag, ich übersetze Reiseliteratur aus dem Französischen und Spanischen.

Welche Ausbildung haben Sie denn? Was haben Sie eigentlich gelernt?

Na ja, ich bin gelernte Fremdsprachensekretärin. Aber ich habe immer schon mit Touristik zu tun gehabt.

Welche Gehaltsvorstellungen haben Sie?

Kommt drauf an, Herr Trödler, ob ich halbtags oder ganztags arbeite.

Wenn Sie nur halbtags arbeiten können, dann hat das keinen Zweck.

Nee, nee, das sollte schon mehr als halbtags sein.

Wir brauchen jemanden für die ganze Woche. Jemanden, der Überstunden macht, der auch mal bereit ist, sich mehr als andere einzusetzen, mehr als andere zu leisten ...

Was bezahlen Sie denn?

Kommt drauf an, ich muss mir Ihre Zeugnisse noch anschauen. Was erwarten Sie selbst denn?

Also, ich dachte so an 4000 brutto am Anfang.

Wie bitte? Ihre Vorgängerin bekam 2600. Dafür arbeitete sie samstags. Sie fing jeden Morgen pünktlich an, kam nie später als um zehn nach

acht, machte mittags nur eine kurze Pause, dachte nie daran, hier vor neunzehn Uhr rauszugehen, und nahm sogar – wenn es mal nötig war – Akten übers Wochenende mit nach Hause. Außerdem kochte sie einen vorzüglichen Kaffee und kümmerte sich – wenn es mal nötig war – auch nach Feierabend um unsere Kunden aus dem Ausland, unternahm Ausflüge mit ihnen, Konzertbesuche und so weiter ... Und im Herbst und Frühling kam sie immer mit auf die Messen, um mir zu helfen. Sie war die beste und zuverlässigste Sekretärin, die ich je hatte ...

Und warum verließ diese wunderbare Frau Ihre Firma?

Leider bekam sie einen Herzinfarkt ...

HÖR ZU

A

Hören Sie das Gespräch zwischen Andrea Raab und Herrn Trödler

Beantworten Sie dann die drei Fragen

1. Andrea spricht mit Sina über
a ihren neuen Freund.
b den neuen Tisch.
c ihre Arbeitslosigkeit.

2. Andrea Raab findet auf dem Arbeitsamt
a einen Job bei Sunny Vacation.
b einen Job bei einer Auto-Versicherung.
c keinen Job.

3. Herr Trödler von Sunny Vacation sucht jemanden,
a der Reiseliteratur übersetzt.
b der bereit ist, sehr viel zu arbeiten.

B

Hören Sie das Gespräch nochmal

Was ist richtig – was ist falsch?   Ja   Nein

Das Problem kommt auf den Tisch
1. Andrea braucht unbedingt eine Arbeit.
2. Letzte Woche hat sie Glück gehabt.
3. Sina sagt, dass vielleicht etwas in der Zeitung steht.

Beim Arbeitsamt
4. Andrea kommt sofort dran und muss nicht warten.
5. Sie bekommt einen interessanten Job.
6. Im Moment können die vom Arbeitsamt auch nicht helfen.

In der Telefonzelle
7. Andrea möchte sich bei Sunny Vacation vorstellen.
8. Sie hat eine Anzeige im Radio gehört.
9. Sie soll ihre Papiere schicken und nächste Woche kommen.

Montag, 18 Uhr, Sunny Vacation
10. Andrea spricht und schreibt Französisch und Englisch.
11. Herr Trödler sucht jemanden für vier Stunden täglich.
12. Herr Trödler möchte jemanden, der besonders viel arbeitet und nicht viel Geld will.

WÖRTER

*Ab jetzt finden Sie das Partizip 2 zu den unregelmäßigen Verben nicht mehr hier unter **Wörter** hinter dem Infinitiv, sondern unter **Verben** am Ende des Buches.*

JOBSUCHE

Das Problem kommt auf den Tisch

der Job, -s

....

die Suche, -n

....

schnellstens

....

rausrücken

....

die Sprache, -n

....

die Absage, -n

....

das Gespräch, -e

....

die Produktionsfirma, -firmen

....

herstellen

....

dachte (Präteritum von denken)

....

diesmal

....

schien (scheinen)

....

das Pech

....

total

....

down

....

das Weinchen, -

....

besser

....

nützen

....

unzufrieden

....

die Versicherung, -en

....

die Steuer, -n

....

unbedingt

....

fest

....

das Einkommen, -

....

die Stelle, -n

....

Beim Arbeitsamt

das Arbeitsamt, -ämter

....

melden

....

später

....

netto

....

pro

....

der Ernst

....

selbst

....

die Situation, -en

....

der Arbeitsmarkt, -märkte

....

sobald

....

passend

....

der Bescheid, -e

....

In der Telefonzelle

die Telefonzelle, -n

....

die Reiseagentur, -en

....

der Apparat, -e

....

wegen

....

die Anzeige, -n

....

die Fachkraft, -kräfte

....

die Auslandsabteilung, -en

....

die Branche, -n

....

schicken

....

die Unterlagen (Plural)

....

der Geschäftsschluss, -schlüsse

....

Montag, 18 Uhr, Sunny Vacation

dann wollen wir mal = .wir wollen jetzt. .anfangen.

....

das Zeugnis, -se

....

ansehen

....

zurzeit

....

der Verlag, -e

....

übersetzen

....

die Reiseliteratur

....

die Ausbildung, -en

....

die Fremdsprachensekretärin, -nen

....

die Touristik

....

die Gehaltsvorstellung, -en

....

halbtags

....

ganztags

....

mehr

....

bereit

....

sich einsetzen

....

leisten	der Kunde, -n	
erwarten	das Ausland	***Theorie***
		die Komparation, -en
brutto	unternahm (unternehmen)	der Komparativ, -e
die Vorgängerin, -nen	der Herbst	die Grundform, -en
bekam (bekommen)	der Frühling	die Ungleichheit, -en
fing an (anfangen)	kam (kommen)	die Gleichheit, -en
pünktlich	die Messe, -n	die Absolutheit, -en
ging (gehen)	zuverlässig	mischen
nahm (nehmen)	die Sekretärin, -nen	gemischt
nötig	verließ (verlassen)	der Superlativ, -e
die Akte, -n	wunderbar	
vorzüglich	der Herzinfarkt, -e	

JOBSUCHE

Praxis

der Band, Bände

....

benutzen

....

der Einwohner, -

....

die Erde

....

fallen

....

feiern

....

Japan

....

die Milliarde, -n

....

der Politiker, -

....

der Psychologe, -n

....

der Rekord, -e

....

verwenden

....

die Welt, -en

....

Bewerbungsbrief

die Bewerbung, -en

....

die Stellenanzeige, -n

....

die Anzeige, -n

....

geehrt

....

die Dame, -n

....

der Herr, -en

....

die Angabe, -n

....

entnehmen

....

der Lebenslauf, -läufe

....

die Anlage, -n

....

Andrea Raab

Gruberweg 23

93476 Blaibach

Blaibach, den 16. April

Betr.: Ihre Stellenanzeige in der Süddeutschen Zeitung vom 14. April

Sehr geehrte Damen und Herren,

hiermit möchte ich mich um die Stelle als Fremdsprachensekretärin in Ihrer Filmproduktions-Firma bewerben. Diese Branche hat mich schon immer interessiert, und ich habe auch schon für das Radio gearbeitet. Genauere Angaben zu meiner Person entnehmen Sie bitte meinen Zeugnissen und Unterlagen.

Vielleicht haben Sie Interesse, mich zu einem Vorstellungsgespräch einzuladen?

Mit freundlichen Grüßen

Andrea Raab

Anlagen: Lebenslauf, Schulzeugnis, Diplom, Arbeitszeugnisse

THEORIE

Der Vergleich (Komparation)

Franz hat das **schnellste** Auto.
Sein Auto ist **schneller** als dein Fahrrad.

Grundform	Komparativ	Superlativ
schnell	schnell-**er**	schnell-**ste**
Endung –	-**er**	-**ste**
klein	klein**er**	klein**ste**
langweilig	langweilig**er**	langweilig**ste**
nett	nett**er**	nett**este**

Woody Allen ist intelligent**er als** Madonna.
Mein Ferrari ist schnell**er als** dein Volkswagen.

1. Ungleichheit: Komparativ + als

Mein Ford ist **so teuer wie** dein Audi (beide kosten 20.000 Euro).
Manfred ist immer noch **so nett wie** am ersten Tag.

2. Gleichheit: so + Grundform + wie

Der Ferrari ist **das** schnell**ste** Auto.
Albert Einstein war **der** Intelligent**este**.

3. Absolutheit: Artikel (der/die/das) + Superlativ

Ü 1, 3–5, 11

1. Vergleichen Sie

z. B. [2.] Die BRD ist kleiner als Frankreich. Frankreich ist größer als die BRD. [5.] Henry ist so alt wie Betty.

1. Prince: 20 Millionen Schallplatten — Madonna: 21 Millionen Schallplatten
2. BRD: 357060 km² — Frankreich: 543965 km²
3. Porsche: € 90.000 — Volkswagen: € 23.000
4. Englisch: 500.000 Wörter — Deutsch: 300.000 Wörter
5. Henry: 32 Jahre — Betty: 32 Jahre
6. Zug: 220 km/h — Flugzeug: 980 km/h
7. Helmut Kohl: 112 kg — Michail Gorbatschow: 74 kg
8. Bus: € 1,60 — Taxi: € 12
9. Eiffelturm (Paris): 300 m — Empire State Building (New York): 381 m
10. Japan: 100 Millionen Einwohner — Mexiko: 120 Millionen Einwohner
11. 1 Glas Bier: € 2,80 — 1 Glas Wein: € 2,80
12. November: 30 Tage — April: 30 Tage
13. Christian: 23 Jahre — Wolfgang: 25 Jahre
14. Fiat Panda: 3,27 m — Chevrolet: 6,85 m
15. Mannheim: 320.000 Einwohner — Wiesbaden: 320.000 Einwohner
16. Fritz: € 4700 pro Monat — Franz: € 4700 pro Monat

PRAXIS

2. Fragen zum Thema

1. Welche Probleme hat Andrea?
2. Was rät Sina ihrer Freundin?
3. Hat Andrea Glück beim Arbeitsamt?
4. Warum ruft Andrea bei der Reiseagentur Sunny Vacation an?
5. Warum nimmt sie die Arbeit bei Sunny Vacation nicht?
6. Haben Sie sich auch schon mal um eine Stelle beworben?

3. Vergleichen Sie und benutzen Sie die Wörter unten

groß, klein, dick, dünn, dumm, intelligent, nett, unsympathisch, elegant, altmodisch, teuer, billig, sympathisch, böse, arm, reich, schnell, langsam, alt, neu, schön, hässlich

JOBSUCHE

THEORIE

Achtung

Auch Komparative und Superlative haben normale Adjektivendungen!

Ich suche ein**en** besser**en** Job. **(Akkusativ)**

Mit **dem** schneller**en** Auto brauche ich nur eine Stunde. **(Dativ)**

Unregelmäßig		
alt	→ älter	→ älteste
groß	→ größer	→ größte
jung	→ jünger	→ jüngste
lang	→ länger	→ längste

Total unregelmäßig		
gern	→ lieber	→ liebste
gut	→ besser	→ beste
hoch	→ höher	→ höchste
viel	→ mehr	→ meiste

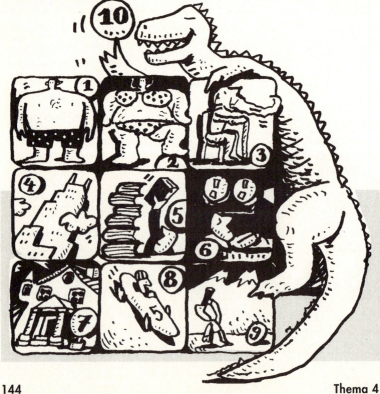

Thema 4

4. Setzen Sie den Superlativ ein

dick – groß – groß – gut – intelligent – klein – langsam – reich – schön – schön

1. Dieser alte VW ist das .... Auto, das ich je gesehen habe.
2. Madonna ist wirklich nicht die .... Frau auf dieser Welt.
3. Unser Bundeskanzler ist leider nicht der .... Politiker in Europa.
4. Unser Bundeskanzler ist leider auch nicht der .... Mann in Deutschland.
5. Das ist das .... Buch, das ich je gelesen habe. Es hat 1450 Seiten.
6. Der .... Mann auf der Welt ist nur 72 cm groß.
7. Die .... Frau auf der Welt ist 2 Meter 32 groß.
8. Das ist die .... Pizza, die ich je gegessen habe.
9. Mexico City ist nicht die .... Stadt auf der Welt, es hat nur 15 Millionen Einwohner.
10. Die englische Königin ist die .... Frau auf der Erde, sie hat mehr als acht Milliarden Euro.

5. Aus dem «Guinness-Buch der Rekorde»

Jon Brower ist der schwerste Mann auf der Welt.

1. Jon Brower – Mann – 635 Kilogramm **schwer** 2. Percy Pearl Washington – Frau – 362,8 kg **schwer** 3. Shigechijo Izumi – Mann – 120 Jahre und 238 Tage **alt** 4. Der «Sears Tower» in Chicago – Haus – 443 Meter **hoch** 5. «Les Hommes de la volonté» – Buch – 27 Bände **lang** 6. «The longest most meaningless movie» – Film – 48 Stunden **lang** 7. Die Villa von Randolph Hearst – Haus – 30 Millionen Dollar **teuer** 8. Stan Barret – Mensch im Auto – 1190 km/h **schnell** 9. Mount Everest – Berg – 8872 Meter **hoch** 10. Dinosaurier – Tier – 44 Meter **lang**

THEORIE

Präteritum (unregelmäßige Verben)

Die Absage **kam** heute Morgen.
Sie **fing** jeden Morgen pünktlich **an**.

Viele Verben haben ein unregelmäßiges Präteritum

	scheinen	kommen	gehen	nehmen
ich	schien-	kam	ging	nahm
du	schien-st	kam-st	ging-st	nahm-st
er	schien-	kam	ging	nahm
wir	schien-en	kam-en	ging-en	nahm-en
ihr	schien-t	kam-t	ging-t	nahm-t
sie	schien-en	kam-en	ging-en	nahm-en
Partizip 2:				
	geschienen	gekommen	gegangen	genommen

Unregelmäßige Verben im Präteritum: kein -t- in der Endung

All Service
SICHERHEITSDIENSTE

Wir sind ein erfolgreiches Sicherheitsunternehmen und suchen ab sofort für den Werkschutz

Sicherheits-mitarbeiter/innen

Voraussetzungen: Einwandfreies Führungszeugnis. Unterweisung nach § 34a.

Fachspezifische Vorkenntnisse erwünscht

Bitte richten Sie Ihre Bewerbung an:

All Service Sicherheitsdienste Büro Mainz

Wilhelm-Theodor-Römheld-Straße 34
55130 Mainz
Tel. 06131/62906-10
Fax 06131/62906-15

PRAXIS

6. Setzen Sie ins Präteritum

1. Er isst ....
2. Wir fliegen ....
3. Sie heißt Köhler ....
4. Sie tragen ....
5. Ich kenne ....
6. Du rufst ....
7. Ich tue nichts ....
8. Wir sehen ....
9. Sie trifft ....
10. Ihr helft ....
11. Sie laufen ....
12. Ich schreibe ....
13. Du bleibst ....
14. Er ruft ....
15. Sie liegen ....
16. Wir essen ....
17. Er hat gekannt ....
18. Ihr gebt ....
19. Ich trage ....
20. Du bist gefahren ....

7. Transportieren Sie ins Präteritum

1. Leo und Susanne haben sich in einem Café getroffen.
Leo und Susanne trafen sich in einem Café.

2. Wir haben euch immer geholfen. 3. Im Urlaub habe ich die ganze Zeit auf dem Sofa gelegen. 4. Sie sind über Hawaii nach Japan geflogen. 5. Hast du ihn noch nicht gekannt? 6. Janina hat Thomas jede Woche geschrieben. 7. Früher hat er sie jeden Tag angerufen. 8. In Rom hast du dich immer so schön angezogen. 9. Wer hat den Roman «Doktor Faustus» geschrieben? 10. Auf der Party hat Conny nicht gut ausgesehen. 11. Janina und Thomas haben sich zu viel gestritten. 12. Als er kein Geld mehr hatte (!), ist er zu seinem reichen Onkel gefahren.

JOBSUCHE

THEORIE

Infinitiv	Präteritum	Partizip 2	Präsens	Präteritum	Partizip 2
anfangen	fing ... an	angefangen	scheinen	schien	geschienen
ausfallen	fiel ... aus	ausgefallen	schlafen	schlief	geschlafen
beginnen	begann	begonnen	schließen	schloss	geschlossen
bleiben	blieb	geblieben	schreiben	schrieb	geschrieben
einladen	lud ... ein	eingeladen	schwimmen	schwamm	geschwommen
einsteigen	stieg ...ein	eingestiegen	sehen	sah	gesehen
empfehlen	empfahl	empfohlen	sitzen	saß	gesessen
essen	aß	gegessen	sprechen	sprach	gesprochen
fahren	fuhr	gefahren	streiten	stritt	gestritten
finden	fand	gefunden	tragen	trug	getragen
fliegen	flog	geflogen	treffen	traf	getroffen
geben	gab	gegeben	treten	trat	getreten
gehen	ging	gegangen	trinken	trank	getrunken
halten	hielt	gehalten	tun	tat	getan
heißen	hieß	geheißen	übertreiben	übertrieb	übertrieben
helfen	half	geholfen	verbieten	verbot	verboten
kommen	kam	gekommen	vergessen	vergaß	vergessen
laufen	lief	gelaufen	verlieren	verlor	verloren
lesen	las	gelesen	verstehen	verstand	verstanden
liegen	lag	gelegen	vorschlagen	schlug...vor	vorgeschlagen
nehmen	nahm	genommen	waschen	wusch	gewaschen
rufen	rief	gerufen	ziehen	zog	gezogen

8. Lesen Sie die Geschichte – Schreiben Sie sie im Präteritum

1. Kalli sucht eine neue Wohnung. 2. Er hat Probleme mit dem Hausbesitzer. 3. Kalli bezahlt die Miete nicht. 4. Da kündigt der Hausbesitzer ihm. 5. Kalli hat nämlich finanzielle Probleme. 6. Er überzieht sein Konto um 4000 Euro. 7. Seine Frau fährt jede Woche nach Baden-Baden ins Spielkasino. 8. Sie verliert jedesmal 500 Euro. 9. Er spricht mit seinem Freund über diese Probleme. 10. Maxi empfiehlt ihm: «Such dir nicht 'ne neue Wohnung, such dir 'ne neue Frau!»

9. Der Geburtstag von Karl

Beschreiben Sie, wie Karl gestern seinen Geburtstag feierte. Verwenden Sie dazu die Wörter unten:

Gestern war Samstag, der 29. Februar. Karl hatte Geburtstag.

gestern Samstag, der 29. Februar, sein – Karl Geburtstag haben – lange schlafen – bis 10 Uhr im Bett bleiben – dann aufstehen und ins Bad gehen – um 11 Uhr frühstücken – mittags in der Stadt Freundin Karla treffen – im Restaurant essen – dann an den See fahren – dort schwimmen – abends viele Freunde zum Geburtstag einladen – ein schöner Tag sein.

10. Partner-Interview

Fragen Sie Ihren Nachbarn nach seinem Beruf und erzählen Sie ihm von Ihrem Beruf. (welcher Beruf? – wie lange auf der Schule/Universität? – Arbeitszeit? – Ferien? – interessante Arbeit? – wie viel Geld? – Lust auf eine andere Arbeit?)

PRAXIS

11. Wie oder als?

1. Ich finde den Frühling so schön … den Herbst. 2. Mir ist der Herbst lieber … der Frühling. 3. Mein Einkommen ist nicht so hoch … das Einkommen von unserem Chef. 4. Eine Fremdsprachensekretärin verdient mehr … eine Kellnerin. 5. Andrea ist besser … ihre Vorgängerin. 6. Egon isst mehr … Heinz. 7. Dienstags schließen die Geschäfte so früh … mittwochs. 8. Am Donnerstag schließen sie später … an den anderen Tagen. 9. Die Arbeit in der Auslandsabteilung ist sehr viel interessanter … am Schalter. 10. Mein Vorgänger bekam mehr Geld … ich, ich arbeite aber genauso viel … er.

THEORIE

Gemischtes Präteritum

denken – kennen – wissen
Ich **dachte**, diesmal klappt es.

	denken	kennen	wissen
ich	dach-t-e	kannte	wusste
du	dach-t-est	kanntest	wusstest
er	dach-t-e	kannte	wusste
wir	dach-t-en	kannten	wussten
ihr	dach-t-et	kanntet	wusstet
sie	dach-t-en	kannten	wussten

unregelmäßig + regelmäßig = gemischt

denken	dachte	**ge**dacht
kennen	kannte	**ge**kannt
wissen	wusste	**ge**wusst

Präteritum - trennbare Verben

Erinnern Sie sich?
(Thema 3 – regelmäßige Verben)

| einkaufen | → ich kaufte ein |
| ausfüllen | → ich füllte aus |

genauso: die unregelmäßigen Verben

| anfangen | → Sie fing jeden Morgen pünktlich an. |
| abfahren | → Der Zug fuhr eine halbe Stunde später ab. |

12. Viel Vergangenheit

PRAXIS

Schreiben und lernen Sie die Präteritum- und auch die Präsens-Formen. Wiederholen Sie das Partizip 2

Infinitiv (Präsens)	Präteritum	Partizip 2
1. bleiben	blieb	geblieben
schreiben	....	geschrieben
einsteigen	....	eingestiegen
übertreiben	....	übertrieben
2. essen (isst)	aß	gegessen
vergessen (............)	....	vergessen
geben (............)	....	gegeben
sehen (..................)	....	gesehen
3. helfen (hilft)	half	geholfen
sprechen (...............)	....	gesprochen
nehmen (...............)	....	genommen
treffen (..................)	....	getroffen
empfehlen (............)	....	empfohlen
4. fahren (fährt)	fuhr	gefahren
tragen (..................)	....	getragen
vorschlagen (..........)	....	vorgeschlagen
5. fallen (fällt)	fiel	gefallen
anfangen (............)	....	angefangen
halten (...............)	....	gehalten
schlafen (.............)	....	geschlafen
6. beginnen	begann	begonnen
schwimmen	....	geschwommen
7. anbieten	bot ... an	angeboten
fliegen	....	geflogen
ziehen	....	gezogen
verbieten	....	verboten
verlieren	....	verloren
8. finden	fand	gefunden
trinken	....	getrunken
9. liegen	lag	gelegen
sitzen	....	gesessen

JOBSUCHE

THEORIE

um ... zu + Infinitiv

Mir hilft nur eins: Ich brauche unbedingt einen Job, **um** regelmäßig Geld **zu** krieg**en**.
Oder hast du mal in die Zeitung geschaut, **um** eine Stelle **zu** find**en**?

um zu → Zweck

Zweck: wozu?	**→ um ... zu + Infinitiv**
Wozu hast du in die Zeitung geschaut?	→ Um eine Stelle zu finden.
Wozu brauchst du mein Auto?	→ Um heute kurz in die Stadt zu fahren.

um zu = damit

Ich tue alles, um eine Arbeit für Sie zu finden.
Ich tue alles, damit ich eine Arbeit für Sie finde.

«um ... zu» oder «damit»?

Ich arbeite.	Ich muss Geld verdienen.	Ich arbeite, um Geld zu verdienen. damit ich Geld verdiene.
Subjekt =	**Subjekt**	**um zu, damit**
Ich arbeite.	Du hast etwas zu essen.	Ich arbeite, damit du etwas zu essen hast.
Subjekt ≠	**Subjekt**	**damit**

«zu» + trennbares Verb

Ich habe keine Lust mehr, immer wieder von vorne	an	-zu-	fangen.
Sie dachte nie daran, hier vor neunzehn Uhr zehn	raus	-zu-	gehen.
So, Frau Raab, darf ich Sie bitten, jetzt sofort	herein	-zu-	kommen.

Präfix + zu + Infinitiv

Thema 4

13. Aus zwei mach eins!
Um ... zu und Infinitiv

1. Du fährst im Urlaub nach England. Du willst Englisch lernen.

   Du fährst im Urlaub nach England,
   um English zu lernen.

2. Du fährst in die Stadt. Du willst einkaufen.(!)
3. Sina geht in eine Kneipe. Sie will Leute kennen lernen.(!)
4. Andrea ruft im Reisebüro an. Sie will sich bewerben.
5. Karl macht viele Überstunden. Er will seiner Chefin gefallen.
6. Andrea geht zum Arbeitsamt. Sie will nach einer Stelle fragen.
7. Sie reisen in die Schweiz. Sie wollen in den Alpen Ski fahren.(!)
8. Ich nehme einen Kugelschreiber. Ich will das blöde Formular ausfüllen.
9. Der Vermieter schreibt einen Brief. Er will Kalli und seiner Familie kündigen.
10. Bei der Radtour fing es an zu regnen, und wir hielten an. Wir wollten uns unterstellen.

PRAXIS

14. Was gehört zusammen?

1. Er versucht am Schalter
2. Gertrud fährt in Urlaub und schlägt vor,
3. Abends ist es wichtig,
4. Wann fängst du endlich an,
5. Wir sitzen müde im Kino und
6. Max möchte mit Moritz sprechen und versucht

a das Licht auszumachen.
b ihn anzurufen.
c versuchen den langweiligen Film auszuhalten.
d diese Geschichte zu vergessen?
e den Walkman mitzunehmen.
f das Formular auszufüllen.

❏ STELLENANGEBOTE

Für die Jugendbildungsstätte in Hütten (Ostthüringen) suchen wir für den Bereich Hauswirtschaft (1/2 Stelle) und für die Organisation, Öffentlichkeitsarbeit und Btreuung der Belegungsgruppen (1/2 Stelle) einen oder mehrere nette Menschen mit viel Engagement und Lust auf Teamarbeit. ☎ 036428-623 28 D. Elfert oder D. Voll

El Salvador/ Presse-Referentln gesucht (ab 1/98, 20 Std./Einheitslohn)! Entwicklungspolitische Bildungsarbeit, Menschenrechts- und Projektarbeit in Solidarität mit Mittelamerika sind seit 14 Jahren Arbeitsschwerpunkte des Ökumenischen Büros. Wir arbeiten dort mit Volksorganisationen und in El Salvador mit der Lutherischen Kirche zusammen. Wir erwarten: Erfahrung mit entwicklungspolitischer Arbeit, Interesse an Pressearbeit, Zusammenarbeit mit KooperationspartnerInnen, wie der evangelischen Kirche und kommunalen Institutionen, Spanisch, Fähigkeit zum eigenständigen Arbeiten und zur Zusammenarbeit im Team mit Haupt- und Ehrenamtlich Die Arbeit in einer kleinen, von ihrem Initiativchara geprägte NGO erfordert darüber hinaus Chao stenz, Übernahme von Verantwortung für da samtprojekt und viel Engagement. Ökume Büro für Frieden und Gerechtigkeit e.V., Pa 13, 81667 München, ☎ 089-44 85 945, oekus ero@link-m.de oder unter ☎ 0911-493

Geschäftsführer/i 1.3.1998
GF Ber
Pfullendo

❏ ST

Suche S im Bereich de Anfragen unte micky@scosys

Spanien- u. Frankreichexperte m. Auslandserf., Dipl.-Pol., 26, sozial kompetent, Praktika in Medien & Verwaltg; Engl., sucht Aufgabe in Bereich Politikberatung, Interessenvertretung, Kampagnenorganisation m. international. Bezug. ☎ 030-8521551

Schreiner (31 J.) berufserfahren, sucht in München und Umgebung Mitarbeit in ökologischem Handel oder Schreinerei (zunächst auch Teilzeit o. 610,-DM Basis) ☎ 089-680 35 82

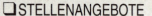
LEN/AUSLAND

Bäcker
40 J., sucht neue Vollzeitstelle im Raum Mainz/Bingen/Ingelheim.
☎ (0 61 32) 71 84 40

Intern.schülerIn (16,5 J.) v. Bodensee, vielseitig/flexibel/kreativ/verantwortungsbew. sucht Ferienjob in Mz o. Umgebung v. 26. 7 - 3. 8/12 ☎ (0174) 3233483

Lehrstelle als Zimmermann/Schreiner
für Sommer 2002 gesucht,
Hauptschulabschluss.
☎ (0 61 32) 71 84 40

Stellengesuche:
Nebenbeschäftigung

Qualifizierter Maler, Putzer, Trockenbauer, Fliesenleger
sucht Nebenbeschäftigung
auf 325,–€-Basis.
Tel. 0160-7959325

Organisationstalent
sucht 325,–€-Job, mögl. für morgens, in Büro, Praxis Boutique etc.
✉ a. d. Zeitung unter Z 11/5471539

15. Präteritum, Präsens oder Futur?

Setzen Sie das richtige Verb in der richtigen Zeit ein

1. Vor fünf Jahren .... Maradona noch in Italien, heute ....
er wieder in Argentinien. (arbeiten, leben)
2. Ich weiß nicht genau, wie viel Geld ich auf der Bank habe. Es....................
fünf Millionen Dollar .... (sein)
3. Er ....sich zwei Jahre lang über seinen alten, kaputten VW,
seit heute morgen .... er ein neues Auto. (ärgern, haben)
4. Thomas .... sich nie für klassische Musik. Seine neue Freundin
..............................Violine im Orchester, jetzt .... Thomas
jede Woche ins Konzert. (interessieren, spielen, gehen)
5. Petra .... die zehnte Klasse im Gymnasium, sie ....
erst in drei Jahren..................... an der Uni zu studieren. (besuchen, anfangen)
6. Letzte Woche .... die Angestellten der Bundesbahn. Herr
Marquardt .... aber jetzt wieder mit dem Zug
.... (streiken, kommen können)

16. Artikel und Plural

Schreiben Sie den richtigen Artikel vor und den Plural hinter das Wort

1. ... Politesse ....
2. ... Job................................
3. ... Computer ....
4. ... Chance...........................
5. ... Telefonzelle ....
6. ... Sekretärin ....
7. ... Arbeitsamt ....
8. ... Einwohner ....
9. ... Gespräch ....
10. ... Gruß ....
11. ... Sprache ....
12. ... Versicherung ....
13. ... Passbild ....
14. ... Stempel ....
15. ... Zeugnis..........................
16. ... Produktionsfirma ....
17. ... Lösung ....
18. ... Bewerbung....................
19. ... Abschrift ....
20. ... Widerspruch ....

THEORIE

Redewendungen

Man sagt:	Das heißt:
Das Problem kommt auf den Tisch.	Man spricht jetzt über das Problem.
So geht das nicht weiter.	Wir müssen etwas (dagegen) tun.
Rück mal raus mit der Sprache.	Was ist das Problem?
Ich bin total down.	Ich bin müde und schwach.
Was gibt's?	Was ist los? – Was gibt es Neues?
Dann wollen wir mal.	Wir wollen jetzt anfangen.
Das hat keinen Zweck.	Das machen wir lieber nicht!
Sich mehr einsetzen als andere.	Mehr arbeiten als andere Kollegen.
Ich habe mit Touristik zu tun.	Ich beschäftige mich/arbeite mit Touristik.

17. Was passt hier?

Zeugnis – Geschäftsschluss – herstellen – Einkommen – Auslandsabteilung – Bescheid – übersetzen – halbtags – Absage – Stelle

1. Rolf ist arbeitslos. Er sucht eine .... **2.** Alle Schüler bekommen am Ende des Schuljahres ein .... **3.** Das Arbeitsamt schreibt Ihnen, wenn es eine Stelle für Sie hat. Es gibt Ihnen ....
4. Andrea spricht viele Sprachen. Deshalb arbeitet sie in der .... ihrer Firma. **5.** Normalerweise schließen die Geschäfte in Deutschland um 18 Uhr 30. Nur am Donnerstag ist um 20 Uhr 30 .... **6.** Petra bekommt die Stelle als Sekretärin nicht, die Firma schickt ihr eine .... **7.** Isabelle .... französische Romane ins Deutsche. **8.** Herr Müller geht nur morgens in die Firma. Er arbeitet .... **9.** Frau Meyer verdient kein Geld. Sie hat kein .... **10.** Die Firma Volvo .... Autos ....

18. Themen zum Diskutieren

1. Was kann man tun, um eine Arbeit zu finden? (Zeitung, Freunde fragen, Arbeitsamt, Telefonbuch)

2. Was soll man tun, wenn man eine Arbeitsstelle möchte und sich beim Chef der neuen Firma vorstellt? (sich gut anziehen, nett sein, gut sprechen)

3. Was kann man tun, wenn man denkt, dass man zu viel arbeiten muss? (mehr Geld, keine Zeit für die Familie, Vertrag: 40 Stunden, protestieren)

4. Was ist besser - halbtags oder ganztags arbeiten? (mehr/weniger Geld, Zeit für Familie, Freizeit)

PRAXIS

19. Wortsalat

1. ich habe – immer wieder – keine Lust mehr, – von vorne anzufangen

2. geschaut, – mal in die Zeitung – oder hast du – um eine Stelle – zu finden?

3. die beste und – die ich – je hatte – sie war – zuverlässigste Sekretärin,

4. etwas – ich verspreche, – Passendes habe – Sie anzurufen, – sobald ich

5. arbeiten können, – dann hat das – keinen Zweck – nur halbtags – wenn Sie

6. auf die Messen, – immer mit – kam sie – um mir zu helfen – im Frühling – und im Herbst

LEBENSLAUF

Name:	Sina Schiller, geb Schmidt.
geb. am:	12.12.1975 in Frankfurt am Main
Eltern:	Dr. Peter und Lisa Schmidt, geb. Kafitz
Familienstand:	verheiratet seit 10.02. 2001 mit Johannes Schiller
Kinder:	keine
Anschrift:	Am Rosengarten 5, 55131 Mainz

Schulbildung
1981 - 85:	Maler-Becker-Schule, Mainz-Gonsenheim
1985 - 94:	Frauenlobschule
25. 05. 1994:	Abitur

STUDIUM / BERUFSAUSBILDUNG

1994 - 99:	Französisch- und Sportstudium an der Johannes-Gutenberg-Universität Mainz
1996 - 97:	Université d'Orléans
12. 05. 1999:	1. Staatsexamen
1999 - 2001:	Referendariat am Studienseminar in Koblenz
16. 12. 2001:	2. Staatsexamen Lehramt am Gymnasium

BERUFLICHE TÄTIGKEITEN

1996/97:	Assistante im Lycée Victor Hugo, Orléans, Frankreich
seit 2001:	Lehrerin am Schlossgymnasium Mainz

Mainz, im Januar 2003

Sina Schiller

20. Lebenslauf

Name: ....
geb. am: ....
Eltern: ....
Familienstand: ....
Kinder: ....
Anschrift: ....

Schulbildung

.... : ....
.... : ....
.... : ....
.... : ....

Studium / Berufsausbildung

.... : ....
.... : ....
.... : ....
.... : ....
.... : ....

Berufliche Tätigkeiten

.... : ....
.... : ....
.... : ....
.... : ....
.... : ....

....
(Datum)   (Unterschrift)

JOBSUCHE

PRAXIS

21. Was passt hier nicht?

Ein Wort ist hier immer falsch.

1. halbtags – Einkommen – netto – Fahrrad – Gehaltsvorstellung – verdienen – brutto

2. Akte – Abiturzeugnis – Unterlagen – Papiere – Zeugnis – Geschäftsschluss – Lebenslauf – Arbeitszeugnis

3. Reise – Ausland – Touristik – Frühling – Urlaub – Reiseagentur – Reiseliteratur – Fremdsprachen

22. Schreiben Sie eine Seite

1. Ich suche einen Job.

2. Ich will viel Geld verdienen.

29. Juni

Heut' habe ich mit Sina gesprochen und ihr gesagt, dass ich eine Arbeit brauche. Sie konnte mir auch nicht helfen. Hat aber gemeint, ich soll in die Zeitung schauen.

3. Juli

Heute habe ich eine interessante Stelle in der Zeitung gesehen: Reisebüro. Wenn das klappt, dann kann ich in die ganze Welt fahren. Am Montag treffe ich mich mit dem Chef und stelle mich vor. Hoffentlich geht alles gut.

8. Juli

Heute habe ich mich bei: sunny vacation vorgestellt. Der Chef spinnt! Ich soll für € 2600 arbeiten wie eine Verrückte. Lieber bleibe ich zu Hause!

23. Welches Wort fehlt hier? Denken Sie mal scharf nach

PRAXIS

1. Ich möchte spanische Literatur studieren und dann Bücher vom Spanischen ins Deutsche .... **2.** In der .... beschäftigen wir uns mit Reisen, Hotels, Urlaub usw. **3.** Seit sechs Wochen kaufe ich jeden Tag die Zeitung. Ich habe aber noch keine .... mit einer interessanten Arbeitsstelle gelesen. **4.** Der Teil vom Einkommen, den man an den Staat/das Finanzamt zahlt, heißt ....
5. .... heißen die drei Monate nach dem August.
6. Ich kann Ihnen heute noch nichts sagen. Nächste Woche rufe ich Sie an und gebe Ihnen .... **7.** Ich möchte nicht mehr in Deutschland bleiben, ich möchte ins .... gehen. **8.** Wenn nichts klappt und nichts funktioniert, dann hat man kein Glück, sondern ....

24. Mini–Dialog

A: Heute habe ich keine Lust **zu kochen**.
B: Was hältst du davon, **ins Restaurant zu gehen**?
A: Dann musst du mich aber **einladen**.
B: Wieso? **Du hast** doch **mehr Geld als ich**.

1. kochen – ins Restaurant gehen – einladen – du, viel Geld haben.
2. in die Schule gehen – Kalli besuchen – mit dem Auto fahren – dein Auto, bequem sein
3. nach Hause laufen – ein Taxi nehmen – bezahlen – du, reich sein.
4. zu Hause essen – Pizza backen – einkaufen – du, viel Zeit haben
5. mit dem Auto fahren – den Zug nehmen – die Fahrkarten holen – du, nah am Bahnhof wohnen
6. schon wieder einen Brief an Michelle schreiben – telefonieren – sie in Paris anrufen – du, gut Französisch sprechen

JOBSUCHE

HÖR & SPIEL

A

Hören Sie auf der CD, wie Andrea Raab und Herr Trödler sich wieder treffen.

Antworten Sie dann mit ja oder nein:

1. Andrea Raab und Herr Trödler treffen sich im Boot nach Rio.
Ja ▪   Nein ▪

2. Andrea Raab kennt den Mann von einem Bewerbungsgespräch.
Ja ▪   Nein ▪

3. Andrea ist jetzt eine reiche Frau.
Ja ▪   Nein ▪

B

Hören Sie den Dialog noch einmal ganz genau. Was ist richtig: a, b oder c?

1. Andrea Raab wollte nicht für Herrn Trödler arbeiten, weil er nur
a 2400
b 2600
c 6200   Euro brutto zahlen wollte.

2. Sie arbeitet jetzt
a in Deutschland.
b gar nicht.
c bei Mercedes.

3. Herr Trödler ist
a noch in seiner alten Firma.
b Besitzer von einem Reisebüro.
c Lehrer für Urlaubspsychologie.

4. Herr Trödler hat vor einem halben Jahr
a geheiratet und Kinder bekommen.
b einen Autounfall gehabt.
c sich selbständig gemacht und verkauft jetzt Reisen.

5. Andrea Raab
a reist jetzt viel.
b fährt mit Herrn Trödler nach Indien.
c hat einen Onkel in Afrika.

6. Herr Trödler möchte wissen,
a wohin Andrea fliegt.
b wie und wovon Andrea jetzt lebt.
c warum Andrea in Brasilien arbeitet.

7. Andrea hat viel Geld zum Reisen, weil
a sie einen reichen Mann geheiratet hat.
b sie für Sunny Vacation arbeitet.
c ihr reicher Onkel in Amerika gestorben ist.

Thema 4

C

Erklären Sie kurz

1. Wie spricht Andrea jetzt mit Herrn Trödler?
2. Wie lebt Andrea mit dem Geld von ihrem amerikanischen Onkel?

D

Schreiben Sie ein paar Sätze

Was macht Andrea, wenn sie die Welt gesehen hat?

Maxi-Dialog

A sucht eine Arbeit. **B** ist der Chef/ die Chefin von einer großen Computer-Firma. **B** ist ein großer Kapitalist. **A** möchte nicht zu viel arbeiten und viel verdienen.

C hat Frau, zwei Kinder, eine teure Wohnung und muss jeden Monat 700 Euro für sein neues Auto und den neuen Fernseher zahlen. Er hat seine Arbeit verloren und spricht mit **D**. **D** ist Psychologe.

Spiel: Kettenstory
Bitte Präteritum!

Einer erfindet den Anfang von einer Geschichte. z.B.:

Karl Kaufmann steht um sieben Uhr auf. Nach dem Frühstück nimmt er ein Taxi und …

der Nächste erzählt die Geschichte ein bisschen weiter.

z. B. … fährt zum Bahnhof. Dort …

Jetzt ist der Dritte dran. Er erzählt wieder ein bisschen weiter usw.

JOBSUCHE

LEKTÜRE

ARBEITSLOS

Willy Brodsky kommt aus Leipzig. Vor 15 Jahren zog er mit seiner Familie nach Dresden. Bis vor sechs Monaten lebte er mit seiner Frau zusammen. Die beiden Kinder gingen schon früh in den Westen der Bundesrepublik.

Willy Brodsky und seine Frau wollten aber in Ostdeutschland bleiben. Hier hatten sie ihre Freunde, hier lebten seine Mutter und die Eltern von seiner Frau. Und hier bezahlten sie nicht viel Miete für ihre 3-Zimmer-Wohnung im Zentrum. Hier waren sie die glücklichste Familie.

Willy Brodsky ist Ingenieur. Für seine Zukunft sah er früher keine Probleme. Alles kam aber ganz anders, als er es sich vorstellte. Deutschland ist wieder ein Land. Alle Deutschen sind jetzt wieder frei. Aber die Kapitalisten aus dem Westen sind in den Osten gekommen. Sie schlossen viele Fabriken, und viele Menschen verloren ihre Arbeit. Auch Willy Brodsky.

Willy Brodsky sitzt jetzt alleine zu Hause, ohne seine Frau. Sie verließ ihn und lebt nicht mehr bei ihm, weil sie ihn «nicht mehr den ganzen Tag in der Wohnung aushalten» konnte. Willy bekommt Arbeitslosengeld – nicht sehr viel, aber genug, um zu leben. Aber er ist nicht glücklich. Er hat nicht zwanzig Jahre gearbeitet, damit er am Ende ohne Frau und ohne Arbeit alleine in einer Wohnung sitzt, die heute dreimal so viel kostet wie vor sechs Jahren.

Nein, Willy Brodsky hat sich so sein Leben nicht vorgestellt. Jede Woche geht er aufs Arbeitsamt. Dort sagen die aber immer dasselbe: «Sie müssen warten, im Moment gibt es Probleme, aber die Situation wird schon wieder besser werden ...» Die schönen Worte nutzen Willy wenig. Er möchte sich ein neueres Auto kaufen, nach Italien in Urlaub fahren und die Wohnung neu machen. Dafür reicht das Arbeitslosengeld aber nicht.

Willy Brodsky ist jetzt 52 Jahre alt. Ob er noch einmal eine Arbeit findet?

Ja oder nein?

	Ja	Nein
1. Willy Brodsky wohnte früher in Dresden.	☐	☐
2. Seine Kinder wohnen nicht mehr in Dresden.	☐	☐
3. Die Miete war früher nicht sehr hoch.	☐	☐
4. Willy hatte früher Angst vor der Zukunft.	☐	☐
5. Viele Menschen im Osten haben jetzt Probleme.	☐	☐
6. Die Frau von Willy ist weggelaufen.	☐	☐
7. Willy bekommt Geld, weil er keine Arbeit hat.	☐	☐
8. Er hatte eine andere Vorstellung vom Leben.	☐	☐
9. Die vom Arbeitsamt können bestimmt helfen.	☐	☐
10. Willy möchte mal in Urlaub fahren.	☐	☐

JOBSUCHE

TEST 2

**1. Hören Sie die Fragen von der CD.
Wie heißt die richtige Antwort?**

1. a Sie hat ein festes Einkommen.
   b Seit sechs Monaten suche ich eine feste Arbeit.
   c Nimm noch einen Wein.

2. a Ja, ich arbeite jetzt in einem Reisebüro.
   b Andrea ist Fremdsprachensekretärin.
   c Sie war beim Arbeitsamt.

3. a Das Auto steht vor der Tür.
   b Ich kann es mir vorstellen.
   c Kommen Sie morgen um 10 Uhr.

4. a Er arbeitet bei Mercedes.
   b Ich habe keine Arbeit.
   c In einem Jahr gehe ich ins Ausland.

5. a Ja, ich habe Kinder und muss mich auch um die Familie kümmern.
   b Feierabend ist um 17 Uhr.
   c Ihre Vorgängerin bekam 2600 Euro.

6. a An der Anmeldung im Hotel.
   b Bei der Polizei.
   c Am Schalter bei den Verkehrsbetrieben.

7. a Nein, ich bin Ausländerin.
   b Ja, ich komme aus den USA.
   c Ich bin Studentin.

8. a Für ein Formular.
   b Ich hatte keinen Stempel.
   c Er wollte meine Adresse.

9. a Ich bin einverstanden.
   b Nein, ich möchte eine Fahrkarte.
   c Ja, ich habe mich gerade angemeldet.

10. a An der Volkshochschule.
    b Bei den Verkehrsbetrieben.
    c Am Schalter in der Post.

2. Wie heißt es richtig?

1. Mein Ferrari ist
   - a viel schneller als dein Mercedes.
   - b schneller wie dein Mercedes.
   - c so schnell als dein Mercedes.

2. Der Mount Everest ist
   - a der hohe Berg der Welt.
   - b der höchste Berg der Welt.
   - c der höhere Berg der Welt.

3. Andrea verdient jetzt
   - a mehr Geld wie Sina.
   - b so viel Geld als Sina.
   - c mehr Geld als Sina.

4. Die Kleider haben mir beide gut gefallen.
   - a Das rote Kleid war schöner das grüne.
   - b Das rote Kleid war schönste.
   - c Das rote Kleid war so schön wie das grüne.

5. Der neue Roman von Günter Grass gefällt mir sehr.
   - a Er ist so gut als sein erster Roman.
   - b Er ist besser als sein erster Roman.
   - c Er ist schönste Roman von ihm.

6. Ich habe keine Lust mehr,
   - a immer wieder von vorne anzufangen.
   - b anzufangen immer wieder von vorne.
   - c immer wieder von vorne anfangen.

7. Heute habe ich keine Zeit,
   - a das Abendessen einkaufen.
   - b das Abendessen einkaufen.
   - c das Abendessen einzukaufen.

8. Hast du eine Anzeige in die Zeitung gesetzt,
   - a um eine Stelle zu bekommen?
   - b um zu bekommen eine Stelle?
   - c um eine Stelle bezukommen?

9. Ich brauche eine feste Stelle,
   - a um regelmäßig Geld verdienen.
   - b um zu regelmäßig verdienen.
   - c um regelmäßig Geld zu verdienen.

10. Er schrieb ihr einen Brief,
    - a sie zu seinem Geburtstag einladen.
    - b um sie zu seinem Geburtstag einzuladen.
    - c sie zu seinem Geburtstag einzuladen.

3. Setzen Sie den Text ins Präteritum

1. Es ist Samstag. **2.** Die Sonne scheint, und Kalli hat Lust, aufs Land zu fahren. **3.** Er setzt sich mit seiner Frau und seinen Kindern ins Auto und fährt hinaus. **4.** An einem See hält er an. **5.** Dort gehen sie baden. **6.** Sie schwimmen ein bisschen, dann essen sie zu Mittag. **7.** Danach schläft er, während seine Frau ein Buch liest und die Kinder im Wasser spielen. **8.** Später machen sie einen Spaziergang im Wald. **9.** Als die Nacht kommt, steigen sie wieder ins Auto und fahren nach Hause. **10.** Dort gibt es noch einen tollen Krimi im Fernsehen.

4. Pam ist wieder in den USA und schreibt einen Brief an ihre deutsche Freundin.

Hören Sie die Sätze von der Kassette. Schreiben Sie die Wörter, die fehlen.

Liebe Andrea,

1. Seit gestern habe ich .... 2. Vor einer Woche .... ich eine Anzeige .... 3. «Fremdsprachensekretärin» für .... gesucht. Ich bewarb mich sofort. 4. Am nächsten Tag .... bei meinem neuen Chef vor. 5. Er ist ...., den ich je gesehen habe, aber leider ist er 30 Jahre .... als ich. 6. .... mein Vater. 7. Ich erzählte, dass ich .... in Deutschland war und sehr gut .... spreche. 8. Und ich .... sofort den Job. Toll! 9. Jetzt verdiene ich .... im Monat. 10. Schreib mir mal wieder.

Liebe .... , Deine Pam.

5. Welche Konjunktion fehlt hier?
(wenn, weil, ob, bis, obwohl, als)

1. Ich kann Ihnen leider nicht sagen, ... es noch Konzertkarten gibt. 2. Sie bleibt so lange in Deutschland,...... die Ferien an der französischen Universität vorbei sind. 3. ...... du heute keine Zeit hast, gehen wir morgen ins Kino. 4. Können Sie mir sagen, ... es heute noch einen Zug nach Rom gibt? 5. Soll ich etwas essen, ... ich keinen Hunger habe? 6. Er geht zum Arzt, ... er krank ist. 7. ...... wir gerade verreist waren, kam er uns besuchen. 8. Ich gehe nicht ins Restaurant, ... ich kein Geld habe. 9. Ich habe das Auto nicht gekauft, ... es schon so alt war. 10. ...... Sie Deutsch lernen wollen, müssen Sie einen Sprachkurs machen.

TEST 2

6. Sie hören einen kurzen Dialog.
Sagen Sie, ob die Sätze unten richtig sind.

a Herr Trödler gefällt Andrea sehr. ja nein
b Er hat viel von ihrer Vorgängerin erzählt. ja nein
c Er hat ihr 2800 Euro im Monat angeboten. ja nein
d Andrea wollte die Stelle nicht nehmen. ja nein
e Andrea arbeitet jetzt an der Universität. ja nein
f Dort gibt es keine Ausländer. ja nein

7. Was ist richtig?

1. Wie alt ist Mick Jagger?
   – Ich weiß es nicht,
   a er ist 62 Jahre und 5 Tage alt.
   b er wird ca. 60 Jahre alt sein.
   c gestern ist er 30 Jahre alt geworden.

2. In 50 Jahren
   a wird es keine Privatautos mehr geben.
   b gab es keine Privatautos mehr.
   c ist es keine Privatautos mehr.

3. Gestern war ich im Kino.
   a Es lief ein Film von Wim Wenders.
   b Es wird ein Film von Wim Wenders laufen.
   c Wim Wenders läuft im Kino.

4. Wie viel Uhr ist es jetzt?
   – Keine Ahnung,
   a es ist drei Stunden.
   b es ist drei Uhr gewesen.
   c es wird so drei Uhr sein.

5. In zwei Jahren wird er sein Examen machen.
   a Danach wird er im Ausland arbeiten.
   b Danach hat er im Ausland gearbeitet.
   c Danach arbeitete er im Ausland.

6. Wann fährst du nach Spanien?
   a ..., ob ich Ferien habe.
   b ..., wenn ich Ferien habe.
   c ..., als ich Ferien habe.

7. Paul fährt
   a guter Auto als sein Freund.
   b besser Auto als sein Freund.
   c bestes Auto als sein Freund.

8. Vor zwei Jahren
   a arbeitet Andrea in Italien.
   b will Andrea in Italien arbeiten.
   c arbeitete Andrea in Italien.

9. Wozu machst du diesen Kurs?
   a ..., um bessere Chancen im Beruf haben.
   b ..., bessere Chancen im Beruf haben.
   c ..., um bessere Chancen im Beruf zu haben.

10. Peter ist arbeitslos.
    a Wenn er einen Job finden will, muss er eine Anzeige in die Zeitung setzen.
    b Obwohl er einen Job finden will, muss er eine Anzeige in die Zeitung setzen.
    c Wenn er einen Job finden will, er muss eine Anzeige in die Zeitung setzen.

THEMA 5

DIALOG

GESELLSCHAFT UND POLITIK

Über die Familie

Du, Achim?

Ja? Was issen los?

(Kommt rein.) Ich wollte dich mal nach deiner Meinung fragen ...

Fragen kannst du immer. Ob ich allerdings eine Antwort weiß – das kann ich dir nicht versprechen, Tine.

Also, allein erziehende Frauen, machen die eigentlich 'was falsch?

Was meinst du mit «allein erziehend»? Wenn eine Familie Kinder hat, dann erziehen doch immer beide, Vater und Mutter.

Aber es gibt doch Frauen, die leben ohne Mann und haben trotzdem Kinder.

Dann sollen sie sich einen Mann suchen! Gute Erziehung ist nur möglich mit beiden Eltern.

Du spinnst wohl! «Dann sollen sie sich einen Mann suchen!» Erstens gab es schon immer Frauen, die mit ihren Kindern allein lebten. Nachdem der Vater sie verlassen hatte, mussten sie

die Kinder allein aufziehen. Entweder waren die Männer gestorben oder weggelaufen.
Das ist ja 'was ganz anderes!
Und zweitens gibt es Frauen, die nicht mit dem Vater des Kindes zusammenleben wollen. Oder überhaupt nicht mit einem Mann!
Warum müssen die denn dann Kinder haben?
Die können ja arbeiten gehen, Urlaub machen, zu Hause bleiben, um die Welt fahren, Müsli essen oder Schweineschnitzel. Die brauchen aber nicht unbedingt Kinder in die Welt zu setzen, oder?
Wer sagt denn, dass ein Kind immer mit einem Vater aufwachsen muss?

Das war schon immer so, und das wird immer so sein. Das ist in jeder Kultur so. Die Familie – egal ob Vater und Mutter verheiratet sind oder nicht – ist immer noch die beste Garantie dafür, dass ein Kind sich gesund entwickelt.
Also nee, ich kenne Leute ... Evis Freund, zum Beispiel, wurde geboren nachdem sein Vater die Familie schon verlassen hatte. Er ist ohne Vater aufgewachsen und hat sich wunderbar entwickelt.
Ja und?
Und ich kenne Leute, die sind in einer Familie aufgewachsen, wo Vater und Mutter sich überhaupt nicht verstanden. Die Eltern sind schon lange tot, und die Kinder rennen immer noch zum Psychiater wegen ihrer «unglücklichen Jugend».

Über die Politik
Wir brauchen wirklich nicht mehr staatliche Hilfe für die Familie: Der Staat baut Kindergärten, Schulen, bezahlt den Eltern Erziehungsgeld, gibt Steuerermäßigungen ...
Meinst du das im Ernst? Weißt du nicht, dass bei uns eine Million Kindergartenplätze fehlen, dass Mütter nicht arbeiten gehen können, weil sie nicht wissen, wohin mit den Kindern?
Komm, jetzt übertreibst du aber!
Ich will dir mal eines sagen, Achim: Die ganzen Politiker reden viel und tun nichts. Egal zu welcher Partei sie gehören.
Jetzt hör aber mal zu, Tine! So kannst du das

nicht sagen! Wenn man etwas in der Gesellschaft ändern möchte, dann braucht das seine Zeit.
Und die Mütter sollen 10 Jahre warten, bis sie sich eine Arbeit suchen. Nee, ich habe die Schnauze voll von den Sprüchen der Politiker.
Jetzt reg dich doch nicht so auf!
Also, ich habe mir geschworen: Ich geh' nicht mehr wählen. Von mir kriegt keiner mehr 'ne Stimme.

Über die Umwelt

Das kannst du doch nicht machen: nicht wählen gehen.
Wieso? Wir leben doch in einer Demokratie.
Wenn die Mist machen in der Regierung und zulassen, dass immer noch Atomkraftwerke gebaut werden und dass die Umwelt weiter verschmutzt wird, dann kannst du nur eines dagegen tun: eine andere Partei wählen. Denn wenn du eine andere Partei wählst, dann kannst du sagen: Ich habe diese Politik der Regierung nicht gewollt.
Ist doch egal, welche Partei man wählt.
Das stimmt so nicht. Wir haben doch auch eine Verantwortung für die Ökologie.
Jeder soll mit dem Umweltschutz bei sich selbst anfangen. Solange die Leute 300 Meter mit dem Auto fahren, nur um Zigaretten zu holen, solange sie Plastikflaschen und Dosen kaufen statt Pfandflaschen und solange sie alles zusammen in eine Mülltonne werfen ... so lange haben sie kein Recht, sich über Umweltpolitik

in der Dritten Welt zu beklagen.
Es ist schwer, als Einzelner etwas dagegen zu unternehmen. Das ist alles viel zu kompliziert. Man muss sich organisieren, zum Beispiel bei den Grünen oder in einer Bürgerinitiative.

Über die Ausländer

Die Grünen sind doch keine Partei, die haben doch immer Streit.
Die anderen haben doch auch Streit, die sagen es nur nicht in der Öffentlichkeit.
Eine Sache find ich aber ganz gut bei denen.
So? Du findest auch mal etwas gut?
Sei doch nicht so ironisch ... Die Ausländerpolitik der Grünen finde ich ganz gut.
So einfach ist das auch wieder nicht. Du weißt, wie viele Wohnungen bei uns fehlen. Deshalb ist es problematisch, wenn noch Hunderttausende von Afrikanern, Asiaten oder Osteuropäern kommen. Es gibt eben nicht genug Arbeit und Wohnungen für sie alle.
Darum geht es doch gar nicht! Es geht darum, wie wir die Ausländer bei uns aufnehmen, wie die Ausländer bei uns behandelt werden. Ich finde es unmöglich, dass Skinheads und Neonazis frei herumlaufen und jeden Türken oder Afrikaner anmachen oder sogar verprügeln, der ihnen über den Weg läuft.
Da hast du wirklich Recht. Da bin ich völlig deiner Meinung.

GESELLSCHAFT UND POLITIK

HÖR ZU

A

Lesen Sie zuerst die Fragen 1. bis 3. Hören Sie dann den Dialog

1. Achim und Tine reden über
   a Probleme in Afrika.
   b Probleme in der Gesellschaft.
   c ihre Probleme.

2. Achim und Tine haben
   a nicht die gleiche Meinung.
   b immer eine Meinung.
   c keine Meinung.

3. Achim und Tine unterhalten sich über
   a Familie, Umwelt, Arbeit und Krieg.
   b Politik, Arbeit, Ausländer und Konzerte.
   c Familie, Politik, Umwelt und Ausländer.

B

Lesen Sie die Sätze 1. bis 12. Hören Sie dann den Dialog noch einmal

Ja Nein

Über die Familie

1. Allein erziehende Mütter haben keinen Mann.
2. Achim denkt, dass ein Kind Vater und Mutter braucht.
3. Tine denkt, dass ein Kind sich ohne Vater nicht gut entwickeln kann.

Über die Politik

4. In Deutschland gibt es genug Kindergartenplätze.
5. Tine denkt, dass die Politiker nicht genug tun.
6. Tine will nicht mehr wählen gehen.

Über die Umwelt

7. Die Regierung erlaubt, dass Atomkraftwerke gebaut werden.
8. Niemand nimmt sein Auto, nur um Zigaretten zu holen.
9. Ein Mensch allein kann nicht viel gegen die Regierungspolitik tun.

Über die Ausländer

10. Die Grünen streiten sich nicht.
11. Es gibt nicht genug Wohnungen für Ausländer.
12. Neonazis verprügeln Ausländer.

GESELLSCHAFT UND POLITIK

Über die Familie

die Gesellschaft, -en

was issen los?
was ist denn los?

die Meinung, -en

allerdings

allein erziehend

erziehen

der Vater, Väter

die Mutter, Mütter

die Erziehung, -en

spinnen

erstens

nachdem

aufziehen

sterben

zweitens

das Müsli

das Schwein, -e

das Schweineschnitzel, -

aufwachsen

die Kultur, -en

die Garantie, -n

gesund

entwickeln

tot

rennen

die Jugend

WÖRTER

Über die Politik

staatlich

die Hilfe, -n

der Staat, -en

bauen

der Kindergarten, -gärten

das Erziehungsgeld, -er
bezahlt der Staat an die Eltern

eines

gehören zu

ändern

das braucht seine Zeit
das dauert lange

ich habe die Schnauze voll ◊
mir reicht es

der Spruch, Sprüche

aufregen (sich)

schwören

wählen

die Stimme, -n

Über die Umwelt

die Umwelt

die Demokratie, -n

die Regierung, -en

zulassen

das Atomkraftwerk, -e

verschmutzen

stimmen

das stimmt
das ist richtig

die Verantwortung, -en

passieren

die Ökologie

der Schutz

der Umweltschutz

solange

das Plastik

die Flasche, -n

die Plastikflasche, -n

die Dose, -n

statt

das Pfand

der Müll

die Tonne, -n

die Mülltonne, -n

werfen

Recht haben

die Umweltpolitik

die Dritte Welt

als

beklagen

Einzelne/r

zu

kompliziert

organisieren

die Grünen (Plural)

der Bürger, -

die Bürgerinitiative, -n

Über die Ausländer

der Streit, -e

die Öffentlichkeit, -en

ironisch

die Ausländerpolitik
....

problematisch
....

Hunderttausende
....

der Afrikaner, -
....

der Asiate, -n
....

der Europäer, -
....

der Osteuropäer, -
....

es geht um etwas
das ist wichtig,
davon spreche ich
....

aufnehmen
....

behandeln
....

der Skinhead, -
....

der Neonazi, -s
....

anmachen
....

verprügeln
....

über den Weg laufen
auf der Straße treffen
....

völlig
....

Theorie

das Aktiv
....

die Bedeutung, -en
....

die Deklination, -en
....

der Genitiv, -e
....

gleich
....

der Grund, Gründe
....

der Mensch, -en
....

das Passiv
....

das Plusquamperfekt, -e
....

Praxis

Afrika
....

ändern
....

das Baby, Babys
....

betrunken

blau

breit

dasselbe
....

dick

diskutieren

dünn
....

Englisch
....

der Feind, -e
....

fünf vor zwölf
fast schon zu spät

der Homosexuelle, -n
....

der Heterosexuelle, -n

international
....

italienisch
....

das Krankenhaus,
-häuser
....

das Land, Länder
....

lösen
....

der Markt, Märkte
....

GESELLSCHAFT UND POLITIK

die Menschheit

nachdenken

die Nationalität, -en

der Norden

ökologisch

pessimistisch

Polen

das Portemonnaie, -s

die Qualität, -en

der Radiosprecher, -

das Rätsel, -

Rumänien

Russland

scharf

schmal

schmutzig

schrecklich

schwarz

selten

sexy

der Süden

die Therapie, -n

traurig

Tschechien

die Slowakei

türkisch

unnötig

weglassen

der Westen

zuerst

Die Familie

der Bruder, Brüder

der Cousin, -s

die Cousine, -n

der Enkel, -

die Enkelin, -nen

die Geschwister (Plural)

die Großeltern (Plural)

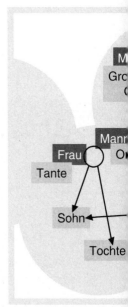

die Großmutter, -mütter	die Schwester, -n	die Schwiegereltern (Plur.)
der Großvater, -väter	der Sohn, Söhne	der Schwiegersohn, -söhne
der Neffe, -n	die Tante, -n	die Schwiegertochter, -töchter
die Nichte, -n	die Tochter, Töchter	der Stiefsohn, -söhne
die Oma, -s		die Stieftochter, -töchter
der Onkel, -	***Noch mehr Familie***	der Stiefvater, -väter
der Opa, -s	der Schwager, Schwäger	die Stiefmutter, -mütter

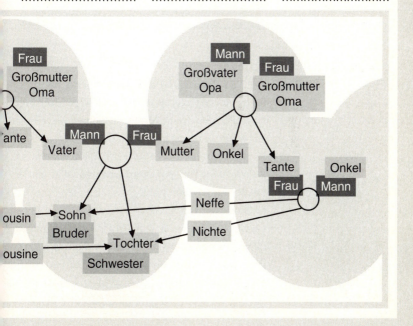

GESELLSCHAFT UND POLITIK

THEORIE

Die Bildung des Plusquamperfektes

Nachdem Franz **gegessen hatte**, ging er ins Bett.
Nachdem Elvira ihr Geld **verloren hatte**, konnte sie nicht mehr ins Restaurant gehen.
Nachdem Adolf in Bremen **angekommen war**, rief er seine Freundin an.

Plusquamperfekt:
Präteritum von haben/sein + Partizip 2

ich **hatte gesehen**	ich **war gekommen**
du **hattest gesehen**	du **warst gekommen**
er **hatte gesehen**	er **war gekommen**
wir **hatten gesehen**	wir **waren gekommen**
ihr **hattet gesehen**	ihr **wart gekommen**
sie **hatten gesehen**	sie **waren gekommen**

Erinnern Sie sich?
Perfekt: Präsens von haben/sein + Partizip 2

Der Gebrauch des Plusquamperfektes

Conny Katz frühstückte, nahm ein Taxi und fuhr zum Flughafen. Sie konnte aber nicht fliegen, weil sie ihr Flugticket zu Hause **vergessen hatte**.
Markus stand um 11 Uhr auf, nachdem er abends um halb acht ins Bett **gegangen war** und mehr als 15 Stunden **geschlafen hatte**.
Er **hatte** sich um 5 Uhr mit Maria in einem Café **verabredet**. Er konnte aber nicht früh genug aus der Firma weggehen. Als er um halb sechs in das Café kam, **war** Maria schon **gegangen**.

Das **Plusquamperfekt** steht oft mit dem Präteritum. Es sagt, dass etwas **schon vorher** passiert

1. Überlegen Sie

Was war zuerst, was kam dann? Verbinden Sie zu einem Satz mit Plusquamperfekt. Vergessen Sie nicht: Im 1. Satz steht die Person, im 2. Satz das Pronomen.

1. Udo schlief 4 Stunden. Udo stand auf.
Nachdem Udo 4 Stunden geschlafen hatte, stand er auf.

2. Ernas Auto ging kaputt. Erna musste in Baden-Baden bleiben. **3.** Lea verlor ihr Portemonnaie. Lea lief zu Fuß nach Hause. **4.** Alex fuhr nach München. Alex besuchte dort einen Freund. **5.** Wir fuhren nach Tokio. Wir lernten 6 Monate lang Japanisch in Köln. **6.** Paul dachte nach. Er sprach mit seiner Frau. **7.** Du konntest die Radtour mit uns nicht machen. Du brachst dir ein Bein. **8.** Ich war 2 Jahre in Paris. Ich konnte kein Englisch mehr sprechen. **9.** Karin trank eine Flasche Cognac. Sie musste ins Krankenhaus. **10.** Helga lernte Holger kennen. Sie wollte nicht mehr zu Heinz zurück. **11.** Ich machte diese Übungen. Ich hatte die Schnauze voll vom Plusquamperfekt.

3. Was gehört zusammen?

1. Frau Singe fuhr allein nach Paris,
2. Warum habt ihr nicht gleich angerufen,
3. Nachdem Conny lange nachgedacht hatte,
4. Eva Matthes arbeitete am Theater,
5. Wir hatten alles gesehen,
6. Nachdem Erwin fertig studiert hatte,

a fing er an, als Lehrer zu arbeiten.
b nachdem sie keine Stelle beim Fernsehen gefunden hatte.
c und fuhren am nächsten Tag weiter.
d nachdem ihr angekommen wart.
e nachdem ihr Mann sie verlassen hatte.
f sagte sie: «ja!».

PRAXIS

2. Fragen zum Dialog

1. Worüber möchte Tine mit Achim sprechen?
2. Was denkt Achim über allein erziehende Mütter?
3. Hat Tine die gleiche Meinung?
4. Warum will Tine nicht mehr wählen gehen?
5. Was tun Leute, die sich nicht für die Umwelt interessieren?
6. Welche Probleme können Ausländer in Deutschland haben?
7. Was passiert, wenn Sie mit Ihren (deutschen) Freunden über Politik reden?

GESELLSCHAFT UND POLITIK

THEORIE

Die Bildung des Passiv

Atomkraftwerke **werden gebaut**.
Die Umwelt **wird verschmutzt**.
Ausländer **werden** nicht immer schlecht **behandelt**.

Ü 4-7, 9

Präsens:	Präteritum:
ich **werde** gesucht	ich **wurde** gefunden
du **wirst** gesucht	du **wurdest** gefunden
er **wird** gesucht	er **wurde** gefunden
wir **werden** gesucht	wir **wurden** gefunden
ihr **werdet** gesucht	ihr **wurdet** gefunden
sie **werden** gesucht	sie **wurden** gefunden

Passiv: werden + Partizip 2

---

7. Mai

Liebe Gundi, lieber Joe,
ihr wisst sicher schon, dass ich mich von Wolfgang getrennt habe. Jetzt muss ich unsre beiden Kinder alleine aufziehen und außerdem arbeiten gehen. Mein Problem: ich kann im Juli mit einer Reise-gruppe in die Türkei fahren. Ich weiß aber nicht was ich mit den Kindern machen soll. Könnt ihr sie für 3 Wochen zu euch nehmen? Eure Tine

PRAXIS

4. Schule spielen
Alle zusammen konjugieren laut
1. vom Bundeskanzler angerufen werden
   ich werde vom Bundeskanzler angerufen...
2. regelmäßig betrunken in der Kneipe gefunden werden
3. von der Polizei gesucht werden
4. von der Welt vergessen werden (snif!)
5. von King Kong geärgert werden
6. nachts um 12 von Dracula besucht werden

5. Sagen Sie es im Aktiv
1. Die Kinder werden gut behandelt. (Eltern)
   Die Eltern behandeln die Kinder gut.
2. Viel Whisky wird in Schottland getrunken. (die Leute)
3. In Deutschland werden keine Atomkraftwerke mehr gebaut. (die Deutschen)
4. Die Meere auf der Welt werden immer mehr verschmutzt. (die Menschen)
5. Das wird nicht geglaubt. (man)
6. In Afrika werden nicht genug Krankenhäuser gebaut. (die Regierungen)
7. Es wird viel geredet. (die Männer)
8. Es wird viel getan. (die Frauen)
9. Auf der Autobahn wird zu schnell gefahren. (viele Leute)
10. Alle 4 Jahre wird gewählt. (Personen über 18 Jahre)

6. Konjugieren Sie im Passiv
1. lieben
   Ich werde geliebt
   du wirst geliebt
2. fragen
3. einladen
4. stören
5. verlassen
6. abhören

GESELLSCHAFT UND POLITIK

THEORIE

Der Gebrauch des Passiv

Passiv:	Bedeutung im Aktiv:
Es wird geraucht.	Die Raucher rauchen.
Viel Bier wird getrunken.	Die Biertrinker trinken viel.
Er wurde geboren.	Seine Mutter setzte ihn in die Welt.

Passiv steht dann,	
	– wenn klar ist, wer etwas tut.
	– wenn es unwichtig ist, wer etwas tut.
	– wenn das Subjekt im Aktivsatz heißt: «man – die Leute – die Menschen – der Staat ...»

Wohlstand im Alter mit Privatinitiative
Wegen geringer Beiträge frühzeitig anfangen

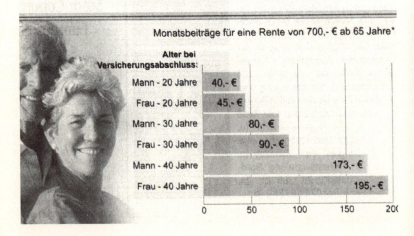

Monatsbeiträge für eine Rente von 700,- € ab 65 Jahre*

Alter bei Versicherungsabschluss:
- Mann - 20 Jahre: 40,- €
- Frau - 20 Jahre: 45,- €
- Mann - 30 Jahre: 80,- €
- Frau - 30 Jahre: 90,- €
- Mann - 40 Jahre: 173,- €
- Frau - 40 Jahre: 195,- €

7. Sagen Sie es im Passiv
Lassen Sie das Subjekt weg!
(die Leute, man, die Menschen)

1. Die Leute gucken viel Fernsehen in Deutschland.
In Deutschland wird viel Fernsehen geguckt.
2. In Spanien isst man sehr spät. 3. Auf dem Markt kaufen die Menschen Gemüse. 4. Heute übersetzt man viel aus dem Japanischen. 5. Die Mütter waschen die schmutzigen Kinder jeden Abend. 6. Man hilft den armen Ländern nicht genug. 7. Im Zentrum zahlen die Leute viel Geld für die Wohnungen. 8. In der Disko flirten die Leute viel. 9. Die Bürger wählen die Regierung. 10. Die Leute werfen Pfandflaschen weg. 11. Die Leute nehmen die Ausländer nicht immer freundlich auf.

8. Welches Wort fehlt?
Denken Sie mal scharf nach

1. Die Mutter, die ihre Kinder ohne Mann aufzieht, ist ....
2. Flaschen, die man zurückgeben kann, sind ....
3. Kinder kommen zuerst in den ...., dann in die Schule.
4. Menschen aus Polen, Rumänien, Russland, der Tschechoslowakei usw. sind ....
5. Ich gehe nicht wählen, von mir bekommt kein Politiker eine ....
6. Familie und Schule geben dem Kind eine gute oder auch schlechte ....
7. Ich habe keine Lust mehr, ich bin sauer, ich habe die .... voll.
8. Menschen, die zusammen etwas für die Umwelt tun wollen, organisieren sich in einer .... Sie denken alle, dass es fünf vor zwölf ist.

PRAXIS

9. Was war früher, vor 50 Jahren?

1. mehr rauchen
Es wurde mehr geraucht.
2. weniger Geld verdienen
3. mehr arbeiten
4. weniger essen
5. mehr miteinander sprechen
6. jünger heiraten
7. nicht so viel joggen
8. weniger Auto fahren
9. weniger lesen
10. mehr zu Fuß gehen

10. Übersetzung
Sagen Sie die Sätze aus Übung 9 im Aktiv

Vor 50 Jahren rauchte man mehr. die Leute verdienten weniger Geld

GESELLSCHAFT UND POLITIK

THEORIE

Der Genitiv

die Sprüche **der** Politiker
die Ausländerpolitik **der** Grünen
wegen **der** Politik **der** Regierung
die Familie **des** Vater**s**
das Haus **der** Mutter
das Zimmer **des** Kinde**s**

Genitiv

des Vaters	**der** Mutter	**des** Kindes	**der** Väter, Mütter, Kinder
eines Vaters	**einer** Mutter	**eines** Kindes	—
meines Vaters	**meiner** Mutter	**meines** Kindes	**meiner** Kinder

Evi**s** Freund
Mario**s** Freundin
Frau Schneider**s** Schreibmaschine

Genitiv mit «s»:

Bei Namen und bei Eltern und Großeltern:

Evi**s** Freund	Mario**s** Tochter	Frau Schneider**s** Sohn
Karin**s** Mutter	Herr Müller**s** Haus	Mutter**s** Auto
Opa**s** Arbeit	Papa**s** Fahrrad	

der Arzt von der Mutter = der Arzt der Mutter = der Arzt von einer Mutter
der Arzt von Mutter = Mutters Arzt = der Arzt von meiner Mutter

11. Sagen Sie es anders mit dem Genitiv

1. das Boot vom Fischer *das Boot des Fischers*
2. das Auto vom Arzt 3. die Kinder von Ulrike 4. der Chef von der Firma 5. die Arbeit von der Polizei 6. der Anrufbeantworter vom Vater 7. die Sekretärin vom Chef 8. die Personalien von den Schülern 9. der Vater von Karin 10. die Sprache von den Amerikanern 11. die Politik von der Regierung 12. der Arzt von Vater 13. der Arzt vom Vater 14. die Probleme von der Welt 15. die Lösung von dem Problem 16. die Miete von der Wohnung 17. das Zimmer von den Eltern 18. das Bankkonto von Rockefeller 19. der Rand von der Stadt 20. die Verkaufsstelle von den Verkehrsbetrieben

PRAXIS

12. Setzen Sie das richtige Wort im Genitiv ein

der Chef – die Regierung – die Radiosprecher – das Kind – die Chinesen – die Umwelt – die Frauen – die Rockgruppe

1. Die Frau lebte mit ihrem Kind allein. Der Vater .... war leider gestorben.
2. Die Umweltpolitik .... gefällt mir nicht, ich werde bei den nächsten Wahlen eine andere Partei wählen.
3. Die Sekretärin .... hat heute frei, morgen früh ist sie wieder da.
4. Die Sprache .... ist für Europäer sehr schwierig.
5. Der Schutz .... ist wichtig für die Menschheit.
6. Das Konzert .... war toll! Selten habe ich bessere Musik gehört.
7. Die Probleme .... sind auch wichtig für die Männer, wenn Männer und Frauen zusammenleben wollen.
8. Ich kann die Sprüche .... nicht mehr hören, die sagen immer dasselbe.

GESELLSCHAFT UND POLITIK

THEORIE

Die Deklination des Adjektivs ohne Artikel

Gute Erziehung gibt es nur......
Wir brauchen nicht mehr **staatliche** Hilfe
Kaltes Bier schmeckt besser als **warme** Limonade
Ich möchte **heißen** Kaffee mit **warmer** Milch

Ü 13,14,16,17

Erinnern Sie sich?
Die Deklination des bestimmten und unbestimmten Artikels

Singular	mask.	fem.	neut.	Plural
Nom.	der	die	das	die
	ein	eine	ein	–
Akk.	den	die	das	die
	einen	eine	ein	–
Dat.	dem	der	dem	den – n
	einem	einer	einem	– – n
Gen.	des – s	der	des – s	der
	eines – s	einer	eines – s	–

Singular	mask.	fem.	neut.	Plural
Nom.	heiß**er** Kaffee	warm**e** Milch	frisch**es** Brot	heiß**e** Kaffees
Akk.	heiß**en** Kaffee	warm**e** Milch	frisch**es** Brot	heiß**e** Kaffees
Dat.	heiß**em** Kaffee	warm**er** Milch	frisch**em** Brot	heiß**en** Kaffees
Gen.	heiß**en** Kaffees	warm**er** Milch	frisch**en** Brotes	heiß**er** Kaffees

→ Adjektiv ohne Artikel: Endungen wie beim bestimmten Artikel
  (Nominativ, Akkusativ, Dativ) **Achtung: Genitiv!**

13. Setzen Sie die richtigen Adjektiv-Endungen ein

1. Ich möchte frisch…… Blumen kaufen.
2. Geben Sie mir bitte heiß……… Kaffee mit warm……… Milch.
3. Haben Sie auch frisch……… Brot?
4. Ich kaufe nur gut……… Qualität.
5. Wir brauchen neu……… Kindergärten.
6. Neu……… Männer braucht das Land, singt Ina Deter.
7. Man sollte auch fremd…… Meinungen anhören.
8. Hans und Erich können sich nicht leiden, sie sind alt……… Feinde.
9. Ich finde fremd……… Kulturen sehr interessant.
10. Thomas macht sich nichts aus sentimental…… Erinnerungen.
11. Er kann deine pessimistisch……… Sprüche nicht mehr hören.
12. Wir müssen dieses wichtig……… Problem sofort lösen. Es ist fünf vor zwölf.
13. Heute ist Deutschland international. Hier leben Menschen all……… Nationalitäten.

PRAXIS

15. Schweineschnitzel

Finden Sie viele Wörter mit den Buchstaben von «Schweineschnitzel.» (ss=ß) Wir haben 50 Wörter gefunden, die Sie schon kennen.
z. B. *Wein – Teil – leicht – weiß*

14. Setzen Sie die Adjektiv-Endungen ein

Sing.	mask.	fem.	neut.	Plural
Nom.	gut…… Wein	frisch…… Wurst	kalt…… Wasser	gut…… Weine
Akk.	gut……Wein	frisch…… Wurst	kalt…… Wasser	gut…… Weine
Dat.	gut…… Wein	frisch…… Wurst	kalt…… Wasser	gut…… Weinen
Gen.	gut…… Wein…	frisch…… Wurst	kalt…… Wasser…gut…… Weine

GESELLSCHAFT UND POLITIK

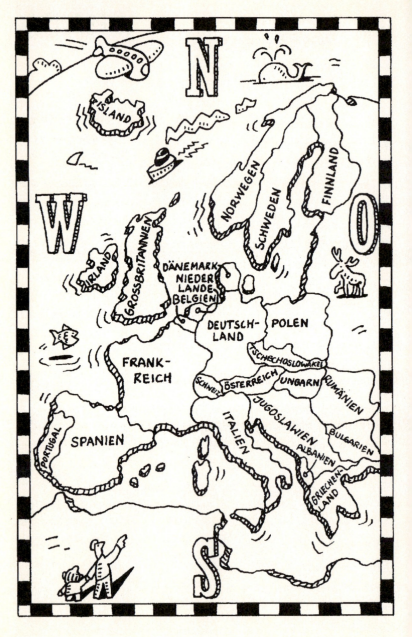

16. Fragen Sie Ihren Nachbarn nach einem Mitschüler

Raten Sie dann, wer gemeint ist

Was für **Augen** hat A? *Er hat braune Augen.*

Was für	**Hosen** trägt A?	dick,
	Haare	dünn,
	Füße	schmal,
	Hände	breit,
	Ohren	klein,
	Beine	groß,
	Ohrringe	schwarz,
	Schuhe	grün,
	Kleider	weiß,
		blau,
Was für einen **Mund** hat B?		rot,
	Nase	blond,
	Kopf	…,
	Hals	…,
		…,
Was für eine **Bluse** trägt B?		…,
	Rock	…,
	T-Shirt	…,
	Pullover	…,
	T-Shirt	…,
	Kleid	… .

17. Schreiben Sie die richtigen Endungen

1. Wir suchen nach einer neu…… Politik. **2.** Er ist in schlecht…… Gesellschaft, seine Freunde sind alle Mafiosi. (Dativ) **3.** Allein erziehend…… Frauen haben viele Probleme. **4.** Achim konnte mir keine gut…… Antwort geben. **5.** Er hatte eine unglücklich…… Jugend. **6.** Thomas hat mir wunderbar…… Champagner mitgebracht. **7.** In Deutschland bekommen jung…… Mütter Erziehungsgeld, bis ihr Baby 15 Monate alt ist. **8.** Wir haben groß…… Verantwortung für die Natur. **9.** Es gibt gut…… und schlecht……Eltern. **10.** Nena spricht viel von ihren zwei süß…. Babys.

GESELLSCHAFT UND POLITIK

THEORIE

Rentenreform ab 2011?

GRÜNE werden immer schwärzer

Ausländer bezahlen Pensionen

Komposita –
Zusammengesetzte Substantive

das Erziehungsgeld	die Mülltonne	die Milchflasche
der Umweltschutz	die Ausländerpolitik	Radiosprecher

Erziehungs/geld = das **Geld**, das man für die **Erziehung** (seiner Kinder) bekommt.
Müll/tonne = die **Tonne** für den **Müll**
Umwelt/schutz = der **Schutz** für die **Umwelt**
Ausländer/politik = die **Politik**, die für die **Ausländer** gilt
Milch/flasche = die **Flasche** mit **Milch**
Radio/sprecher = der **Sprecher** im **Radio**

→ das **letzte Wort** ist wichtig bei den zusammengesetzten Wörtern
→ vom **letzten Wort** hängt auch der **Artikel** ab

18. Komposita

Suchen Sie alle zusammengesetzten Substantive im Dialog (es sind 16!). Erklären Sie diese Wörter dann.

Das Schweineschnitzel: ein Schnitzel vom Schwein

PRAXIS

19. Wie heißen die zusammengesetzten Wörter?

1. Geburts-
2. Monats-
3. Radio-
4. Boots-
5. Familien-
6. Pfand-
7. Rock-
8. Müll-
9. Papier-
10. Stellen-
11. Arbeits-
12. Wort-
13. Bewerbungs-
14. Bus-
15. Herz-

a flasche
b tonne
c anzeige
d amt
e krieg
f gruppe
g infarkt
h familie
i linie
j datum
k brief
l karte
m sprecher
n tour
o stand

21. Wie heißt das Gegenteil?

1. ausziehen
2. bald
3. Bargeld
4. bekommen
5. beschäftigt
6. Chaos
7. damals
8. Dieb
9. dumm
10. einschlafen
11. erlauben
12. hassen
13. korrekt
14. ledig
15. Pech
16. positiv
17. Pfeifton
18. spielen
19. süß
20. Ungleichheit

20. Wie viele zusammengesetzte Wörter fallen Ihnen ein mit -flasche und mit -spiel?

Milchflasche, Weinflasche,
Tennisspiel, Computerspiel

GESELLSCHAFT UND POLITIK

THEORIE

Der Rest der Familie

Opa + Oma	=	Großeltern
Großvater + Großmutter	=	Großeltern
Vater und Mutter	=	Eltern
Bruder + Schwester	=	Geschwister
Sohn + Tochter	=	Kinder

der Bruder der Frau/ des Mannes	=	der Schwager
die Schwester des Mannes/ der Frau	=	die Schwägerin
die Eltern des Mannes/ der Frau	=	die Schwiegereltern
die Mutter des Mannes/ der Frau	=	die Schwiegermutter
der Vater des Mannes/ der Frau	=	der Schwiegervater
die Frau des Sohnes	=	die Schwiegertochter
der Mann der Tochter	=	der Schwiegersohn

außerdem: Der Vater heiratet ein zweites Mal → die neue Frau des Vaters = die Stiefmutter

genauso: der Stiefvater, die Stieftochter, der Stiefsohn

PRAXIS

22. Welcher Teil der Familie fehlt hier?

1. Mein Vater und meine Mutter sind meine ....
2. Der Bruder meiner Mutter ist mein ....
3. Die Tochter meiner .... ist meine Nichte.
4. Meine Brüder und Schwestern sind meine ....
5. Der Vater meines .... ist mein Großvater.
6. Ein Sohn meines Vaters ist mein .... oder das bin ....
7. Die .... meiner Mutter ist meine Tante.
8. Eine Tochter meiner Oma ist meine .... oder meine ....
9. Die Eltern meiner Geschwister sind meine ....
10. Der Mann meiner .... ist mein Onkel.

23. Erfinden Sie Familienrätsel

1. Wer ist die Mutter meiner Schwester?
2. Wer ist der Sohn meiner Großmutter? (2x)
3. Wer ist der Sohn des Sohnes meines Vaters? (2x)
4. ....
5. ....
6. ....
7. ....
8. ....

24. Was stimmt hier nicht?

1. Was kann man **nicht** ändern? Die Gesellschaft – die Umweltpolitik – den Herbst – die Meinung – den Staat – die Vorschrift – die Staatsangehörigkeit – den Nordpol

2. Was braucht man unbedingt zum Leben? Umwelt – Gefühl – Erziehung – Zeit – Chips – Kultur – Gespräche – Plastikflaschen – Liebe – Arbeit

3. Was braucht ein Kind? Kindergarten – Erziehung – Mutter – Herzinfarkt – Schule – Vater – Regierung – Spiele – Liebe – Studentenermäßigung

GESELLSCHAFT UND POLITIK

THEORIE

Achtung
So sagt man seine Meinung

Ich habe die gleiche Meinung wie der andere
Das stimmt!
Richtig!
Das denke ich auch.
Das finde ich auch.
Da hast du wirklich Recht.
Da bin ich völlig deiner Meinung.

Ich habe eine andere Meinung als der andere
Das stimmt nicht!
Das finde ich nicht.
Falsch!
Das ist dummes Zeug.
Du spinnst wohl!
Meinst du das im Ernst?
So kannst du das nicht sagen!
Das kannst du doch nicht sagen!
Ich finde nicht, dass ...

Langsam! Vielleicht ist das alles nicht so?
Das ist ja was ganz anderes!
Warum müssen ... denn ....?
Wer sagt denn, dass ....muss/müssen?
Das ist alles viel zu kompliziert.
So einfach ist das auch wieder nicht.
Vielleicht ist das alles ganz anders?

Ich habe Gründe für meine Meinung
Ich will dir mal eins sagen:
Deshalb ist es problematisch, wenn ......
erstens ......, zweitens ...... (drittens, viertens, ...)
so lange ......, so lange ......, so lange ......
wenn ......, wenn ......, dann ......

PRAXIS

25. Partnerübung

Sagen Sie Ihre Meinung. Dann sagt Ihr Partner, dass er diese Meinung nicht richtig findet. Er soll auch sagen, warum.

1. Mir gefällt die Musik von Michael Jackson.
2. Unser Bundeskanzler ist wunderbar.
3. Madonna ist sehr sexy.
4. Ralph Schuhmacher sieht gut aus und fährt schlecht Auto.
5. Deutsche Krimis sind toll.
6. Ausländer wollen nicht arbeiten.
7. ...
8. ...
9. ...

Sagen Sie Ihre Meinung. Dann sagt Ihr Partner, dass er diese Meinung richtig findet. Er soll auch sagen, warum.

1. Jeder hat das Recht auf eine Wohnung.
2. Wer mehr arbeitet, soll auch mehr Geld verdienen.
3. Ohne italienische, griechische und türkische Restaurants ist das Essen in Deutschland langweilig.
4. Besser zu Hause bleiben, als für viel Geld einen schlechten Film sehen.
5. Auch eine Demokratie hat Probleme.
6. ...
7. ...
8. ...
9. ...

26. Sagen Sie Ihre Meinung

Diskutieren Sie. Finden Sie das richtig oder falsch?

1. Frauen sollen zu Hause bleiben und nicht arbeiten.
(Recht auf Arbeit / Kinder)
2. Homosexuelle sollen keine Lehrer sein.
(alle Menschen sind gleich / leben anders als Heterosexuelle)
3. Politiker sollen mehr Geld verdienen.
(arbeiten und haben viel Verantwortung / reden viel)
4. Kinder bis 12 Jahre sollen um 19 Uhr im Bett sein.
(wollen Vater kennen lernen / müssen früh in die Schule)

GESELLSCHAFT UND POLITIK

Beim Diskutieren

27. Mini-Dialog

PRAXIS

A: Hast du «**Es**» **von Stephen King** gelesen?
B: Uii, **das** find ich **gar nicht gut.**
A: Also mir gefällt **das Buch** gut.
B: Vielleicht soll ich **es** noch einmal lesen.

1. «Es» von Stephen King – lesen – gar nicht gut – Buch.
2. «Titanic» – sehen – fürchterlich – Film.
3. «Honey honey» von Phil Collins – hören – schrecklich – CD.
4. «Die Stadt der Freude» – lesen – ein bisschen komisch – Buch.
5. «Amélie» – sehen – langweilig – Film.
6. «No more love» von Britney Spears – hören – wunderbar – Platte.

A: Hast du schon **Helens neues Kleid** gesehen?
B: Nee, erzähl mal, wie sieht **es** aus?
A: Ich finde, **es** ist **eine Katastrophe.**
B: Warum sagst Du **ihr** das nicht?

1. Helens neues Kleid – eine Katastrophe.
2. Jürgens roter Ferrari – nicht besonders schön.
3. Egons neue Freundin – sehr nett.
4. Christians alter Lehrer – ein unsympathischer Herr.
5. Marias neues Fahrrad – ein unnötiger Kauf.
6. Uwes billiger Computer – kein guter Apparat.

A: Wann **wird** heute **zu Abend gegessen?**
B: Es wird **um 8 Uhr** gegessen.
A: Wer kommt zum Essen?
B: Dein Cousin und seine Frau.

1. Wann – heute – zu Abend essen – acht Uhr – Cousin und Frau
2. Wie lange – heute – Deutsch lernen – 4 Stunden – Bruder und Oma
3. Wann – Karten spielen – heute Abend – neun Uhr – Vater, Brüder und Söhne
4. Wann – heute – fernsehen – nur die Nachrichten – Freund und Frau
5. Wann – dieses Jahr – wählen – im Mai – jeder, der älter als 18 Jahre

GESELLSCHAFT UND POLITIK

HÖR & SPIEL

A

Hören Sie auf der CD, wie Tine und Achim sich unterhalten. Antworten Sie dann mit ja oder nein

1. Sie sprechen über Ökologie.
Ja ■   Nein ■

2. Tine hat Angst vor Umweltkatastrophen.
Ja ■   Nein ■

3. Achim findet die Situation gefährlich.
Ja ■   Nein ■

B

Hören Sie den Dialog noch einmal ganz genau. Was ist richtig: a, b oder c?

1. Tine hat in der Zeitung gelesen, dass wir in 10 Jahren
a so weiter machen wie heute.
b so viele Probleme wie andere Länder haben werden.
c eine totale Umweltkatastrophe haben werden.

2. Achim findet, dass
a wir nicht genug Vorschriften haben.
b die Vorschriften in Deutschland in Ordnung sind.
c wir Unterschriften brauchen.

3. Die Chemie
a hat Probleme in anderen Ländern.
b verkauft tote Fische.
c verschmutzt Wasser und Luft.

4. Die Bürger haben auch Verantwortung für das Müllproblem, weil
a sie zu viel Plastik kaufen.
b sie Pfandflaschen kaufen.
c sie kein Plastik wegwerfen.

5. Die Luft wird auch verschmutzt, weil
a die Busse voll sind.
b es zu viele Autos gibt.
c zu viele Leute mit dem Zug fahren.

6. Tine meint, wir dürfen unseren Kindern und Enkeln
a eine Katastrophe hinterlassen.
b schlechte Autos hinterlassen.
c keine gefährliche Welt hinterlassen.

7. Achim findet, dass
a Tine nicht pessimistisch genug ist.
b Tine zu pessimistisch ist.
c er zu pessimistisch ist.

C
Erklären Sie kurz

1. Warum ist unsere Umwelt krank?
2. Was kann man dagegen tun?

D
Schreiben Sie ein paar Sätze

Die ökologische Situation in meinem Land:

....
....
....
....
....
....
....
....
....
....
....

Spiel: Wer bin ich?

Ein Schüler muss kurz aus dem Zimmer gehen. Die anderen denken sich eine Person aus, die jeder kennt (Musikstar, Regierungschef... usw). Wenn der Schüler wieder hereinkommt, muss er Fragen stellen, um herauszufinden, wer er ist.

...*Komme ich aus Deutschland?*...
...*Wann habe ich gelebt? Lebe ich noch?*...

GESELLSCHAFT UND POLITIK

Maxi-Dialog

Herr Doktor **A** ist Psychologe und Psychiater (Spezialist für Familientherapie). Frau **B** geht es nicht gut, weil sie Probleme mit ihrer Familie hat. Frau **B** hat einen Termin bei Herrn Doktor **A**.

Frau Doktor **C** ist Psychologin und Psychiaterin (Spezialistin für Familientherapie). Herrn **D** geht es nicht gut, weil er Probleme mit seiner Familie hat. Herr **D** hat einen Termin bei Frau Doktor **C**.

LEKTÜRE

AUSLÄNDER IN DEUTSCHLAND

«Alle Menschen sind gleich», heißt es in der Demokratie. Und trotzdem sind manche Menschen nicht so gleich wie andere. Ausländer in Deutschland zum Beispiel:

Für Ausländer ist es schwierig, eine gute Arbeit zu bekommen. Für Ausländer ist es schwierig, sich mit Deutschen anzufreunden, wenn sie noch nicht gut Deutsch sprechen können. Für Ausländer ist es schwierig (mehr noch als für Deutsche), eine Wohnung zu bekommen. Für Ausländer ist es schwierig, den Papierkrieg mit der Bürokratie zu verstehen.

Unter den Deutschen haben Ausländer Freunde und Feinde.

Die Freunde der Ausländer sagen: *«Schön, dass es in Deutschland so viele Nationalitäten, so viele Menschen aus der ganzen Welt gibt. Das macht unsere Gesellschaft international. Die Welt ist kleiner geworden – da ist es nur natürlich, dass alle zusammenleben. Weil es Ausländer hier gibt, kann man ausländisch essen oder auf ausländische Feste und Konzerte gehen. Viele Kulturen zusammen – das ist wunderbar!»*

Die Feinde der Ausländer sagen: *«Es gibt zu viele Ausländer hier. Die nehmen uns Deutschen die Arbeit weg. Die sollen zu Hause bleiben in ihrem Land. Ausländer sind nicht gut für unsere*

Frauen, Ausländer essen komische Sachen, Ausländer haben eine andere Religion. Und sie kommen nur nach Deutschland, weil Deutschland ein reiches Land ist. Deutsche sind pünktlich und zuverlässig und sauber. Ausländer aber sind unpünktlich und unzuverlässig und schmutzig.»

Ganz gefährlich für Ausländer sind Neonazis und Skinheads. Sie verprügeln manchmal Vietnamesen oder Schwarz-Afrikaner. Ohne Grund, nur weil es Ausländer sind und sie vielleicht anders aussehen.

Ist es nicht egal, welche Kultur jemand hat und wie er aussieht? Ob er Spaghetti isst oder Kebab? Und ob er kurze Haare hat oder eine dicke Nase?

Alle Menschen sind doch gleich, oder?

Ja oder nein?

	Ja	Nein
1. Alle Menschen sind gleich, werden aber nicht gleich behandelt.	☐	☐
2. Für Ausländer ist es nicht so einfach, eine Arbeitsstelle zu kriegen.	☐	☐
3. Sie freunden sich ohne Probleme mit Deutschen an.	☐	☐
4. Deutsche haben es ein bisschen leichter, wenn sie eine Wohnung suchen.	☐	☐
5. Die Freunde der Ausländer finden es gut, dass es viele Menschen auf der Welt gibt.	☐	☐
6. Mit den Ausländern hat sich die Kultur in Deutschland ein bisschen verändert.	☐	☐
7. Die Feinde der Ausländer finden, dass es mehr als genug Ausländer in Deutschland gibt.	☐	☐
8. Die Feinde der Ausländer wollen mit Leuten zusammenleben, die eine andere Religion haben und anders essen.	☐	☐
9. Die Menschen sehen verschieden aus.	☐	☐
10. Spaghetti schmecken so wie Kebab.	☐	☐

GESELLSCHAFT UND POLITIK

DIALOG

MODERNE ZEITEN

29 Programme

Jetzt hör doch auf, Franz!

...

Franz, du sollst aufhören!

...

Würdest du bitte mal aufhören, mit der Fernbedienung zu spielen. Das ist ja nicht zum Aushalten.

...

Lass den Sender! Das will ich sehen. Das ist ein Film mit Rita Hayworth, auf Englisch!

...

Jetzt hast du schon wieder umgeschaltet. Schalt nochmal zurück!

....

Wenn du nicht sofort den Film wieder anmachst, gehe ich. Dann kannst du alleine gucken.

...

Würdest du bitte den Film wieder einstellen!

...

Wenn du mir einen zweiten Apparat gekauft hättest, könnte jeder jetzt sein eigenes Programm sehen.

...

Leiser! Sind die Lautsprecher kaputt? Das brummt ja wie Kurzwelle im Radio.

...

Stell bitte das Bild etwas heller.

...

Gut so, ... nicht mehr.

...

Der ist ja saublöd, der Film. Ein richtiger Hollywood-Schinken!

...

Über so etwas kann ich mich nur ärgern. Kannst du nicht etwas anderes suchen?

...

Am besten du machst die Glotze aus ...

Omas Clip

(Ding Dong)

Ich mach schon auf. ... Dein Bruder ist da. Ich gehe mal nach unserer Tochter schauen.

...

Hallo, Moritz. Was gibt's?

Ich hab das Video vom letzten Sonntag mitgebracht. Gerade bin ich mit dem Schneiden fertig geworden.

Klasse, im Fernsehen läuft sowieso nur Schrott.

Hier ist die Kassette. Legst du sie mal ein? Spul' ein bisschen vor, da ist noch etwas anderes drauf ... Halt, hier fängt es an.

Hey, das ist ja Otto mit seinem neuen Audi.

Das vor dem Haus habe ich alles heimlich gefilmt, das hat keiner gemerkt.

Wer ist denn der Typ, der mit Tante Elfi kam?

Keine Ahnung, die hat doch dauernd einen anderen. Länger als 10 Tage hält die es mit keinem aus. Ich habe den Überblick verloren.

Haha. ... Mann, da ist die Oma ja endlich! Sieht doch noch eins a aus dafür, dass sie schon 80 ist. Ich finde unsere Oma richtig fotogen. Wie die rumtanzt – das könnte ein Clip von Tina Turner sein.

Halt mal an! Könntest du nochmal zurückspulen? Lass nochmal langsam laufen! Siehst du da hinten unseren Vater?

Wo?

Na, da hinten rechts im Garten.

Das sieht ziemlich dunkel aus.

MODERNE ZEITEN

Wenn du das mit einem Spot aufgenommen hättest, dann könnte man jetzt wunderbar sehen, …

… wie unser Alter da hinten im Garten sich um die Frau von Otto kümmert …

Chips für die Zukunft

Anne, eben ist Onkel Moritz gekommen mit dem Video von Omas Geburtstag. Das interessiert mich ja überhaupt nicht. Was liest du denn da?
Das ist eine Computerzeitschrift.
Seit wann interessierst du dich für Computer?
Ja, Mami, es dauert nicht mehr lange, dann werde ich auch so ein Teil brauchen.
Was kostet denn so was, Anne?
Das hängt von der Qualität ab. Mit 1200 Euro musste schon rechnen.
Und wer soll das bezahlen?
Da muss Paps halt mal etwas für die Erziehung seiner Tochter hinlegen.
Ob er damit einverstanden ist?
Guck mal, hier ist ein prima Angebot. Das besteht aus: Rechner, Tastatur und Bildschirm. Am teuersten ist der Rechner, aber wenn du alles zusammen nimmst, kriegst du den Drucker dazu geschenkt. Da sparst du ganze 400 Euro.
Was willst du denn mit so einem Computer?
Ja, Mami, das ist die Zukunft. Meine Freunde haben alle schon so ein Gerät zu Hause. Und

unser Mathelehrer hat gesagt, dass man heute nur noch mit PC- Kenntnissen studieren kann.
Also, Mädel, ich weiß nicht ... Darüber muss ich erst mal nachdenken. Am besten, du besprichst das mit deinem Vater.
Außerdem, wenn wir einen Computer hätten, könnte Paps die Steuererklärung damit machen, du könntest Briefe darauf schreiben. Und ich könnte jede Menge Software bekommen.
Was ist denn das schon wieder?
Na, die ganzen Programme, Raubkopien von den Spielen usw.
Also mir reicht meine alte Schreibmaschine. Mehr brauche ich nicht.
Mami, wir alle können so ein Ding gebrauchen. Würdest du mit Paps mal darüber reden? Auf dich hört er vielleicht.
Nee, meine liebe Anne, ich halte mich da raus!
Wenn ich einen Computer hätte, würde ich alle meine Referate darauf tippen. Und Rudi sagt, dass es ganz irre Lernprogramme gibt... Glaub' mir, ich würde nur noch Einsen in Physik und Mathe schreiben!
Haha, darüber kann ich nur lachen!
Im Ernst, ich brauche schnellstens so eine Maschine.
Und wenn du nach drei Wochen die Lust verlierst, dann steht die Kiste hier rum, und wir haben das viele Geld umsonst bezahlt.

MODERNE ZEITEN

HÖR ZU

A
Was ist hier los?
Ist 1, 2 oder 3 richtig?

1. Franz und Moritz diskutieren über das Fernsehprogramm. Dann sehen sie einen Videofilm. Danach sprechen Mutter und Tochter Anne über Computer.

2. Die Frau diskutiert mit ihrem Mann über das Fernsehprogramm. Dann sehen Franz und Moritz einen Videofilm. Danach sprechen Mutter und Tochter über Computer.

3. Franz diskutiert mit seiner Tochter Anne über Computer. Dann sieht er mit Moritz fern. Seine Frau kauft einen zweiten Fernseher.

B
Hören Sie sich den Dialog noch einmal an.
Entscheiden Sie, ob die Sätze richtig oder falsch sind

29 Programme | Ja | Nein
1. Franz und seine Frau sitzen im Kino.
2. Franz spielt mit der Fernbedienung des Fernsehers.
3. Sie sehen zusammen ein Fußballspiel.
4. Seine Frau möchte gern einen Film sehen.

Omas Clip
5. Moritz ist der Sohn von Franz.
6. Moritz bringt einen Videofilm mit.
7. Die Oma ist ein Rockstar.
8. Der Vater von Franz und Moritz hat einen neuen Mercedes.

Chips für die Zukunft
9. Anne interessiert sich für Computer.
10. Die Mutter möchte einen Computer kaufen.
11. Ein Computer kostet nur sehr wenig Geld.
12. Die ganze Familie kann am Computer arbeiten.

WÖRTER

MODERNE ZEITEN

29 Programme

die Fernbedienung, -en

der Sender, -

umschalten

zurückschalten

anmachen

einstellen

eigen

leise

der Lautsprecher, -

brummen

die Kurzwelle, -n

stellen

hell

saublöd ⟨!⟩

der Hollywood-Schinken, - ◊

am besten

ausmachen

die Glotze, -n ⟨!⟩

Omas Clip

der Clip, -s

Ding-Dong

das Video, -s

mitbringen

schneiden

fertig werden

klasse

der Schrott, -e (selten) ⟨!⟩

einlegen

vorspulen

der Audi, -s

filmen

der Überblick, -e

dauernd
sehr gut

eins a ◊

fotogen

rumtanzen ◊

zurückspulen

ziemlich

dunkel

der Spot, -s

aufnehmen

der Alte, -n ⟨!⟩
der Vater

sich kümmern um

Chips für die Zukunft

der Chip, -s

die Zeitschrift, -en

das Teil, -e ◊

so was ◊
so etwas

abhängen von

rechnen mit

das Angebot, -e

bestehen aus

der Rechner, -

die Tastatur, -en

der Bildschirm, -e

am teuersten

der Drucker, -

das Gerät, -e

die Mathe, ◊ die Mathematik

der PC
personal computer

die Kenntnis, -se

besprechen mit

die Menge, -n

die Software, -s

die Raubkopie, -n

die Schreibmaschine, -n

gebrauchen

sich raushalten

das Referat, -e

tippen

das Lernprogramm, -e

Eins

die Kiste, -n ◊

umsonst

Theorie

altmodisch

die Ausnahme, -n

bilden

bitten um

brauchen

die direkte Rede, -n

drücken

sich entscheiden für

die Erpressung, -en

der Frisör, -e

gebrauchen

das Geschenk, -e

höchstens

höflich

der Imperativ, -e

der Indikativ, -e

die indirekte Rede, -n

der Infinitiv, -e

der Knopf, Knöpfe

der Kollege, -n

der Konjunktiv, -e

meistens

melden bei

mindestens

das Präfix, -e

die Regel, -n

schnellstens

spätestens

träumen von

die Umgangssprache, -n

der Umlaut, -e

ungeduldig

die Unmöglichkeit, -en

die Wirklichkeit, -en

Praxis

die Anlage, -n

der Apfel, Äpfel

der Artikel, -

der Baum, Bäume	kratzen	die Sekunde, -n
der Bundespräsident, -en	löschen	der Sinn
der Clown, -s	Marokko	der Spezialist, -en
dick	das Militär, -s	das Suaheli
die Elektronik, -en	mitten	der Ton, Töne
elektronisch	das Motorrad, -räder	das Unglück, -e
empfangen	die Nähe, -n	der Unsinn
das Examen, -	persönlich	verändern
faxen	das Saxophon, -e	der Vogel, Vögel
das Gerät, -e	das Schiff, -e	wecken
gewinnen	das Schiffsunglück, -e	die Weltreise, -n
die Hexe, -n	die Schnecke, -n	wild
die Kaffeekanne, -n	der Schnupfen	der Zauberer, -
der Koran	die Seele, -n	zumindest

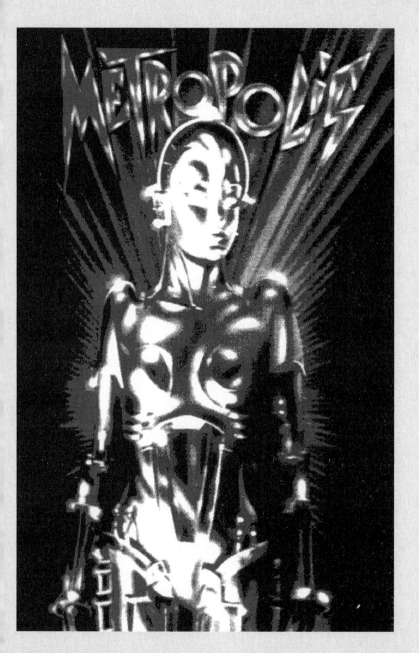

MODERNE ZEITEN

THEORIE

Ü 1,3,4,6,8

Konjunktiv 2

Würdest du bitte den Film wieder **einstellen**!
Das **könnte** ein Clip von Tina Turner sein.
Könntest du nochmal **zurückspulen**?
Würdest du bitte mal **aufhören**, mit der Fernbedienung zu spielen!
Wenn wir einen Computer **hätten**, **könnte** Paps die Steuererklärung damit machen.
Glaub' mir, ich **würde** nur noch Einsen in Physik und Mathe **schreiben**!

Formen des Konjunktiv 2

Die Form mit «würde»:

kaufen

ich würde kaufen	ihr würdet kaufen
du würdest kaufen	wir würden kaufen
er würde kaufen	sie würden kaufen

1. Form mit «würde»: *würden + Infinitiv*

Konjunktiv vom Präteritum

sein	haben	können	wollen
ich wär -e	ich hätt -e	ich könnt -e	ich wollt -e
du wär -est	du hätt -est	du könnt -est	du wollt -est
er wär -e	er hätt -e	er könnt -e	er wollt -e
wir wär -en	wir hätt -en	wir könnt -en	wir wollt -en
ihr wär -et	ihr hätt -et	ihr könnt -et	ihr wollt -et
sie wär -en	sie hätt -en	sie könnt -en	sie wollt -en

Präteritum:
ich war	ich hatte	ich konnte	ich wollte

2. Konjunktiv 2 (Präteritum):
Präteritum-Stamm mit/ohne Umlaut +Konjunktiv-Endung

1. Wünschen Sie sich etwas

Ich hätte gern einen Garten!

Ich würde gerne meinen Traummann kennen lernen!

1. einen Garten haben **2.** meinen Traummann kennen lernen **3.** ein Jahr Ferien haben **4.** auf ein großes Fest gehen **5.** viel Geld verdienen **6.** mit einem Schiff um die Welt fahren **7.** fünf große, starke Brüder haben **8.** Musik machen **9.** auf den Mond fliegen **10.** einen Computer kaufen **11.** Robert Redford treffen **12.** mit Marilyn Monroe ausgehen **13.** Tarzan kennen lernen **14.** Suaheli können **15.** ... **16.** ... **17.** ... usw.

2. Fragen zum Text

1. Worüber streiten sich Franz und seine Frau? **2.** Was tun Moritz und Franz? **3.** Was tat der «Alte» von Moritz und Franz auf dem Geburtstagsfest der Großmutter? **4.** Warum möchte Anna einen Computer haben? **5.** Was hält ihre Mutter davon? **6.** Haben Sie zu Hause auch manchmal Streit wegen elektronischer Geräte?

3. Ergänzen Sie die Formen des Konjunktivs

	haben	gehen	dürfen
ich	...	...	dürfte
du	...	...	...
er	hätte	...	...
wir	...	...	...
ihr	...	würdet gehen	...
sie	...	...	...

	sollen	sein	können
ich	...	...	...
du	...	...	könntest
er	...	...	...
wir	sollten	...	...
ihr	...	...	...
sie	...	wären	...

THEORIE

wie «**ich könnte**»: ich dürfte, du dürftest, er dürfte … usw.
ich müsste, du müsstest, er müsste … usw.

wie «**ich wollte**»: ich sollte, du solltest, er sollte …

Form mit «würde» oder Konjunktiv 2 (Präteritum)?

Ich hätte an deiner Stelle keine Geduld mehr.
Ich wäre schon lange sauer.
Ich könnte das nicht.

haben, sein und die Modalverben stehen immer im Konjunktiv 2.

Ich würde das sofort tun.
Ich würde es kaufen.

Normale Verben stehen in der gesprochenen Sprache meist in der Form mit «würde».

Achtung

Wenn ich **wollte**, würde ich morgen kommen. → **wollte = Konjunktiv 2**
Als ich gestern vorbeikommen **wollte**, war niemand da. → **wollte = Präteritum**

Konjunktiv vom Plusquamperfekt

ich	**hätte gekauft**		ich	**wäre gefahren**	
du	**hättest gekauft**		du	**wärest gefahren**	
er	**hätte gekauft**		er	**wäre gefahren**	
wir	**hätten gekauft**		wir	**wären gefahren**	
ihr	**hättet gekauft**		ihr	**wäret gefahren**	
sie	**hätten gekauft**		sie	**wären gefahren**	

3. Konjunktiv vom Plusquamperfekt: hätte/wäre + Partizip 2

4. Setzen Sie das Verb im Konjunktiv Plusquamperfekt ein

1. Wenn ich gestern Zeit *gehabt hätte*, wäre ich zu deiner Geburtstagsparty gekommen. (haben)

2. Wenn du in der Schule mehr .... und besser Spanisch ...., dann hättest du gestern den tollen Spanier kennen gelernt. (aufpassen/lernen)

3. Wenn ihr gestern nicht so spät ...., hätten wir eine tolle Radtour zusammen gemacht. (aufstehen)

4. Wenn das Haus nicht so teuer............ ...., hätten wir es sofort gekauft. (sein)

5. Wenn wir in den Ferien nicht so viel und so gut ...., wären wir nicht so dick geworden. (essen)

6. Wenn Hans besser Chinesisch ...., hätte der junge Mann aus Peking ihn verstanden. (sprechen)

7. Wenn du mich ...., dann hättest du jetzt nicht dieses Problem. (fragen)

8. Wenn du auf der Spielbank eine Million ...., dann könnten wir jetzt aufhören zu arbeiten. (gewinnen)

9. Wenn du dich mehr um Oma ...., dann wäre sie jetzt nicht so sauer. (kümmern)

PRAXIS

5. Wie heißt das Gegenteil?

1. anmachen

....

2. hell

....

3. am teuersten

....

4. indirekte Rede

....

5. ungeduldig

....

6. alt

....

7. fertig werden

....

8. saublöd

....

9. dauernd

....

THEORIE

Der Gebrauch des Konjunktivs

1. Höfliche Frage:

Würdest du bitte die Tür **öffnen**?
Könnte ich bitte **telefonieren**?

2. Wunsch:

Hätte ich doch einen Computer!
Wäre er jetzt doch bei mir!
Ich **hätte** so gerne **studiert**, aber ich musste Geld verdienen.

3. Wenn-Sätze:

Möglichkeit: mit Konjunktiv 2 vom Präteritum

Wenn ich einen Computer **hätte**, **könnte** ich ein Buch damit schreiben.

Das heißt: Ich habe noch keinen Computer, aber vielleicht kaufe ich bald einen und kann dann ein Buch damit schreiben.
→ **es ist noch nicht so, aber es ist möglich**

Unmöglichkeit: mit Konjunktiv 2 vom Plusquamperfekt

Wenn ich einen Computer **gekauft hätte**, **hätte** ich das Buch damit **geschrieben**.

Das heißt: Ich habe keinen Computer gekauft, deshalb habe ich das Buch anders (z.B. mit einer Schreibmaschine) geschrieben.
→ **jetzt ist es zu spät, also ist es nicht mehr möglich**

Wirklichkeit: mit Indikativ

Wenn du nicht zu Hause bist, komme ich nicht zu dir.

Das heißt: Du bist nicht zu Hause. Also komme ich nicht zu dir.
→ **Es ist wirklich, es passiert so.**

6. So eine Katastrophe! Wie wäre das nicht passiert?!

Sprechen Sie mit Ihrem Nachbarn darüber. Und erfinden Sie noch ein paar Katastrophen ....

A: Jetzt habe ich das Auto an den Baum gefahren.
B: Wenn du nicht so schnell gefahren wärest, wäre das nicht passiert.

1. Jetzt habe ich das Auto an den Baum gefahren! – nicht so schnell fahren
2. Jetzt habe ich die Kaffeekanne kaputtgemacht! – besser aufpassen
3. Jetzt bin ich zum Examen zu spät gekommen! – früher aufstehen
4. Jetzt habe ich Hans nicht mehr getroffen! – nicht zu spät zum Rendezvous kommen
5. Jetzt habe ich die Kassette von Omas Geburtstag gelöscht! – nicht mit dem Videorekorder spielen
6. Jetzt habe ich einen fürchterlichen Schnupfen! – gestern nicht schwimmen gehen
7. Jetzt habe ich das Baby geweckt! – nicht so laut Saxophon spielen
8. Jetzt hat Oma Halsschmerzen gekriegt! – nicht so schnell Motorrad fahren
9. Jetzt habe ich mir den Fuß gebrochen! – nicht so wild tanzen
10. Jetzt habe ich kein Geld mehr! – nicht zur Spielbank gehen

PRAXIS

7. Wenn-dann-Salat

1. alle meine Referate – darauf tippen – einen Computer – hätte, – wenn ich – würde ich
2. eigenes Programm – gekauft hättest, – jetzt sein – könnte jeder – mir einen – sehen – wenn du – zweiten Apparat
3. Briefe darauf – einen Computer – hätten, – könnte – machen, – Paps die – schreiben – Steuererklärung damit – und du könntest – wenn wir
4. den Film – gehe – ich – nicht sofort – wenn du – wieder anmachst,
5. dann steht – das viele Geld – die Lust – die Kiste – hier rum – nach drei Wochen – umsonst bezahlt – und wenn du – und wir haben – verlierst

MODERNE ZEITEN

THEORIE

Erpressung

Wenn du mir hilfst, dann bekommst du ein Geschenk.

Wenn du mir nicht hilfst, dann bekommst du kein Geschenk.

Manchmal geht es noch schneller:

Hände hoch, oder ich schieße!

8. Fragen Sie Ihren Nachbarn

PRAXIS

Was würden Sie tun, wenn ...

A: Was würden Sie tun, wenn Sie eine Million Euro gewinnen würden?
B: Wenn ich eine Million Euro gewinnen würde, würde ich nicht mehr arbeiten und eine Weltreise machen.

1. eine Million Euro gewinnen 2. Politiker sein
3. Deutschlehrer sein 4. Deutschbücher schreiben
5. wie Marilyn Monroe aussehen 6. wie Tarzan aussehen 7. nach einem Schiffsunglück allein auf einer Insel leben 8. eine Hexe/ein Zauberer sein
9. ein Vogel sein 10. einen Film machen 11. ... 12. ...
13. ... usw.

9. Erpressungen

Sagen Sie es mit einem Wenn-dann-Satz

Wenn du die Suppe nicht isst, bekommst du keinen Nachtisch.

1. zum Kind: Iss die Suppe! Oder du bekommst keinen Nachtisch.
2. zur Frau: Mach die Wohnung sauber! Oder ich kaufe dir das neue Kleid nicht.
3. zum Mann: Kauf mir das neue Kleid! Oder ich mache die Wohnung nicht sauber.
4. zum Bankbeamten hinter dem Schalter: Geben Sie mir das ganze Geld! Oder ich schieße.
5. zum Kapitalisten am Telefon: Kommen Sie mit einer Million Euro zum Bahnhof! Oder Sie sehen Ihre Frau nie wieder.
6. nochmal zum Kapitalisten: Rufen Sie die Polizei nicht! Oder Ihre Frau muss sterben.
7. zur Freundin: Geh mit mir heute Abend ins Kino! Oder ich gehe mit Ulla.
8. zum Freund: Nimm mich mit nach Paris! Oder ich lasse mich von Willy nach Monaco einladen.
9. zum Chef: ....
10. zur Oma: ....
11. zu ...: ....

MODERNE ZEITEN

THEORIE

Verben mit Präpositionen

mit der Fernbedienung **spielen**

Ich gehe mal **nach unserer** Tochter **schauen.**

Sie **hält** es **mit keinem** länger als 10 Tage **aus.**

Das **hängt von** der Qualität **ab.**

Du musst **mit** 100 Euro **rechnen.**

Das Angebot **besteht aus einem** Rechner, **einer** Tastatur und **einem** Bildschirm.

Am besten **besprichst** du das **mit deinem** Vater.

Ich **rede** mit Paps **über den** Computer.

Darüber kann ich nur **lachen.**

> Verb und Objekt werden oft mit einer Präposition verbunden.
>
> mit der Fernbedienung spielen
>
> **spielen + Dativ**

10. Bilden Sie Sätze   PRAXIS

1. Mutter und Vater – sich kümmern um – die Kinder

Mutter und Vater kümmern sich um die Kinder.

2. Moritz und Franz – reden über – ihr Vater

....

3. Der Politiker – sich ärgern über – die Wahl

....

4. Franz – diskutieren über – mit seiner Tochter – der Sinn eines Computers

....

5. Du – sich interessieren für – die neuesten Filme

....

6. Ich – sich erinnern an – die Bootstour bei Kreta

....

7. Was – du – denken über – der Umweltschutz zu Hause?

....

8. Das Kind – lachen über – der Clown

....

9. Andrea – sich bewerben um – die Stelle als Fremdsprachensekretärin

....

10. Ich – sich freuen auf – sehr – die nächste Übung zu den präpositionalen Verben

....

11. Sagen Sie Ihre Meinung

Diskutieren Sie. Finden Sie das richtig oder falsch?

1. Die Leute sollen mehr mit Bus und Zug und weniger mit dem Auto fahren. (Umweltverschmutzung, zu viele Autos, Freiheit) **2.** Die Militärs sollen mehr Geld bekommen. (Hunger auf der Welt, Freiheit) **3.** Atomkraftwerke sind gefährlich. (Umweltschutz, billige Energie) **4.** Die Deutschen sind freundlich. (nur zu anderen Europäern, leben mit vielen Ausländern)

MODERNE ZEITEN

THEORIE

Einige wichtige Verben

Verben mit Präp. und Akkusativ:

über
sich ärgern über
denken über
diskutieren über
sich freuen über
lachen über
nachdenken über
reden über
(auch von + Dat.)
sich unterhalten über
wissen über

auf
ankommen auf
sich freuen auf
hören auf
warten auf

um
sich bewerben um
bitten um
sich kümmern um

für
sich interessieren für
sich entscheiden für

an
denken an
sich erinnern an

Verben mit Präp. und Dativ:

mit
anfangen mit
aufhören mit
aushalten mit
sich beschäftigen mit
besprechen mit
einverstanden sein mit
fertig werden/sein mit
rechnen mit
sich unterhalten mit (Person)
sich verabreden mit
verbinden mit
sich verstehen mit

von
abhängen von
halten von
träumen von
reden von
(auch: über + Akk.)

nach
fragen nach
schauen nach
sehen nach

aus
bestehen aus
werden aus

zu
einladen zu
gehören zu

12. Partnerübung
Mit wem bist du verabredet?

Vergessen Sie nicht: Akkusativ oder Dativ!

1. Mit wem bist du verabredet? (meine Freundin)
   Mit wem bist du verabredet?
   Ich bin mit meiner Freundin verabredet.
2. Woran denkst du gerade? (gar nichts)
3. Mit wem hast du dich vorhin unterhalten? (der Chef unseres Büros)
4. Worüber ärgerst du dich denn so? (mein kaputter Computer)
5. Womit bist du nicht einverstanden? (eure Pläne für die Ferien)
6. Worüber freust du dich so? (meine neue Liebe)
7. Mit wem soll ich Sie verbinden? (meine Mutter in Moskau)
8. Über wen lachen die Kinder so laut? (den Clown)
9. Von wem redest du so unfreundlich? (mein Bruder)
10. Worauf kommt es bei diesem Rätsel an? (eine schnelle Antwort)
11. Nach wem fragt der kleine Junge? (sein Vater)
12. Worüber habt ihr gestern so lange diskutiert? (der Krieg)
13. Auf wen warten Sie hier? (der Arzt)
14. Wozu lädst du mich ein? (ein Abend im Theater)
15. An wen kannst du dich nicht mehr erinnern? (mein Großvater)

PRAXIS

13. Welches Wort fehlt hier?

1. Ton, Sprache und Musik kommen aus dem .... aber nicht das Bild.
2. Du findest das Bild zu dunkel? Soll ich es .... stellen?
3. Seit wir .... haben und 30 Programme auf einmal empfangen können, haben wir nur noch Streit in der Familie.
4. Die kurzen Videofilme der Musikstars heißen auf Deutsch ....
5. Am Anfang muss man eine Kassette in das Videogerät ....
6. Wer auf einem Foto gut aussieht, ist ....
7. Die kleinen .... machen den Computer zum Computer.
8. Ob Fernsehen oder Computer, wir sehen alles auf dem ....

MODERNE ZEITEN

THEORIE

Noch einige Beispiele:

Mit Akkusativ

Andrea bewirbt sich **um einen Job**.
Karin ärgert sich **über den Regen**.
Wir unterhalten uns **über das Buch**.
Ich freue mich **auf die Radtour**.
Erinnerst du dich **an mich**?

Mit Dativ

Ich fange **mit der Arbeit** an.
Der Tourist fragt **nach dem Weg**.
Das Kind gehört **zu mir**.
Von wem redest du? - Ich rede **von meiner Schwester**.

Erinnern Sie sich?

Wofür interessierst du dich?
Für Politik.
Dafür interessierst du dich.

SACHE → wofür, woran, wozu

Für wen interessierst du dich?
Für Hans.
Für ihn interessierst du dich also.

PERSON → für wen, an wen, zu wem, ...

14. Wie heißt die richtige Antwort?

1. Woraus besteht eine Computer-Anlage? (ein Rechner, ein Bildschirm und eine Tastatur)

Eine Computer-Anlage besteht aus einem Rechner, einem Bildschirm und einer Tastatur.

2. Mit wem bist du verabredet? (ein Freund aus Marokko)

....

3. Von wem träumt Mister Universum? (Miss World)

....

4. Wozu hat Edgar eingeladen? (sein Geburtstagsfest)

....

5. Wovon hängt unsere Fahrradtour ab? (das gute Wetter)

....

6. Womit beschäftigt sich ein Psychologe? (die Seele des Menschen)

....

7. Zu wem gehören diese Kinder? (das Paar aus der Schweiz)

....

8. Wonach hast du gefragt? (das neueste Buch von Salman Rushdie)

....

9. Mit wem hast du dich verabredet? (der tolle Typ aus der Disko)

....

10. Mit wem wollen Sie verbunden werden? (der Bundespräsident)

....

15. Welches Wort passt hier nicht?

1. Programm – ausmachen – Fernbedienung – Lautsprecher – Alter – einstellen
2. Video – schneiden – Audi – vorspulen – Apparat
3. Computer – Lautsprecher – Chip – Drucker – Lernprogramm
4. Referat – Schule – Lehrer – Zirkus – Physik
5. Schreibmaschine – lachen – Papier – Tastatur – tippen
6. Geburtstagsfest – Familie – Video – Umweltschutz – filmen – essen

THEORIE

Der Imperativ

Glaub mir!
Lass nochmal langsam laufen!
Jetzt **hör** doch **auf**, Franz!
Schalte doch mal **zurück**!

Imperativ 2. Person Singular

	gesprochen:	geschrieben:
holen	**Hol** ein Kilo Wurst!	**Hole**...!
sagen	**Sag** das Wort noch einmal!	**Sage**...!
kaufen	**Kauf** keine Tomaten!	**Kaufe**...!

Imperativ 2. Person Singular:
2. Person Singular Präsens ohne -st

Unregelmäßige Verben

vergessen	**Vergiss** das bitte nicht!
essen	**Iss** das Brot, es ist gut!
unternehmen	**Unternimm** etwas gegen diese Person!

Sie müssen immer überlegen: Wie heißt die 2. Person Singular Präsens?

Mit Umlaut

schlafen (du schläfst)	**Schlaf** heute auf dem Sofa!
waschen (du wäschst)	**Wasch** dich bitte!
laufen (du läufst)	**Lauf** nicht weg!

Verben mit Umlaut (a → ä, au → äu):
Imperativ = Infinitiv ohne -en

16. Sagen Sie es direkter

PRAXIS

1. Könntest du mich morgen besuchen?
   Besuch mich bitte morgen!
2. Würdest du den Hund nehmen?
3. Würdest du mir helfen?

4. Könntest du Ferdi auch einladen?
5. Würdest du mir endlich das Geld geben?
6. Würdest du bitte jetzt nicht stören?
7. Könntest du jetzt bitte nicht verrückt werden?
8. Würdest du das vorher mit Ulla klären?
9. Würdest du das bitte nicht vergessen?
10. Könntest du dir das mal anschauen?
11. Könntest du mit der nächsten Maschine fliegen?
12. Würdest du dich einen Moment setzen?
13. Würdest du dich ein letztes Mal mit mir treffen?
14. Könntest du mich an meinem Geburtstag besuchen?
15. Würdest du das bitte vergessen?

17. Welcher Imperativ fehlt hier?

erzählen – geben – laufen – lesen – anrufen – ausziehen – stellen – vorbeikommen – unternehmen – sein

1. .... das Buch! Es ist wirklich toll!
2. .... das Radio ein bisschen leiser!
3. .... mir die Geschichte noch einmal von vorn!
4. .... bitte nicht das ganze Geld aus!
5. .... nicht so schnell. Ich komme kaum mit.
6. .... etwas gegen dieses Schwein!
7. .... doch ein bisschen nett zu mir!
8. .... wenn du nicht mehr mit mir leben willst!
9. .... mich bitte nicht vor acht Uhr morgens … !
10. .... doch morgen nach dem Essen … !

MODERNE ZEITEN

THEORIE

Trennbare Verben

anrufen	**Ruf** mich morgen **an**!
reingehen	**Geh** schon **rein**, ich komme gleich!
vorschlagen	**Schlag** etwas anderes **vor**!

Auch im Imperativ kommt **das Präfix** (ab/an/auf/aus/ein/herein/mit...) **an das Ende des Satzes**

Verben auf -ten, -den, -men, -nen: Imperativ 2. Person Singular mit -e

genauso: Verben auf **-eln** und **-ern**

behandeln	**Behand(e)le** sie nicht so schlecht!
ändern	**Änd(e)re** dich!
klingeln	**Kling(e)le** bitte nicht!

haben – werden – sein

haben	**Hab** Geduld!
werden	**Werde** nicht ungeduldig!
sein	**Sei** nicht ungeduldig!

Einige wichtige Imperativ-Formen

nehmen	→	nimm!	sehen →	sieh!
geben	→	gib!	tragen →	trag!
einladen	→	lad ein!	treffen →	triff!
schlafen	→	schlaf!	essen →	iss!
waschen	→	wasch!	helfen →	hilf!
tun	→	tu!	lesen →	lies!

Keine Regel ohne Ausnahme!

flirten
Flirte nicht so viel mit meiner Freundin!

melden
Melde dich bei mir, wenn du zurück bist!

atmen
Atme tief und langsam!

18. Wie heißt der Imperativ? 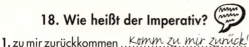 PRAXIS

1. zu mir zurückkommen ..*Komm zu mir zurück!*
2. noch schnell bei der Post vorbeifahren 3. dein Zimmer endlich aufräumen
4. sich für den neuen Kurs anmelden 5. sich elegant für das Fest anziehen
6. das ganze Geld nicht in einer Nacht ausgeben 7. sich nicht kratzen 8. sich
über die verlorenen 100 Euro ärgern 9. den Film zwei Minuten zurückspulen
10. sich den neuen Film von Klaus Kinski anschauen 11. zu einem Spezialisten
gehen 12. das Bild besser einstellen 13. auf ein anderes Programm umschalten
14. sich aus dieser Geschichte raushalten 15. in der Nähe einkaufen

19. Kreuzworträtsel

1. Die Stelle, wo unsere Oma tanzt, kommt erst in fünf Minuten. Du musst den Videofilm also … . 2. Einen … kann man selbst machen oder ausleihen.
3. Filmen oder … . 4. Die kleine … trägt Musik, die große trägt den Film.
5. Hier kommen gute und schlechte amerikanische Filme her. 6. Auf der … stehen alle Buchstaben für den Rechner. 7. Wer keine Lust hat aufzustehen, nur weil er ein anderes Programm sehen will, der drückt einfach auf die … . 8. Ein Computer besteht aus Bildschirm, Tastatur und … .

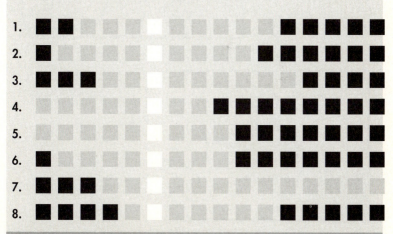

Lösung: Computer-Programme

MODERNE ZEITEN

THEORIE

Wie sage ich es am besten?

sehr freundlich
Könntest du mir (bitte) helfen?
Würdest du mir (bitte) helfen?

freundlich
Hilfst du mir (bitte)?
Hilf mir (bitte)!

unfreundlich
Helfen, hab ich gesagt!

20. Erinnern Sie sich an die Geschichte? **PRAXIS**

Hören Sie den Dialog nochmal.
Was stimmt: a, b oder c?

29 Programme

1. Franz sitzt vor dem Fernseher und
   - a sieht Nachrichten.
   - b macht seine Frau nervös.
   - c hat zwei Fernseher.

2. Seine Frau möchte, dass er
   - a dauernd auf ein anderes Programm umschaltet.
   - b lauter spricht.
   - c aufhört, dauernd umzuschalten.

3. Sie kann
   - a Hollywood-Schinken nicht leiden.
   - b brummen wie ein Lautsprecher.
   - c Hollywood-Schinken gut leiden.

Omas Clip

4. Moritz und Franz sehen
   - a ein Video von Omas Geburtstag.
   - b einen Hollywood-Schinken.
   - c einen Clip mit Tina Turner.

5. Oma
   - a ist fotogen und tanzt gut.
   - b sitzt mit der Frau von Otto im Garten.
   - c hat einen neuen Audi.

6. Der Vater von Moritz und Franz
   - a tanzt mit Tina Turner.
   - b sieht gut aus für seine 80 Jahre.
   - c sitzt mit Ottos Frau im Garten.

Chips für die Zukunft

7. Anne möchte
   - a ein Videogerät.
   - b einen Fernseher mit Fernbedienung.
   - c einen Computer.

8. Ihre Mutter
   - a findet das toll.
   - b möchte den Computer sofort bezahlen.
   - c ist nicht sofort einverstanden.

9. Anne möchte mit dem Computer
   - a schreiben und lernen.
   - b spielen und lesen.
   - c die Steuererklärung machen.

MODERNE ZEITEN

THEORIE

Indirekte Rede

Indirekte Rede	Direkte Rede
Unser Mathelehrer hat gesagt, dass man heute nur noch mit EDV-Kenntnissen studieren kann.	Unser Mathelehrer hat gesagt: «Man kann heute nur noch mit EDV-Kenntnissen studieren.»
Rudi sagt, dass es irre Lernprogramme gibt.	Rudi sagt: «Es gibt irre Lernprogramme.»

Indirekte Rede: Hier ändert sich etwas!

Ich sage zu Paul:	«Ich gebe **dir** das Buch.»
	, dass ich **ihm** das Buch gebe.
Paul sagt zu mir:	«**Ich gebe dir** das Buch.»
	, dass **er mir** das Buch **gibt**.
Ihr sagt:	«Das ist **unser** Auto.»
	, dass das **euer** Auto ist.
Herr Muscholl sagt:	«**Morgen** kommt Ulf.»
	, dass Ulf **am nächsten Tag** kommt.
Heinz sagte:	«**Heute habe ich** frei.»
	, dass **er an diesem Tag** frei **hatte**.

SPIELFILME

20.40 ARTE

Mrs. Parker und ihr lasterhafter Kreis

Elegant inszenierte Künstlerbiografie

>>> **Porträt** Mrs. Parker – das ist die amerikanische Schriftstellerin und Journalistin Dorothy Parker (1893–1967). Sie schreibt Kritiken, Drehbücher, Kurzgeschichten, Gedichte, berichtet aus dem Spanischen Bürgerkrieg. Ihre Sprache: pointiert, präzise, scharfzüngig. In den 20er Jahren trifft sie sich täglich mit anderen Künstlern in New York zu der legendären „Algonquin"-Tafelrunde, die das kulturelle Leben bestimmt. Privat aber erlebt Dorothy Parker viel Kummer. – Mosaikhaft schildert Alan Rudolph die New Yorker Bohème und das Lieben, Lästern und Leiden der Autorin, die Jennifer Jason Leigh brillant verkörpert. (VPS 20.45= 131-221) **HZ**

21. Sagen Sie es indirekt

1. Der Arzt sagt mir: «Hören Sie auf mit dem Rauchen!»

Der Arzt sagt mir, dass ich mit dem Rauchen aufhören soll.

2. Der Chef sagt ihr: «Kommen Sie früher!» **3.** Ich sage euch: «Beklagt euch nicht. Das hilft nichts!» **4.** Du hast ihm gesagt: «Stör mich nicht!» **5.** Die Großmutter sagt: «Ich verstehe nichts von diesen elektronischen Geräten.» **6.** Herr Schreiner sagt dir: «Schauen Sie sich den Film an!» **7.** Ich sage dir: «Schau dir den Film an!» **8.** Ich habe dir schon tausendmal gesagt: «Schließ die Tür, wenn du aus dem Haus gehst!» **9.** Sigrid sagt zu ihm: «Lass mich in Ruhe!» **10.** Eva sagt ihrem Kollegen: «Bleib zu Hause. Ich mache die Arbeit schon.» **11.** Herr Trödler sagt Andrea: «Kochen Sie Kaffee!» **12.** Andrea sagt Herrn Trödler: «Suchen Sie sich eine andere Sekretärin!» **13.** Sie sagt ihm: «Bezahlen Sie mehr!» **14.** Willy sagt: «Ich möchte Elektronik studieren.»

22. Setzen Sie in die indirekte Rede

1. Willy Wacker sagt: «Ich gehe nicht wählen.»

Willy Wacker sagt, dass er nicht wählen geht.

2. Wir sagen dir: «Es ist fünf vor zwölf.» **3.** Vera Fischer meint: «Spanisch ist schön.» **4.** Ich meine: «Ausländer werden nicht immer gut behandelt.» **5.** Du sagst: «Noch ist es nicht zu spät.» **6.** Stefan Meyer meint: «Zuerst muss ich darüber nachdenken.» **7.** Dorothee Schneider meint: «Zu viel Arbeit ist zu viel Arbeit». **8.** Jürgen Kaulmann meint: «Ich habe keine Lust mehr.» **9.** Lea Adler meint: «Ihr müsst etwas unternehmen.» **10.** Ingrid Petri meint: «Ich sehe das nicht so.» **11.** Michael Seifried meint: «Das ist alles sehr kompliziert.» **12.** Ernst sagt: «Nächste Woche fahre ich nach Italien.» **13.** Die Sekretärin sagt am Telefon: «Wir faxen Ihnen die Unterlagen.»

THEORIE

Indirekte Fragen

direkt	indirekt
Ich frage dich: «Wie viel Uhr ist es?»	Ich frage dich, wie viel Uhr es ist.
Ich frage dich: «Wo ist das Theater?»	Ich frage dich, wo das Theater ist.
Er fragt: «Gibt es hier Bier?»	Er fragt, ob es hier Bier gibt.
Du fragst mich: «Kommst du morgen?»	Du fragst mich, ob ich morgen komme.

genauso:

Wo ist das Rathaus?	Können Sie mir sagen, wo das Rathaus ist?
Stimmt das?	Ich weiß nicht, ob das stimmt.

Indirekter Imperativ

Ich sage dir: «**Geh** nach Hause!»
Ich sage dir, dass **du** nach Hause **gehen sollst**.

Er sagt uns: «**Kommt** morgen wieder!»
Er sagt uns, dass **wir** morgen wieder **kommen sollen**.

Der indirekte Imperativ wird mit «sollen» gebildet.

23. Verbinden Sie

PRAXIS

Manchmal kann es mehrere Möglichkeiten geben. Probieren Sie, was passt.

1. Kannst du mir sagen,
2. Wissen Sie nicht,
3. Ich weiß wirklich nicht,
4. Können Sie mir sagen,

a wer das Auto gerade hat.
b ob sie morgen Zeit haben.
c ob ich zu früh gekommen bin?
d dass hier Rauchen verboten ist?

genauso:

5. Er fragt mich,
6. Ich frage mich,
7. Wir fragen euch,
8. Eva fragt Adam,

a wann ihr das nächste Mal kommt.
b ob er den Apfel essen will.
c was ich auf dieser Welt noch zu tun habe.
d ob ich kommen will.

24. Wie heißen Artikel und Plural des Wortes?

1. ...... Übersetzer ....
2. ...... Tochter ....
3. ...... Rechner ....
4. ...... Bürgerinitiative ....
5. ...... Meinung ....
6. ...... Lautsprecher ....
7. ...... Spruch ....
8. ...... Gesellschaft ....
9. ...... Bürger ....
10. ...... Zeitschrift ....
11. ...... Stimme ....
12. ...... Neffe ....
13. ...... Drucker ....
14. ...... Sohn ....
15. ...... Gerät ....
16. ...... Kenntnis ....
17. ...... Apparat ....
18. ...... Stiefsohn ....

MODERNE ZEITEN

THEORIE

Drei besondere Verben

lassen

So sagt man	Das meint man
Lass das!	Tu das nicht!
Lass mich in Ruhe!	Stör mich nicht!
Lass das vorlaufen!	Drück auf den Knopf, damit die Kassette vorgespult wird.
Lass dir die Haare schneiden!	Geh zum Frisör, damit er dir die Haare schneidet!

brauchen & gebrauchen

Ich **brauche** Hilfe.
Brauchst du noch mehr Geld?

brauchen = nötig haben

Du **brauchst** das **nicht** (**zu**) sagen.
Du kannst das Auto nehmen, du **brauchst nicht** mehr (**zu**) fragen.

nicht brauchen (zu) = nicht müssen

Fritz **gebraucht** den neuen Apparat zum ersten Mal.
Er spricht so komisch, er **gebraucht** ganz altmodische Wörter.

gebrauchen = benutzen

Zeig mir das Buch mal! Ich kann es gut **gebrauchen**.
Zeig mir das Buch mal! Ich kann es gut **brauchen**.

gebrauchen können = brauchen können

25. Bilden Sie Sätze mit «lassen»

1. Sagen Sie, dass Frau Müller Sie anrufen soll.
   Lassen Sie Frau Müller anrufen!
2. Sagen Sie, dass Ihr Chef bezahlen soll.
3. Sagen Sie, dass Ihr Arzt schnell kommen soll.
4. Sag, dass man dich entschuldigen soll.
5. Sag, dass Jochen das tun soll.
6. Sag, dass sie dir das wiedergeben sollen.
7. Sagen Sie, dass sie das Auto nicht kaputtmachen sollen.
8. Sag, dass sie dir nichts Falsches erzählen.

26. Sagen Sie's anders

Lassen Sie die Sätze nicht so stehen, sondern gebrauchen Sie die drei Verben **lassen**, **(ge)brauchen** und **aussehen**, damit die Sätze anders aussehen. Denken Sie zuerst nach, bevor Sie die Lösung im Schlüssel suchen.

1. Bitte, Herr Schulz, *ich möchte jetzt nicht gestört werden.*
   Lassen Sie mich jetzt in Ruhe!
2. *Ich finde Madonna nicht schön.*
3. *Ihm fehlen noch 1000 Euro.*
4. Der Computer scheint kaputt zu sein. *Es gibt Probleme.*
5. So, du fährst ohne Fahrschein. *Pass auf, dass der Kontrolleur dich nicht erwischt.*
6. Das Haus ist schon 40 Jahre alt? *Es ist noch in Ordnung und wie neu.*
7. Hast du keine Einladung bekommen? *Sag Matthias, dass er dich einladen soll.*
8. Du musst sagen, *wenn jemand dir helfen soll.*
9. Schön, dass du ein Buch über Computer gekauft hast. *Ich habe Fragen und glaube, dass das Buch helfen kann.*
10. Bist du krank? *Ich würde sagen, es geht dir nicht gut.*
11. Müssen Sie schnell zum Bahnhof? *Sagen Sie Ihrer Sekretärin, dass sie Sie fahren soll.*

THEORIE

aussehen

So sagt man: | **Das heißt es:**

Die Oma sieht für ihre 80 Jahre aber noch jung aus. — Oma ist 80 Jahre alt, sie scheint jünger.

Inge sieht sehr gut aus. — Sie ist schön.

Das sieht nicht gut aus. — Die Situation ist problematisch.

Der Superlativ

Am teuersten ist der Rechner.
Michael Schuhmacher fährt **am schnellsten**.
Der Mount Everest ist **am höchsten**.
Mohammed spricht **am besten** Deutsch.

am besten	der beste
am höchsten	der höchste
am schnellsten	der schnellste
am schönsten	der schönste
am teuersten	der teuerste
am wenigsten	.....

Dieser Rechner *ist am teuersten*. — Das ist **der teuerste** *Rechner*.
Schuhmacher *fährt* **am schnellsten**. — Schuhmacher ist **der schnellste** *Fahrer*.

am teuersten → beim Verb	der teuerste → vor dem Substantiv

am teuersten wird nicht verändert

27. Setzen Sie ein

am besten – am höchsten – höchstens – am langsamsten – am meisten – meistens – mindestens – am schönsten – schnellstens – spätestens – am wenigsten

1. Maria Callas sang ....
2. Der Rolls Royce kostet ....
3. .... sprechen Sie mit dem Chef persönlich.
4. .... in zwei Tagen wird er wieder zurück sein.
5. .... kostet es nicht mit dem Flugzeug oder mit dem Zug, sondern mit dem Bus.
6. Ich brauche .... ein neues Auto. Mein altes ist kaputt.
7. Er wird .... zwei Monate für diese Tour brauchen. In vier Wochen schafft das keiner!
8. .... ist der Mount Everest.
9. .... geht die Schnecke. Sie braucht von Köln nach Bonn 2 Jahre.
10. Die Mohammedaner haben .... vier Frauen. Mehr erlaubt der Koran nicht.
11. Abends gehe ich nicht viel weg. .... bleibe ich zu Hause.

THEORIE

Besondere Form: Superlativ + s

1. Ich brauche **schnellstens** so eine Maschine, oder ich kann nicht mit der Arbeit anfangen.
2. Ich fahre nicht oft mit dem Auto in die Stadt. **Meistens** nehme ich den Bus.
3. Ich komme **spätestens** am Montag. Wenn ich kann, komme ich schon früher.
4. Ich brauche **mindestens** 700 Euro für Miete und Essen. Mit weniger Geld kann ich nicht leben.
5. Ich kann **höchstens** zwei Wochen in Urlaub fahren. Mehr Zeit habe ich nicht.

1. schnellstens	=	so schnell wie möglich
2. meistens	=	sehr oft
3. spätestens	=	auf keinen Fall später als
4. mindestens	=	weniger geht nicht
5. höchstens	=	mehr geht nicht

Achtung
Umgangssprache

So sagt man:	Das heißt es:
Das ist ja nicht zum Aushalten!	Niemand kann das aushalten.
Ein richtiger Hollywood-Schinken	Ein sehr sentimentaler Film aus Hollywood
Im Fernsehen läuft nur Schrott.	Im Fernsehen läuft kein guter Film, keine gute Sendung.
So ein Teil	So ein Apparat (Teil = Sache)
Ich halte mich da raus!	Es ist nicht mein Problem. Ich möchte mich nicht darum kümmern.
Jede Menge Software	Viel, viel Software
Klasse!/Irre!	Sehr gut!/Toll!

28. Mini–Dialog

PRAXIS

- **A:** Würdest du **mir die Zeitung geben**?
- **B:** Einen Moment noch.
- **A:** **Gibst du mir** bitte **die Zeitung**?
- **B:** Warte noch fünf Minuten!
- **A:** **Gib mir sofort die Zeitung**!
- **B:** Warum **regst du dich so auf**?

1. mir die Zeitung geben – noch fünf Minuten warten – sich so aufregen
2. Zigaretten holen – noch ein bisschen Geduld haben – selbst gehen
3. auf das andere Programm umschalten – eine Sekunde warten – sich ärgern
4. bei Dr. Brinkmann anrufen – nicht so ungeduldig sein – mich in Ruhe lassen
5. beim Aufräumen helfen – warten, bis der Film zu Ende ist – ohne mich aufräumen
6. sich diesen Artikel in der Zeitung anschauen – nicht so ungeduldig sein – nicht so laut sprechen

- **A:** **Denkst du** an die Zeitung?
- **B:** **Woran** soll ich denken?
- **A:** An die Zeitung. Du sollst **sie** Mama mitbringen.
- **B:** Ich habe schon **daran** gedacht.

- **A:** **Sprichst du** mit Hans?
- **B:** **Mit wem** soll ich sprechen?
- **A:** Mit Hans. Du sollst **ihn** einladen.
- **B:** Ich habe schon **mit ihm** gesprochen.

1. an die Zeitung denken – Mama mitbringen
2. mit Hans sprechen – einladen
3. sich um die Kinder kümmern – vom Konzert abholen
4. an Maria denken – zum Essen einladen
5. über den Ausflug nachdenken – gut organisieren
6. nach dem Rehrücken schauen – nicht zu lange braten
7. nach dem Preis fragen – deinem Chef geben
8. sich mit dem Chef unterhalten – um mehr Geld bitten
9. nach dem Nachbarn schauen – jeden Tag besuchen
10. sich um die Rechnung kümmern – heute noch bezahlen

MODERNE ZEITEN

HÖR & SPIEL

A

Hören Sie das Gespräch «Im Geschäft» zwischen den beiden Brüdern Franz und Moritz und beantworten Sie dann die Fragen 1-3.

1. Moritz und Franz treffen sich in einem Fernsehgeschäft.
Ja ▪   Nein ▪

2. Franz ist dort Verkäufer.
Ja ▪   Nein ▪

3. Moritz möchte einen zweiten Fernseher kaufen.
Ja ▪   Nein ▪

B

Jetzt lesen Sie die nächsten Aufgaben. Dann hören Sie ein zweites Mal. Was ist hier richtig?

1. Franz möchte
a einen Computer kaufen.
b einen Fernseher kaufen.
c ein Videogerät kaufen.

2. Moritz hat zu Hause
a fünf Fernsehapparate.
b drei Kinder.
c keinen Fernseher.

3. Franz sucht einen
a Schwarz-Weiß-Fernseher mit Fernbedienung.
b Farbfernseher ohne Kabelanschluss.
c Farbfernseher mit Fernbedienung und Kabelanschluss.

4. Der Fernseher
a hat einen Bildschirm von zwei Metern.
b kostet 1099 Euro.
c gefällt Franz nicht.

5. Franz
a kauft den Fernseher.
b schenkt seinem Bruder einen Videorekorder.
c findet den Apparat zu teuer.

C
Erklären Sie kurz

1. Warum kommt Franz in das Fernsehgeschäft?

....
....
....
....

2. Was für einen Fernsehapparat sucht er?

....
....
....
....
....

D
Erzählen Sie die Geschichte weiter.

Was passiert an diesem Abend in der Familie von Franz?

Spiel
Sagen Sie niemals «ja» oder «nein»!

Wählen Sie eine Person im Kurs aus. Sie soll viele Fragen beantworten und darf nie «ja» oder «nein» sagen. Versuchen Sie so zu fragen, dass die Person fast ja sagen muss! Wenn die Person dann den Fehler macht und «ja» oder «nein» sagt, kommt der Nächste dran.

Frage: Bist du Italiener?
Antwort:
Ich komme aus Rom.

Frage: Hast du heute Morgen gefrühstückt?
Antwort: *Ich habe ein Brot gegessen ...*

Maxi-Dialog

A war heute Nacht zu Hause. Trotzdem hat ein Dieb ihm den Fernseher aus dem Schlafzimmer gestohlen. **A** hat nichts gemerkt. Jetzt geht **A** zum Polizeipräsidium und macht eine Anzeige bei Polizist **B**. **B** will die Geschichte über den superteuren gestohlenen Fernseher nicht glauben.

C ist Familienvater. Sein Sohn **D** möchte unbedingt einen Computer haben. Aber **C** meint, die Technik und die Elektronik bringen das Ende unserer Kultur und Zivilisation.

MODERNE ZEITEN

LEKTÜRE

ELEKTRONISCHE KULTUR

Ohne Chips geht nichts mehr. Die Elektronik ist für uns inzwischen so wichtig wie Wasser und Brot. Egal, was wir tun – im Zug fahren, beim Arzt sitzen, Nachrichten schauen, Musik hören oder telefonieren – immer ist ein Computer in der Nähe oder zumindest Elektronik im Spiel. Und wenn wir den Rucksack nehmen und raus in die Natur gehen, dann sind vielleicht die neuen Wanderschuhe mit Hilfe eines Computers hergestellt worden. Ohne Chips geht nichts mehr.

Unsere Welt verändert sich so schnell, dass viele Leute denken: «Wir leben ja schon mitten in der Zukunft.» Früher, um 1800, dauerte es Monate, bis eine Nachricht um die Welt ging. Heute kratzt sich der japanische Regierungschef hinter dem Ohr, und zwei Minuten später kann das jeder auf der Welt wissen. Früher brauchte ein Brief von Berlin nach Rio vielleicht vier Monate – heute lässt er sich in Sekunden faxen.

Elektronik gehört zum Leben. Was automatisch läuft, ist auch modern: Garagentür mit Fernbedienung, Musikanlage mit Fernbedienung, Anrufbeantworter mit Fernbedienung…

Blöd wird es nur, wenn Fernbedienung oder Gerät kaputtgehen. Dann braucht man einen Spezialisten, oder man muss einen neuen Apparat kaufen. Und blöd ist es immer wieder, wenn abends der Mann vor dem Fernseher mit der Fernbedienung spielt und die Frau ungeduldig wird und schimpft: «Jetzt hör doch endlich auf… !»

	Ja oder nein?	Ja	Nein
1.	Die meisten Menschen im Westen leben ohne Elektronik.	☐	☐
2.	Wanderschuhe sind elektronisch.	☐	☐
3.	Für viele Menschen hat die Zukunft schon begonnen.	☐	☐
4.	Vieles geht schneller als früher.	☐	☐
5.	Sekunden werden gefaxt.	☐	☐
6.	Vieles, was man früher mit der Hand machte, geht heute automatisch.	☐	☐
7.	Kaputte elektronische Geräte sind ein Problem.	☐	☐
8.	Die Fernbedienung der Fernseher trägt oft Streit in die Familien.	☐	☐

MODERNE ZEITEN

TEST 3

1. Hören Sie die Fragen von der CD.
Wie heißen die richtigen Antworten?

1. a Ja, wenn man alleine umzieht.
   b Nun, wenn der Vater zum Beispiel weg ist.
   c Sich ohne Hilfe anziehen.

2. a Besser ist es schon.
   b Mein Vater ist in Polen aufgewachsen.
   c Wenn das Kind allein erziehend ist.

3. a Wenn der Psychologe kommt.
   b Na der, der halt Probleme hat.
   c Ich habe einen Kater.

4. a Ja, natürlich!
   b Immer schneller!
   c Spätestens morgen!

5. a Er legt keine Platte auf.
   b Abends beruhige ich mich immer.
   c Da soll ich ruhig bleiben.

6. a Ich finde, dass wir leben.
   b Demokratie finde ich problematisch.
   c Dazu habe ich keine Meinung.

7. a Besser wäre ohne – ich bin dagegen.
   b Er arbeitet in einem Atomkraftwerk.
   c Wir haben eine Atombombe zu Hause.

8. a Das stimmt nicht.
   b Mir ist mein Pass egal.
   c Da hast du Recht.

9. a Weniger als die Grünen.
   b In der Öffentlichkeit gibt es keine Partei.
   c Wir haben immer Streit.

10. a Es geht nicht.
    b Weil das eben so ist.
    c Es geht um die Ausländer.

2. Was passt hier: a, b oder c?

1. Nachdem der Arzt sie besucht ... , ging es ihr viel besser.
   - a war
   - b hatte
   - c hat

2. Die Lautsprecher ... Fernsehers sind kaputt.
   - a der
   - b des
   - c die

3. Kinder ... meistens von Vater und Mutter erzogen.
   - a müssen
   - b wird
   - c werden

4. Du ... Mann! Geht es dir nicht gut?
   - a armer
   - b arme
   - c armen

5. An deiner Stelle ... ich zur Polizei gehen.
   - a wurde
   - b würde
   - c könnten

6. Ich träume ... Reise nach Afrika.
   - a von einer
   - b auf eine
   - c um eine

7. Wenn er Geld ... , würde er ihr ein neues Cabriolet kaufen.
   - a hatte
   - b wäre
   - c hätte

8. Karl-Heinz, ... mir bitte mal die Zeitung!
   - a gibst
   - b gib
   - c gebe

9. Nachdem die Neonazis Mohammed zweimal verprügelt ... , hatte er Angst, auf die Straße zu gehen.
   - a hatten
   - b hätten
   - c waren

10. Sie erinnern sich doch ... mich.
   a für
   b an
   c über

11. Das sind die Eltern ...
   a des Kindes
   b des Kind
   c das Kind

12. ... Kultur kostet viel Geld.
   a gute
   b guter
   c guten

13. ... du nicht morgen nach dem Frühstück kommen?
   a Wurdest
   b Konntest
   c Könntest

14. Wenn die Umweltpolitik besser ... , dann ... wir weniger Probleme.
   a ist, hatten
   b hätte, wären
   c wäre, hätten

15. Das hängt ... Preis ab.
   a von
   b mit dem
   c vom

16. Du liebst Billy noch immer? ... dich doch mit ihm!
   a Triff
   b Triffst
   c Traf

17. ... Sie mir das Geld nicht schon heute geben?
   a Würdest
   b Könnten
   c Könnte

18. Ein Haus in Acapulco? Das ... schön!
   a müsste
   b würde
   c wäre

19. Er kümmert sich ... Kinder.

    a von den
    b um die
    c für die

20. ... du schon einmal gefilmt?

    a wird
    b worden
    c wurdest

21. Sie haben ... geredet.

    a von dich
    b zu dich
    c über dich

22. ... nicht, wenn du isst!

    a Sprichst
    b Sprechen
    c Sprich

23. ... doch mal rüber zu Konrad!

    a Läufst
    b Läuf
    c Lauf

24. Wenn ich ... , ... ich jetzt gehen.

    a konnte, wurde
    b könnte, würde
    c könnte, werde

25. Michael Jackson ist ... Madonna verabredet.

    a mit
    b an
    c über

3. Hören Sie die Antworten von der CD.

Welche Frage passt dazu?

1. a Hast du diesen Film schon gesehen?
   b Könntest du auf das 3.Programm umschalten?
   c Möchten Sie einen Fernseher mit Fernbedienung?

2. a Hast du die Fernbedienung?
   b Ist das ein französischer Film?
   c Kennen Sie Rita Hayworth?

3. a Warum brummt das so?
   b Ist das nicht zu neu?
   c Ist Ihr Auto kaputt?

4. a Ist das bald zu Ende?
   b Kannst du das Bild besser einstellen?
   c Kannst du nicht etwas anderes suchen?

5. a Wo ist die Kassette?
   b Legst du Widerspruch ein?
   c Was tust du da?

6. a Wer sieht wie 80 Jahre aus?
   b Wie findest du unsere Oma?
   c Wie heißt die Mutter der Mutter?

7. a Könntest du nochmal zurückspulen?
   b Bist du am Ende?
   c Hast du die Kassette?

8. a Was ist Qualität?
   b Ist Qualität wichtig?
   c Was kostet so ein Teil?

9. a Was werden wir machen?
   b Ist es wichtig, einen Computer zu haben?
   c Was machen wir mit der Zukunft?

10. a Warum kaufst du einen Computer?
    b Warum soll ich mir einen Computer kaufen?
    c Warum soll ich mir keinen Computer kaufen?

4. Schreiben Sie die Wörter auf, die Sie hören

1. ....
2. ....
3. ....
4. ....
5. ....
6. ....
7. ....
8. ....
9. ....
10. ....
11. ....
12. ....
13. ....
14. ....
15. ....
16. ....
17. ....
18. ....

5. Was ist hier falsch?

1. Uwe rennt jede Woche zu Psychiater.
2. Die Familie ist immer noch die beste Garantie dafür, dass ein Kind sich schlecht entwickeln.
3. Ich habe mir geschworen, dass von mir kein Politiker mehr eine Stimmer kriegt.
4. Es werden immer noch viel Atomgruftwerke auf der Welt gebaut.
5. Ich finde es unmöglich, dass Neonazis jeden Ausländer verprügeln, der ihnen über der Weg läuft.
6. Bitte, Franz, schalter noch mal zurück!
7. Das brummt ja wie Furzwelle.
8. Onkel Ottos Audi sieht eins a aus dafür, dass er schon 70 Jahren ist.
9. Also, ich weiß nicht, darüber muss ich erst mal vordenken.
10. Ich würde nur noch Einsen in Mysik und Pathe schreiben.
11. Stiefvater und Stiefmutter sind die Schwiegereltern.
12. Alles hat eine Ende, nur die Wurst hat zwei.

TEST 3

GLOSSAR

Sie finden in diesem Glossar alle neuen Wörter, die noch nicht im Glossar von **Deutsch Eins** stehen. Die Zahl hinter dem Wort sagt immer, in welchem Thema das Wort zum ersten Mal vorkommt (**4** = Thema **4**). Umgangssprachliche Wörter haben eine Klammer 〈〉, vulgärsprachliche Wörter haben eine Klammer mit Ausrufezeichen 〈!〉. Die Artikel der Substantive und die Pluralformen finden Sie unter **Wörter** im jeweiligen Thema. Dieses Glossar will kein Wörterbuch ersetzen. Es liefert nur die Übersetzung des jeweiligen Wortes in gerade dem Sinn, in dem es vorkommt. Wenn Sie die Wörter von einem neuen Thema lernen, dann finden Sie also hier immer die Bedeutung, die ein Wort an der Stelle hat, wo es zum ersten Mal vorkommt. Wer keine der hier aufgeführten Sprachen kann (Englisch, Französisch, Italienisch, Spanisch, Arabisch, Persisch, Türkisch, Russisch), der braucht ein Wörterbuch, um im Zweifelsfall die genaue Bedeutung in seiner Muttersprache herauszufinden. Wir empfehlen Ihnen auch, mit einem einsprachigen deutschen Wörterbuch zu arbeiten. Sie finden so andere, hier nicht aufgeführte Bedeutungen eines Wortes.

A

abhängen von 6
to depend on
dépendre de
dipendere da
depender de
تعلق بـ
بستگی داشتن به
bir şeye bağlı olmak
зависеть от

Abitur
college entrance exam
baccalauréat
maturità
bachillerato
شهادة الثانوية
ديپلم
lise diploması
аттестат зрелости

ablaufen 3
to expire

expirer
scadere
caducar
انقضى
خاتمه یا فتن اعتبار
müdetti dolmak
истекать

abmelden 3
to give notice
déclarer son départ
ritirare
dar de baja
أخبر بالخروج
اطلاع دادن تغییر مکان / خبر دادن
emir, sipariş, haber, geri almak
выписывать

Absage 4
negative reply
réponse négative
risposta negativa
negativa
رفض
جواب رد
ret, menfi cevap
отказ

absagen 2
to decline
refuser
disdire
dar la negativa
رَفَضَ
جواب رد دادن / امتناع کردن
ret cevap vermek
отменять

abschreiben 3
to copy
copier
copiare
copiar
نقّل
رونویس کردن
kopya etmek, temize çekmek
переписывать

Abschrift 3
copy

copie
copia
copia
نسخة
رونوشت / نسخه
suret, ikinci nüsha
копия

Absolutheit 4
absoluteness
absolu
assolutezza
grado absoluto
إطلاق
مطلق بودن
mutlakiyet
абсолютность

Adjektiv 1
adjective
adjectif
aggetivo
adjetivo
صفة
صفت
sıfat
прилагательное

Afrika 5
Africa
Afrique
Africa
Africa
إفريقيا
آفریقائی
Afrika
Африка

Afrikaner 5
African
Africain
africano
africano
إفريقي
آفریقائی
Afrikalı
африканец

ägyptisch 1
Egyptian

égyptien
egiziano
egipcio
مصري
مصرى
Mısırca
египетский

Akte 4
document
dossier
atto
documento
مستندات
مدارك / اسناد
senet, belge
документ

Aktiv 5
active voice
voix active
attivo
voz activa
نشيط
فعال
aktif, faal
действительный залог

allein erziehend 5
single parent
mère/père seul/e
chi educa senza moglie/marito
quien educa sin pareja
مُرَبٍّ بدون زوجة
کسی که بتنهائی مسئولیت تعلیم و تربیت
کودکی را به عهده دارد
yalnız yetiştiren
мать одиночка
(отец одиночек)

allerdings 5
but, definitely
mais ... en effet
ma certo
por cierto
فعلاً
مطمئناً / عملاً
doğrusu, her şeyden önce
однако

GLOSSAR 261

als 3
when
quand
quando
cuando
عندما
زمانیکه / وقتیکه
olduğu zamann, iken
когда

als 5
as
en tant que
come
como
ک
بعنوان
olarak
как

alt 1
old
vieux
vecchio
viejo
قديم = كبير السنّ
قدیمی / کهنه
eski, yaşlı
старый

Alter ⟨⟩ 6
father, old man
père
il vecchio
padre
أبي
بابا
baba
старина, отец

altmodisch 6
old-fashioned
démodé
fuori moda
antiguado
على الطراز القديم
از مد افتاده
modası geçmiş
старомодный

am besten 6
best
le mieux
meglio di tutto
lo mejor
من الأحسن
بهترین
en iyisi
лучше всего

am teuersten 6
most expensive
le plus cher
il più caro
lo más caro
الأغلى
گرانترین
en pahalısı
дороже всего

Amerikaner 1
American
Americain
americano
americano
أمريكي
آمریکائی
Amerikalı
американец

Ami 1 ⟨⟩
American, Yank(ee)
Americain
yankee
yankee
أمريكي
آمریکائی
Amerikalı
американец

amüsieren 1
to amuse
amuser
divertirsi
divertirse
تسلّى
سرگرم کردن
eğlendirmek
развлекать

andere/r 1
other
autre
altro
otro
آخر = آخرين
دیگر / دیگران
başka, öteki
другой

ändern 5
to change
changer
modificare
cambiar
غيّر
تغییر دادن
değiştirmek
менять

anders 1
differently
autrement
diverso
diferente
بطريقة أخرى
بطور دیگر
başka suretle
по-другому

anfangen 1
to begin
commencer
cominciare
empezar
بدأ
شروع کردن
başlamak
начинать (ся)

anfreunden (sich) 2
to make friends
se lier d'amitié
diventare amici
hacerse amigos
تصاحب
دوست‌شدن
dostluk kurmak
дружиться

Deutsch Zwei

Angabe 1
information
information
indicazione
declaración
معلومات
مشخصات
veri
указание

Angebot 6
offer
occasion
offerta
oferta
عرض
عرضه
sunu, arz
предложение

angehen 1
to concern
regarder
riguardare
importarle a uno
خصّ
مربوط شدن
ilgilendirmek
касаться

angestellt 3
employed
employé
impiegato
empleado
موظّف
استخدام‌شدن
memur
служащий

Angst 2
fear
peur
paura
miedo
خوف
ترس / واهمه
korku
боязнь

anhören 2
to listen
écouter
ascoltare
escuchar
استمع
گوش دادن
dinlemek
слушать

Anlage 6
stereo system
chaîne stéréo
gli apparecchi
conjunto de aparatos
جهاز موسيقي
دستگاه
set
радиоаппаратура

anmachen 5 ⟨⟩
to provoke
provoquer
provocare
provocar
عاكس
حال گرفتن / مزاحم شدن
tavlamak
хамить

anmachen 6
to switch on
allumer
accendere
encender
فتّح
روشن کردن
açmak
включать

Anmeldeformular 3
registration form
feuille d'inscription
modulo di dinuncia
formulario de inscripción
طلب تسجيل
فرم اطلاع محل اقامت
kayıt formüleri
бланк для прописки

anmelden 3
to register
s'inscrire
iscrivere
inscribir
سجّل
اعلام کردن / خبر کردن
bildirmek, haber vermek
записывать

Anrufbeantworter 2
answering machine
répondeur automatique
segretaria telefonica
contestator automático
جهاز ردّ آلي
سکرتر تلفنی / پاسخگوی تلفنی
otomatik telefon cevap cihazı
автоматический отвечик на телефонные звонки

anschauen 4
to take a look at
étudier
guardare
mirar
شاهد
تماشا کردن
seyretmek, bakmak
смотреть

Anschrift 1
address
adresse
indirizzo
señas
عنوان
نشانی / آدرس
adres
адрес

ansehen 4
to look at
regarder
guardare
mirar
نظر
نگاه‌کردن / دیدن
bakmak
глядеть

GLOSSAR

Anzahl 1
number
nombre
quantità
número
عدد
تعداد
adet, sayı, miktar
количество

Anzeige 3
advertisement
annonce
annuncio
anuncio
تبليغ
آگهی
ilan
объявление

anziehen 1
to put on
mettre
vestire
ponerse (ropa)
لبس
پوشیدن
giy (dir) mek
одевать

Apfel 6
apple
pomme
mela
manzana
تفّاح
سیب
elma
яблоко

Apparat 4
(TV) set
appareil
apparecchio
aparato
آلة
دستگاه
aparat, alet
аппарат, прибор

Arbeitsamt 4
employment office
office du travail
ufficio del lavoro
oficina de empleo
مكتب التشغيل
وزارت کار
iş ve işçi bulma kurumu
биржа труда

arbeitslos 3
unemployed
en chômage
disoccupato
parado
عاطل عن العمل
بیکار
işsiz
безработный

Arbeitsmarkt 4
job market
marché du travail
mercato del lavoro
mercado de trabajo
سوق العمل
بازار کار
iş piyasası
рынок работы

Arbeitstag 2
work day
journée de travail
giorno feriale
día laboral
يوم عمل
روز کار
iş günü
рабочий день

Argentinien 4
Argentine
Argentine
Argentina
Argentina
الأرجنتين
آرژانتین
Arjantin
Аргентина

ärgern (sich) 1
to be annoyed
se fâcher
arrabiarsi
enfadarse
غضب
ناراحت شدن
kızmak
сердиться

Artikel 6
article
article
articolo
artículo
مقالة
مقاله
yazı, makale
статья

Asiate 5
Asian
Asiatique
asiatico
asiático
آسيوي
آسیائی
Asyalı
азиат

Asien 3
Asia
Asie
Asia
Asia
آسيا
آسیا
Asya
Азия

Astrologie 2
astrology
astrologie
astrologia
astrología
علم الفلك
نجوم
astroloji
астрология

atheistisch 1
atheistic
athée
ateo
ateo
ملحد
ملحدانه
ateist, tanrısız
атеистическкий

Atomkraftwerk 5
nuclear power plant
centrale nucléaire
centrale atomica
central nuclear
معمل تحويل الطاقة الذرية
نيروگاه اتمى
atomreaktör
атомный реактор

auf einmal 2
at one time
à la fois
insieme
de una vez
في نفس الوقت
يكباره
birden
вместе

aufdonnern (sich) 1 ⟨⟩
to dress up
s'attifer
mettersi in ghingheri
emperejilarse
تبرّج
طورى لباس پوشيدن كه توى چشم بزند/ بزك درزك كردن
süsleyip püslemek
расфуфыриваться

Aufforderung 2
invitation
invitation
ingiunzione
requerimiento
طلب
طلبيدن
davet, talep, teklif
предложение

aufkreuzen 1 ⟨⟩
to show up
se présenter
farsi vivo
presentarse
ظهر
ناگهان پيدا شدن
belirmek, dalmak
заявляться

aufnehmen 5
to receive
accueillir
accogliere
recibir
استقبل
پذيرفتن
kabul etmek
принимать

aufnehmen 6
to record
enregistrer
incidere
grabar
سجّل
ظبط كردن
banda çekmek
записывать

aufregen 5
to upset
exciter
irritare
poner nervioso
غضب
هيجان زده شدن
heyecanlandırmak
волновать

aufschreiben 3
to write down
noter
appuntare
anotar
دوّن
يادداشت كردن
not etmek
записывать

aufwachsen 5
to grow up
grandir
crescere
criarse
نشأ
بزرگ شدن / رشد كردن
yetişmek, büyümek
вырастать

aufziehen 1
to wind up
remonter
caricare
dar cuerda
ربى
كوك كردن
kurmak
заводить

aufziehen 5
to bring up
élever
allevare
educar
عبّا
تربيت كردن
yetiştirmek
выращивать

Ausbildung 4
education
formation
formazione scolare
formación escolar
تكوين
تحصيل
eğtim
образование

Ausdruck 2
expression
expression
espressione
expresión
عبارة
اصطلاح
söz, laf, ifade
выражение

GLOSSAR 265

ausdrücken 1
to express
exprimer
esprimere
expresar
عبّر
بیان کردن
ifade etmek
выражать

ausfallen 2
to be cancelled
ne pas avoir lieu
non avere luogo
no tener lugar
ألغى
تعطيل شدن / برگزار نشدن
vuku bulmamak, yapılmamak
отменяться

Ausflug 1
excursion
excursion
escursione
excursión
رحلة
گردش
gezinti
поход

ausfüllen 3
to fill out
remplir
riempire
llenar (papel)
ملأ
پرکردن
doldurmak
заполнять

aushalten 1
to bear
supporter
sopportare
aguantar
تحمّل
تحمل کردن
dayanmak
выдерживать

Ausland 4
foreign country
étranger
estero
extranjero
خارج البلد
خارج
yurt dışı, yabancı ülke
заграница

Ausländer 3
foreigner
étranger
straniero
extranjero (persona)
أجنبي
خارجی
yabancı
иностранец

Ausländerpolitik 5
policies on (resident) foreigners
politique de l'immigration
politica cogli stranieri
política de extranjería
سياسة متعلّقة بالأجانب
سیاست در مورد خارجیان
yabancılarpolitikası
иностранец, иностранка

Auslandsabteilung 4
department of foreign affairs
service etranger
reparto estero
departamento extranjero
مكتب الأجانب
بخش یا قسمت خارجیان
hariciye işleri dairesi
политика для иностранцев

ausmachen 2
to arrange
se mettre d'accord
darsi appuntamento
quedar (en)
اتّفق على
وقتی را معین کردن
sözleşmek
договариваться

ausmachen 6
to switch off
éteindre
spegnere
apagar
أطفأ
خاموش کردن
söndürmek
заключать

Ausnahme 6
exception
exception
eccezione
excepción
استثناء
استثناً
istisna
исключение

Ausstellung 1
exhibition
exposition
esposizione
exposición
معرض
نمایش
sergi
выставка

ausziehen 1
to move out
déménager
andare via
mudar de un piso
انتقل
اسباب کشی کردن
taşınmak
выезжать из квартиры

Auszug 1
moving out
déménagement
trasloco
mudanza
كشف حساب
صورتحساب
hesap örneği
выезд

automatisch 2
automatic
automatique
automatico
automático
آلي
اتوماتيك
otomatikman
автоматический

B

Baby 5
baby
bébé
bebè
bebé
رضيع
نوزاد
bebek
грудной ребёнок

bald 2
soon
bientôt
fra poco
pronto
قريبا
بزودى
yakında
скоро

Ball 1
ball
ballon
ballone
ballón
كرة
توپ
top
мяч

Band 4
volume
tome
volume
volumen
مجلّد
جلد
kitap cildi
том

Bargeld 3
cash
argent comptant
denaro in contanti
dinero en efectivo
نقد
پرل نقد
nakit para
наличные

Batterie 1
battery
batterie
batteria
pila
بطّارية
باطرى
pil
батарея

bauen 5
to construct
construire
costruire
construir
بنى
ساختن
bina ve tesis etmek
строить

Baum 6
tree
arbre
albero
arbol
شجرة
درخت
ağaç
дерево

Bayern 2
Bavaria
Bavière
Baviera
Baviera
بافاريا
بايرن
Bavyera
Бавария

Beamte/r 3
civil servant
fonctionnaire
funzionario
funcionario
موظّف حكومي
کارمند دولت
memur
государственный
   (муниципальный) служащий

beantragen 3
to apply for
demander
far domanda
solicitar
قدّم طلبا
تقاضا كردن
dilekçe vermek
подавать заявление

beeilen 2
to hurry
hâter
affretarsi
darse prisa
أسرع
عجله كردن
acele etmek
спешить

begrüßen 3
to greet
saluer
salutare
saludar
سلّم
سلام كردن
selam vermek
приветствовать

behandeln 5
to treat
traiter
trattare

tratar
عامَلَ
رفتار کردن
davranmak
обходиться

beklagen 5
to complain
plaindre
lamentare
quejar
اشتكى
شکایت کردن
şikayet etmek
жаловать (ся)

bekommen 4
to get
obtenir
ricevere
obtener
حصل
دریافت کردن
almak
получать

benutzen 4
to use
se servir
utilizzare
usar
استعمل
استفاده کردن
kullanmak
пользоваться

bereit 4
ready
prêt
disposto
dispuesto
جاهز
حاضر
hazır
готовый

beruhigen (sich) 1
to calm down
se calmer
calmarsi
tranquilizarse
هدأ
ساکت شدن / آرام شدن
sakinleşmek
успокаиваться

beschäftigt 3
employed
employé
occupato
ocupado
مشغول
مشغول
meşgul
занятый

Beschäftigungsverhältnis 3
employment conditions
mode d'emploi
forma d'impiego
condición de ocupación
علاقة عمل
نسبت کاری
iş ilişgisi
трудовое отношение

Bescheid 4
reply
réponse
notizia
aviso
إخبار
خبر
haber
сообщение

besorgen 3
to get
procurer
procurare
proporcionar
استجلب
تعیه کردن
tedrik etmek, temin etmek
уляживать, делать

besprechen 6
to discuss

discuter
discutere
discutir
تحدّث
گفتگو کردن
müzakere yapmak
обсуждать

besser 4
better
mieux
meglio
mejor
أحسن
بهتر
daha iyi
лучше

bestehen aus 6
to consist of
consister en
constare di
componerse de
تكوّن من
تشکیل شدن از
oluşmak
состоять из

betrunken 5
drunk
ivre
bevato
borracho
سكران
مست
sarhoş
пьяный

Bewegung 2
exercise
exercice
movimento
movimiento
حركة
حرکت
hareket
движение

bewerben 3
to apply for

postuler
aspirare
solicitar un empleo
تقدّم طلبا
تقاضای پذیرش کردن/ خواستگاری کردن
talip olmak
подавать заявление о приёме
на работу

Bewerbung 4
application
candidature
aspirazione
solicitud de empleo
تقديم طلب
پذیرش:
istek, talepname
заявление о приёме на работу

Bewerbungsbrief 4
letter of application
lettre de candidature
domanda d'impiego
carta de solicitud
طلب كتابي
نامهٔ پذیرش
talepname, istidaname
(письменное) заявление о
приёме на работу

Beziehung 1
relationship
relation
relazione
relación
علاقة
رابطه
ilgi, alaka
отношение

beziehungsweise 3
respectively
respectivement
cioè
o sea
بالأحرى
به عبارت دیگر
yahut, ve ya
соответственно

Bild 1
picture
image
quadro
cuadro
صورة
تصویر / عکس
resim
картина

bilden 6
to construct
former
formare
formar
كوّن
ساختن
teşkil etmek
образовывать

Bildschirm 6
screen
écran
teleschermo
pantalla
شاشة
صفحه تلویزیون
ekran
экран

bitten um 6
to ask for
demander qc
chiedere
pedir
رجا
خواهش کردن برای چیزی
rica etmek
просить

blau 5
blue
bleu
azzurro
azúl
أزرق
آبی
mavi
синий

Bootstour 1
boat trip
tour en bateau
giro in barca
vuelta en barco
جولة بالباخرة
سیاحت با قایق
kayık seyahati
поход на лодке

böse 3
angry
fâché
cattivo
malo
غاضب
بد / شریر
fena, kötü
злой

Branche 4
line (of business)
branche
ramo
rama
قطاع
رشته
branş
отрасль

brauchen 6
to need
avoir besoin
aver bisogno
hacer falta
احتاج
احتیاج داشتن
ihtiyacı olmak
нуждаться

breit 5
wide, broad
large
largo
ancho
واسع
عریض
geniş
широкий

GLOSSAR

Bruder 5
brother
frère
fratello
hermano
أخ
برادر
erkek kardeş
брат

brummen 6
to hum
ronfler
ronzare
zumbar
طنّ
غرغرکردن
homurdamak
гудеть

brutto 4
gross
brut
brutto
bruto
إجمالي
ناخالص
brüt
брутто

buddhistisch 1
Buddhist
bouddhiste
buddista
budista
بوذي
بودائی
budist
буддийский

Bundeskanzler 3
Chancellor
Chancelier
cancelliere federale
canciller federal
مستشار
صدراعظم
başbakan
федеральный канцлер

Bundespräsident 6
President
Président
presidente federale
presidente federal
رئيس دولة
رئیس جمهور
cumhurbaşkanı
федеральный президент

bunt 1
colourful
multicolore
colorato
multicolor
ملوّن
رنگارنگ
renkli, karışık renkli
пёстрый

Bürger 5
citizen
citoyen
cittadino
ciudadano
مواطن
شهروند
vatandaş
гражданин

Bürgerinitiative 5
citizen's organization
comité d'action
iniziativa cittadina
asociación de vecinos
مبادرة ذاتیة
انتظار مردم
vatandaşlar inisiyatifi
инициатива граждан

Bürokratie 3
bureaucracy
bureaucratie
burocrazia
burocracia
بيروقراطیة
بروکراسی
bürokrasi
бюрократия

Buslinie 3
bus line
ligne de bus
linea di autobus
línea de autobús
باص على خطّ
خط اتوبوس
otobüs hattı
автобусная линия

C

Chance 3
chance
chance
occasione
oportunidad
فرصة
شانس
şans
шанс

Chaos 1
chaos
chaos
caos
caos
فوضى
هرج و مرج
karmakarışıklık, kaos
хаос

Chemie 5
chemistry
chimie
chimica
química
كيمياء
شیمی
kimya
химия

Chip 6
chip
chip
chip
chip
قرص
چیپس

çips
компьютерский чип

Chips 2
chips/crisps
chips
pattatine
papa frita
بطاطا مقلية
چیپس
patates çips
чипсы

christlich 1
Christian
chrétien
cristiano
cristiano
مسيحي
مسیحی
hıristiyan
христианский

Clip 6
video clip
clip
clip
clip
لقطة فيديو
صحنه های کوتاه ویدیویی
kısa video filmi
короткий фильм по видео

Clown 6
clown
clown
clown
payaso
مهرّج
دلقك
palyaço
клоун

Comic 2
comic strip/book
bandes déssinées
fumetti
tebeo
قصة بصرر
مجلعای با عکس های نقاشی شده کارترن
çizgi resim maceraları
комиксы

Computer 2
computer
ordinateur
computer
computadora
كمبيوتر
کامپیوتر
bilgisayar
компьютер

Cousin 5
cousin
cousin
cugino
primo
إبن العمّ = الخال
پسر عمو
kuzen
двоюродный брат

Cousine 5
cousin
cousine
cugina
prima
بنت العمّ = الخال
دختر عمو
kuzen
двоюродная сестра

D

damals 1
then (at that time)
à cette époque
quella volta
entonces
في ذلك الوقت
آنوقتها
o zaman
тогда

Dame 4
woman
dame
signora
señora
سيّدة
بانو / خانم
hanım
женщина

damit 3
so (that)
afin que
affinché
para que
لكي
بخاطر اینکه
ta ki
самое

dasselbe 5
the same
la même chose
lo stesso
lo mismo
نفس الشيء
همان (این همان کتابی است که می خواستم)
aynısı
данные

Daten 3
data
données
dati
datos
معلومات
اطلاعات / ارقام
veriler
постоянно

dauernd 6
constantly
constamment
continuo
permanente
با ستمرار
مدام / همیشه
devamlı
постоянно

Deklination 5
declination

déclinaison
declinazione
declinación
إعراب
صرف / تصريف
çekim
склонение

Demokratie 5
democracy
démocratie
democrazia
democracia
ديمقراطية
دمكراسى
demokrasi
демократия

denen 2
to whom
auxquels
a chi
de los que
مُ = لَهم
صيغه مضاف اليه حرف تعريف جمع
onlara
которым

Detektiv 3
detective
détective
detettive
detective
مفتش
کارآگاه
polis hafiyesi
детектив

Deutschkurs 3
German course
cours d'allemand
corso di tedesco
curso de alemán
دورة للغة الألمانية
کورس زبان آلمانی
Almanca kursu
курс немецкого языка

dick 5
fat

gros
grosso
gordo
سمين
كلفت / چاق
kalın, şişman
толстый

Dieb 2
thief
voleur
ladro
ladrón
سارق
دزد
hırsız
вор

diesmal 4
this time
cette fois
questa volta
esta vez
هذه المرّة
اينبار
bu sefer
на этот раз

Ding-Dong 6
ding-dong
din don
dinne-donne
dín-dón
دِنج - دَنج
صدای ساعت شماطه دار
ding dang
(звонок)

direkte Rede 6
direct speech
discours direct
discorso diretto
discurso directo
جملة مباشرة
نقل قول مستقيم
dolaylı cümle
прямая речь

diskutieren 5
to discuss

discuter
discutere
discutir
ناقش
بحث کردن
tartışmak
обсуждать

Dose 5
can/tin
boîte
latta
lata
علبة
قوطی
kutu, konserve kutusu
банка

down 4 ⟨⟩
depressed
déprimé
dipresso
deprimido
سيّء المزاج
شکسته (روحی)
biçare
в подавленной настроении

Dritte Welt 5
Third World
Tiers Monde
terzo mondo
tercer mundo
العالم الثالث
جهان سوم
üçüncü dünya ülkeleri
третьи страны

drücken 6
to press
appuyer
premere
apretar
ضغط
فشار دادن
sıkmak, basmak
давить

Drucker 6
printer

imprimeur
stampatore
impresora
طبّاع
دستگاه چاپ کامپیوتر
baskı aleti
печатник

dumm 3
stupid
imbécile
stupido
tonto
غبيّ
احمق
aptal
глупый

dunkel 6
dark
foncé
oscuro
oscuro
معتم
تاریك
karanlık
тёмный

dünn 5
thin, slender
svelte
sottile
delgado
نحيف
نازك
ince
тонкий

E

EDV 6
Electronic Data Processing
traitement de l'information éléctronique
computazione
computación
معالجة إلكترونية للمعلومات (كامپیوتر)
محاسبه الکترونیکی ارقام و اطلاعات
verilerin bilgisayarlı işlemi
электронная обработка данных

ehrlich 2
honest
honnête
onesto
honesto
صادق
صادق
namuslu
честный

eigen 6
own
propre
proprio
propio
مِلكه
شخصی / ذات / خاص
özel, kendi
собственный

einer 5
someone
l'un
uno
uno
راحد
کسی
biri
один

eingeben 3
to feed
introduire
battere nel computer
teclar
أعطى
دادن
verileri kaydetmek
вводить

Einkommen 4
income
revenu
reddito
ingreso
دخْل
درآمد
gelir
доход

einlegen (Widerspruch) 3
to protest against
protester
opporsi
protestar por escrito
اعترض
(اعتراض کردن) کردن
itiraz etmek
налагать

einlegen 6
to put in
mettre dans
mettere dentro
poner (cassette)
رضع
گذاشتن
koymak
заряжать

Eins 6
best mark/grade
meilleur note
nota dieci
la mejor nota
جیّد جدّا
یك (خیلی خوب) (نمره بیست)
on
пятёрка

eins a ⟨ ⟩ 6
very good
très bien
prima qualità
cojonudo
ممتاز
یك (خیلی خرب)
on
отличный

einschlafen 2
to fall asleep
s'endormir
addormentarsi

dormirse
غفا
بخراب رفتن
uykuya dalmak
засыпать

Einschreiben 3
registered letter
lettre récommandée
raccomandata
carta certificada
مسجّل
سفارشی
taahhütlü
заказное письмо

einschreiben 3
to enroll
s'inscrire
iscrivere
mandar por certificado
سجّل
ثبت نام کردن
kaydetmek
записываться

einsetzen (sich) 4
to do one's best
s'engager
adoperare
empeñarse
بذل جهده
از نفوذ خود برای حل مسئله ای یا کمک به کسی استفاده کردن
bir şeyin lehinde çalışmak
отдаваться

einstellen (sich) 2
to prepare for
se préparer à
aspettare
esperar
هيّأ نفسه
تطبیق دادن
bir noktaya tevcih etmek
ожидать

einstellen 6
to set

règler
regolare
ajustar
ضبط
تنظیم کردن
ayarlamak
настраивать

Einstufungstest 3
placement test
test de classement
test di classificazione
test de acceso
إمتحان لتحديد المستوى
تست (برای مرحله بندی)
tasnif testi
тест для качественной оценки

einverstanden (sein) 3
to agree
(être) d'accord
d'accordo
de acuerdo
موافق
موافق
razı
согласный

Einwohner 4
inhabitant
habitant
abitante
habitante
ساكن
سكنه
mukim, nüfus
житель

einzelne/r 5
individual
individu
singolo
particular
فرد = أفراد
تنها / یک به یک
yalnız, tek
отдельный

einziehen 1
to move in

emmenager
andarae ad abitare
mudar a un piso
سكنَ
اسباب کشی کردن
bir eve taşınmak
вселяться

einzig 1
one, sole
unique
unico
único
الوحيد
یگانه / یکتا
biricik, tek başına
единственный

Einzug 1
moving in
emmenagement
ingresso ad una nuova casa
mudanza a un piso
سكن جديد
رفتن به خانه جدید / دخول
taşınma
въезд

Elektronik 6
electronics
électronique
elettronica
electrónica
هندسة كهربائية
الکترونیک
elektronik
электроника

elektronisch 6
electronic
électronique
elettronico
electrónico
إلكتروني
الکترونیکی
elektronik
электронный

empfangen 6
to receive

recevoir
ricevere
recibir
استقبل
گرفتن
çekmek
принимать

endlich 1
finally
finalement
finalmente
por fin
أخيرا
بالاخره
nihayet
наконец

Englisch 5
English
anglais
inglese
inglés
إنجليزي
انگلیسی
ingilizce
английский

Enkel 5
grandson
petit fils
il nipote
nieto
حفيد
نوه پسری
erkek torun
внук

Enkelin 5
granddaughter
petite fille
la nipote
nieta
حفيدة
نوه دختری
kız torun
внучка

entnehmen 4
to learn

apprendre
aprendere a sapere
desprender
استفاد د
برداشت کردن / اقتباس کردن
alnamak, almak
заключать

entscheiden für (sich) 6
to decide
décider
decidersi
decidirse por
قرّر
تصمیم به کاری گرفتن
karar vermek
принимать решение

entwickeln 5
to develop
se développer
sviluppare
desarrollar
طوّر
ترقّی کردن
gelişmek
развивать (ся)

Erde 4
earth
monde
terra
tierra
أرض
خاك / زمین
toprak, yer
земля

Erdnuss 2
peanut
cacahouette
nocciolina
cacahuete
فستق
بادام
yer fıstığı
земляной орех

erhöht 3
increased

augmenté
aumentato
aumentado
مرتفع
افزایش یافته
artmış
повышенный

Erinnerung 1
memory
souvenir
ricordo
recuerdo
ذكرى
خاطره
hatıra
память

erlassen 3
to waive
dispenser
condonare
dispensar de
أعفى
عفو کردن
cezadan affetmek
освобождать

erlauben 3
to allow
permettre
permettere
permitir
سمح
اجازه دادن
müsaade etmek
позволять

ermäßigen 3
to reduce
réduire
ridurre
reducir
خفّض
تخفیف دادن
indirmek
снижать

Ernst 4
seriousness

GLOSSAR 275

sérieux
serietà
serio
جِدّ
جدی
ciddi
серьёзность

Erpressung 6
blackmail
chantage
ricatto
chantaje
تهديد
تهديد
şantaj
шантаж

erstens 5
first
d'abord
in primo luogo
en primer lugar
أوّلا
اوّلاً
evvelâ
во-первых

erwarten 4
to expect
s'attendre à
aspettare
esperar
انتظر
انتظار داشتن
bir şeyi beklemek
ждать

erwischen 3 ⟨⟩
to catch
prendre sur le fait
acchiapare
pillar
ضبط
گرفتن
yakalamak
ловить

erziehen 5
to raise
élever
allevare
educar
ربّى
تربيت كردن
eğitmek
воспитывать

Erziehung 5
education
éducation
educazione
educación
تربية
تعليم وتربيت
eğitim
воспитание

Europa 3
Europe
Europe
Europa
europa
أوربّا
اروپا
Avrupa
Европа

Europäer 5
European
Européen
europeo
europeo
أوربّي
اروپائی
Avrupalı
европеец

Examen 6
exam
examen
esame
examen
امتحان
امتحان
yüksek okul mezuniyet sınavı
экзамен

extra 3
on purpose
exprès
speciale
a parte
عمدا
مخصوصا / مخصوص / جداگانه
ekstra, mahsus
специально

F

Fachkraft 4
specialist
spécialiste
specialista
persona especializada
عامل مختصّ
نيروی فنی
kalifiye eleman
специалист

Fahrausweiskontrolle 3
ticket control
contrôle des billets
controllo biglietti
control de billetes
مراقبة التذاكر
كنترل بليط
bilet kontrolü
контроль билета

Fahrgeld 3
fare
prix du billet
prezzo del biglietto
tarifa de transporte
أجرة سفر
مخارج اياب و ذهاب
bilet ücreti
проездные деньги

Fahrrad 2
bicycle
bicyclette
bicicletta
bicicleta
درّاجة
دوچرخه
bisiklet
велосипед

fallen 4
to fall
tomber
cadere
caer
سقط
افتادن
düşmek
падать

falsch 1
wrong
faux
falso
falso
خطأ
غلط
yanlış
неправилвный

Familienstand 1
marital status
état civil
stato civile
estado civil
الحالة العا ئلية
رضعیت خانرادگی (متاهل یا مجرد)
medeni hal
семейное положение

faxen 6
to fax
envoyer en fax
mandare un fax
mandar un fax
أرسل فاكس
فاکس کردن
fax etmek
передавать по телефаксу

feiern 4
to celebrate
fêter
festeggiare
celebrar
احتفل
جشن گرفتن
kutlamak
праздновать

Feind 5
enemy
ennemie
nemico
enemigo
عدرّ
دشمن
düşman
враг

Fernbedienung 6
remote control
télécommande
telecommando
mando
محرّل آلي
کنترل از راه دور
telekomant
телеуправление

fertig werden 6
to finish
finir
finire
terminar
انتهى
تمام شدن
bitirmek
заканчивать

fest 4
solid
solide
fisso
fijo
متين
محكم
sert, berk
твёрдый

feststellen 3
to identify
identifier
rilevare i dati
identificar
لاحظ
تعیین هویت کردن
tespit etmek
устанавливать

filmen 6
to (make a) film
tourner
filmare
filmar
صوّر فيلما
فیلمبرداری کردن
filim çevirmek
снимать

Fisch 1
fish
poisson
pesce
pescado, pez
سمك
ماهی
balık
рыба

Fischer 1
fisherman
pêcheur
pescatore
pescador
صيّاد سمك
ماهیگیر
balıkçı
рыбак

Flasche 5
bottle
bouteille
bottiglia
botella
زجاجة
بطری
şişe
бутылка

flirten 2
to flirt
flirter
flirtare
flirtear
غازل
لاس زدن
flört yapmak
флиртовать

GLOSSAR 277

Flugzeug 1
plane
avion
aereo
avión
طائرة
هواپیما
uçak
самолёт

Formular 3
form
formulaire
modulo
formulario
ا ستمارة
فرم
formül
бланк

Foto 1
photo
photo
foto
foto
صورة
عکس
resim, fotoğraf
фотография

Fotoapparat 2
camera
appareil de photo
macchina fotografica
cámara fotográfica
آلة تصویر
دوربین عکاسی
fotoğraf makinesi
фотоаппарат

fotogen 6
photogenic
photogénique
fotogenico
fotogénico
یظهر جمیلا في الصورة
فتوژن
fotojen
фотогеничный

freiberuflich 3
free-lance
indépendant
libero
por la propria cuenta
ذو مهنة حرة
کار آزاد
serbest meslek
на гонорарной основе

Freizeit 2
leisure time
loisirs
tempo libero
tiempo libre
أوقات الفراغ
وقت آزاد
boş zaman
свободное время

Fremdsprachensekretärin 4
foreign language secretary
secrétaire bi/trilingue
segretaria di lingua straniera
secretaria de idioma extranjero
سکرتیرة للغات الأجنبیة
سکرتر زبانهای بیگانه
yabancı dil sekreteri
секретарша иностранных языков

freundlich 3
friendly
aimable
amichevole
simpático
لطیف
دوستانه
dostça
приветливый

Frisör 6
hairdresser
coiffeur
parruchiere
peluquero
حلاق
آرایشگاه
berber
парикмахер

Frühling 4
spring
printemps
primavera
primavera
ربیع
بهار
ilkbahar
весна

fürchterlich 2
terrible
terrible
terribile
orroroso
رهیب
وحشتناک
korkunç
ужасный

Fußball 1
soccer/football
foot
calcio
pelota
کرة القدم
فوتبال
futbol
футбол

Futur 3
future
futur
futuro
futuro
مستقبل
آینده
gelecek zaman
будущее время

G

Galerie 1
gallery
galérie
galleria

galería
رراق
گالری
galeri
галерея

ganz 1
entirely
entièrement
tutto, entero
todo
كلّ
كامل / تمام
tam, bütün
целый

ganztags 4
full-time
à plein-temps
tutto il giorno
todo el día
كلّ ا ليو م
تمام روز
tüm gün, gün boyu
на целый день

Garantie 5
guarantee
garantie
garantia
garantía
ضما ن
گارانتی
garanti
гарантия

Gebrauch 3
use/usage
usage
uso
uso
استعمال
مصرف
kullanıs, kullanım
употребление

gebrauchen 6
to use
se servir de

usare
utilizar
استعمل
مصرف كردن
kullanmak
употреблять

Geburtsdatum 1
date of birth
date de naissance
data di nascita
fecha de nacimiento
تاريخ الولادة
تاريخ تولّد
doğum tarihi
дата рождения

Geburtsort 1
place of birth
lieu de naissance
luogo di nascita
lugar de nacimiento
مكان الولادة
محل تولّد
doğum yeri
место рождения

geehrt 4
Dear...!
Monsieur!
stimato
estimado
حضرة
محترم
saygılı
многоуважаемый

gefährlich 1
dangerous
dangereux
pericoloso
peligroso
خطير
خطرناك
tehlikeli
опасный

Gefühl 1
feeling

sentiment
sentimento
sentimiento
شعور
احساس
duygu
чувство

Gehaltsvorstellung 4
anticipated salary
salaire attendu
idea dello stipendio
idea del salario deseado
تصوّر للراتب
ميزان حقوق درخواستی
aylık ücret tasavvuru
желаемая зарплата

gehören zu 5
to belong to
appartenir à
appartenere
pertenecer a
انتمى إلى
متعلّق بودن به
bir şeye ait olmak
принадлежать к

gemeldet 4
registered
déclaré
dicchiarato
registrado
مسجّل
ثبت شده / معرفی کرده
ikametli olmak
регистрационный

gemischt 4
mixed
mélangé
misto
mixto
مختلط
مخلوط
karışık
смешанный

Gemüse 1
vegetables

légumes
verdura
verdura
خُضَر
سبزی
sebze
овощи

Genitiv 5
genitive
génitif
genitivo
genitivo
جر
حالت اضافه
genetif
родительный падеж

Gerät 6
appliance
appareil
apparechio
aparato
جهاز
دستگاه
alet
прибор

Geschäftsschluss 4
closing time
fermeture
ora di chiusura
hora de cierre
وقت انتهاء العمل
ساعت پایان کار
kapanış saatı
конец работы магазинов

Geschenk 6
gift/present
cadeau
regalo
regalo
هديّة
هديه
hediye
подарок

geschieden 1
divorced

divorcé
divorziato
divorciado
مطلّق
طلاق گرفته
boşanmış
разведённый

Geschwister 5
brothers and sisters
frères et soeurs
fratelli e sorelle
hermanos
إخرة وأخوات
خواهر وبرادر
kardeşler
братья и сёстры

Gesellschaft 5
society
société
società
sociedad
مجتمع
اجتماع
topluluk
общество

Gespräch 4
conversation
conversation
conversazione
charla
محادثة
گفتگو
müzakere, konuşma
разговор

gesund 5
healthy
sain
sano
sano
سليم
سالم
sıhhatlı, sağlam
здоровый

gewinnen 6
to win

gagner
guadagnare
ganar
ربح
برنده شدن
kazanmak
выигрывать

Gewitter 2
thunderstorm
orage
temporale
tormenta
برق ورعد
رعد وبرق
fırtına
гроза

Glas 1
glass
verre
bicchiere
vaso
كأس
ليوان
bardak
стакан

gleich 5
same
même
uguale
mismo
نفس الشيء
بی اهمیت
farksız, boş ver
равный

Gleichheit 4
equality
égalité
ugualianza
igualdad
مساواة
بی اهمیتی
eşitlik
равенство

Glossar 6
glossary

glossaire
glossario
glosario
فهرس كلمات
واژه‌نامه
sözlük
глоссарий

Glotze 6 ⟨1⟩
TV
télé
televisore
televisor
تلفزيون
تلویزیون
televizyon
теле

glücklich 1
happy
heureux
felice
feliz
سعيد
خوشبخت
mutlu, saadetli
счастливый

griechisch 1
Greek
grècque
greco
griego
يرنانيي
یرنانی
yunanca
греческий

Großeltern 5
grandparents
grand-parents
nonni
abuelos
جدّ وجدّة
مادربزرگ وپدر بزرگ
dede-nine
дед и бабушка

Großmutter 5
grandmother

grand-mère
nonna
abuela
جدّة
مادربزرگ
büyükanne
бабушка

Großvater 5
grandfather
grand-père
nonno
abuelo
جدّ
پدر بزرگ
büyükbaba
дедушка

Grundform 4
basic form
forme de base
forma di base
forma básica
صيغة أصلية
مصدر
mastar
основная форма

Grünen (die) 5
Green Party
écologistes
i Verdi
los Verdes
حزب الخضر
حزب سبزها
yeşiller partisi
экологическая партия

Gruß 3
regards
salutation
saluto
saludo
سلام
سلام
selâm
привет

gucken 2
to watch

regarder
guardare
mirar
نظر
نگاه کردن
bakmak
глядеть

Gymnasium 4
secondary/high school
lycée
liceo
liceo
مدرسة ثانوية
دبیرستان
lise
гимназия

H

halbtags 4
part-time
à mi-temps
a mezza giornata
a media jornada
نصف يوم
نیمه روز
yarımgünlük
полдня

halten von 2
to think of
penser de
pensare di
pensar de
ظنّ بـ
نسبت به کسی یا چیزی نظر داشتن
bulmak
думать о

hart 3
hard
dure
duro
duro
يابس
سخت
sert
твёрдый

hassen (sich) 2
to hate
se haïr
odiare
odiarse
كره
نفرت داشتن
(kendinden) nefret etmek
ненавидеть

heimlich 1
secretly
clandestinement
nascosto
a oscuras
خفية
مخفيانه
gizli
тайный

hell 6
light
clair
chiaro
claro
فاتح
روشن
aydın
светлый

Herbst 4
autumn/fall
automne
autunno
otoño
خريف
پائيز
sonbahar
осень

Herr 4
Mister
monsieur
signore
señor
سيّد
آقا
bay
господин

herstellen 4
to produce
produire
produrre
producir
صنَع
توليد كردن
imal etmek
производить

Herz 2
heart
coeur
cuore
corazón
قلب
قلب
kalp, yürek
сердце

Herzinfarkt 4
heart attack
infarctus
infarto cardiaco
infarto cardíaco
نوبة قلبية
سكته قلبى
kalp krizi
сердечный инфаркт

Hexe 6
witch
sorcière
strega
bruja
ساحرة
جادوگر
cadı
колдунья

Hilfe 5
help
secours
aiuto
ayuda
مساعدة
كمك
yardım
помощь

hinduistisch 1
Hindoo
hindou
indu
hindú
هندوسي
هندوئى
Hindu
индусский

hinterlassen 2
to leave
laisser
lasciare
dejar
ترك
بجاگذاشتن
bırakmak
оставлять

höflich 6
polite
poli
cortese
cortés
مؤدَّب
محترمانه
nazik
вежливый

Hollywood-Schinken ⟨⟩ 6
melodramatic B-movie
film mélo
polpettone holliwoodiano
rollo de Holivú
سجق من هوليوورد
فيلم كلاسيك
klasik film
старый фильм из Холливуда

Homosexueller 5
homosexual
homosexuel
omosessuale
homosexual
خرّل
همجنسباز
homoseksüel
гомосексуальный

hübsch 2
pretty
joli
carino
bonito
جميل
زيبا
sevimli
хорошенький

hunderttausend 5
hundred thousand
cent mille
cento mila
cien mil
مائة ألف
صدهزار
yüzbin
сто тысяч

I

Imperativ 6
command form
impératif
imperativo
imperativo
أمر
امری (رجه)
emir kipi
повелительное наклонение

Indien 3
India
Indes
India
la India
الهند
هند
Hindistan
Индия

Indikativ 6
indicative mood
indicatif
indicativo
indicativo
مضارع مرفوع
اخباری (رجه)

bildirme kipi
изъявительное наклонение

indirekte Rede 6
indirect speech
discours indirecte
discorso indiretto
estilo indirecto
جملة غير مباشرة
نقل قول غیرمستقیم
dolaysız cümle
косвенная речь

Infinitiv 6
infinitive
infinitif
infinitivo
infinitivo
ثلاثي
مصدر
mastar, eylemlik
неопределённое наклонение

interessieren 2
to be interested in
s'intéresser à
interessare
interesar
اهتمّ
علاقه داشتن
ilgilendirmek
интересовать

international 5
international
international
internazionale
internacional
دولي
بین‌المللی
milletlerarası, enternasyonal
международный

Inversion 3
inversion
inversion
inversione
inversión
قلب

قلب (درجمله)
takdim, tehir
инверсия

irgendein 3
some
n'importe quel
uno qualsiasi
cualquier
أيّ
هرکسی
herhangibir
какой-нибудь

irgendwie 1
somehow
n'importe comment
di qualche modo
de algún modo
بطريقة ما
به طریقی
herhangi bir suretle
как-то

ironisch 5
ironical
ironiquement
ironico
irónico
ساخر
باگرشه ركنايه
alaylı
иронический

irre 1 ⟨⟩
real cool
fou
pazzo
loco
يجنّن
دیوانه
deli
замечательно

israelisch 1
Israelite
israélite
israeliano
israelita

إسرائيلي
اسرائيلي
israeli
израильский

italienisch 5
Italian
italien
italiano
italiano
إيطالي
ايطاليائي
italyanca
итальянский

J

Japan 4
Japan
Japon
Giappone
Japón
اليابان
ژاپن
Japonya
Япония

japanisch 3
Japanese
japonais
giapponese
japonés
ياباني
ژاپنی
Japonca
японский

Job 4
job
boulot
job
curro
شغل
کار
iş
работа

joggen 1
to jog

faire du jogging
fare il footing
hacer footing
جري
در (ورزشی)
koşu yapmak
бегать

jüdisch 1
Jewish
juif
ebreo
judío
يهودي
یهودی
Yahudi
еврейский

Jugend 5
youth
jeunesse
gioventù
juventud
شباب
جوانی
gençlik
молодёжь

Jugendliche/r 2
youngster
jeune
giovanile
el joven
شابّ
جوانان
14 ilâ 18 yaşları arasındaki gençler
подросток

jung 1
young
jeune
giovane
joven
صغير السنّ
جوان
genç
молодой

K

Kabelfernsehen 2
cable TV
télévision câblé
televisione a cavo
televisión por cable
قناة تلفزية خاصة
تلویزیونی که برنامه‌های متعدد از طریق ماهواره دریافت می‌کند
kablo televisyonu
кабелтелевидение

Kaffeekanne 6
coffee pot
cafetière
cafettiera
cafetera
إبريق للقهوة
قوری قهوه
kahve ibriği
кофейник

kanadisch 1
Canadian
canadien
canadese
canadiense
كندي
کانادائی
Kanadalı
канадский

Karte 2
card
carte
carta di giocco
baraja
بطاقة
کارت
bilet
карта

kassieren 2
to collect
encaisser
incassare
cobrar
حصّل

پول گرفتن
hesap almak
кассировать

katholisch 1
catholic
catholique
catolico
católico
كاثوليكي
كاتوليك
Katolik
католический

Kaufhaus 2
department store
grand magasin
grande magazzino
almacén
مركز تجاري
فروشگاه
büyük mağaza
универмаг

kaum 1
hardly
à peine
appena
casi no
قلّما
بسختی / بزحمت
pek az
едва

Kenntnis 6
knowledge
connaissance
conoscenza
conocimiento
معلومات
اطلاعات
bilgiler
знания

Kindergarten 5
kindergarten
maternelle
giardino d'infanzia
guardería

روضة الأطفال
كودكستان
kireç
детский сад

Kiste ⟨⟩ 6
gadget
machin
apparechio
caja
صندوق
صندوق / جعبه
alet
аппарат

klappen 2 ⟨⟩
to work out well
aller bien
andar bene
funcionar
تمّ بسلام
عملی شدن
olmak, yolunda yürümek
клеиться

klären 3
to clarify
éclaircir
chiarire
aclarar
وضّح
روشن کردن
aydınlatmak
выяснять

klasse 6 ⟨⟩
great!
super!
stupendo!
¡estupendo!
رائع
کلاسه / مرتبه
klas, derece
отлично

klatschnass 2 ⟨⟩
soaking wet
très mouillé
zuppo

chorreando agua
مبتلّ
خیس آب
yamyaş
мокрый

Knopf 6
button
bouton
bottone
botón
زر
تكمة
düğme
кнопка

Kollege 6
colleague
collègue
collega
colega
زميل
همکار
meslektaş
коллега

komisch 1
funny, strange
drôle, étrange
comica, strano
cómico, raro
غریب
مضحك / کمیك
tuhaf
странный, забавный

kompliziert 5
complicated
compliqué
complicato
complicado
معقّد
پیچیده
komplike
сложный

Konjunktiv 6
subjunctive
subjonctif

GLOSSAR

congiuntivo
subjuntivo
مضارع منصرب
رجه التزامی
sübjonktif
сослагательное наклонение

Kontrolleur 3
(bus) conductor
inspecteur
controllore
controlor
مراقب
بازرس / مراقب
kontrolör
контролёр

Koran 6
Koran
Coran
Coran
Corán
القرآن
قران
Kur'an
коран

korrekt 3
correct
juste
corretto
correcto
صحیح
درست / دقیق
doğru
правильный

kosten 1
to cost
coûter
costare
costar
كلّف
ارزیدن
masraf
стоить

Krankenhaus 5
hospital
hôpital
ospedale
hospital
مستشفى
بیمارستان
hastane
больница

kratzen 6
to scratch
se gratter
raschiare
rascar
خربش
خاریدن
kaşımak
чесаться

Kreuzworträtsel 1
crossword puzzle
mots-croisés
cruciverba
crucigrama
كلمات متقاطعة
جدول كلمات متقاطع
çapraz kelime bulmacasi
кроссворд

Krieg 2
war
guerre
guerra
guerra
حرب
جنگ
harp
война

Krimi/Kriminalfilm 2
mystery/thriller
film policier
giallo
policíaca
فیلم بولیسی
جنائی / فیلم جنائی
cinai/polisiye film
детективный фильм

Kuchen 1
cake
gâteau
dolce
pastel
كعك
کیك
pasta
пирожное

kühl 1
cool
froid
freddo
frío
بارد
خنك
serin
прохладный, холодный

Kultur 5
culture
culture
cultura
cultura
ثقافة
فرهنگ
kültür
культура

kümmern um (sich) 6
to take care of
s'occuper de
occuparsi
ocuparse de
اعتنى بـ
زحمتی کشیدن یا اقدامی کردن برای کسی یا چیزی
ilgilenmek, önem vermek
заботиться о

Kunde 4
customer
client
cliente
cliente
زبون
مشتری
müşteri
клиент, заказчик

Kurs 3
course
cours
corso
curso
دورة
کُرس / دوره
kurs
курс

Kurzwelle 6
short wave
onde courte
onda corta
onda corta
موجة قصيرة
موج کوتاه
kısa dalga
короткая волна

L

lachen 3
to laugh
rire
ridere
reír
ضحك
خندیدن
gülmek
смеяться

Land 5
country
pays
paese
país
بلد
ایالت / سرزمین
toprak, arazi, ülke
страна

Lautsprecher 6
loudspeaker
haut-parleur
alto parlante
alta voz
مضخّم الصوت
بلندگر

hoparlör
громкоговоритель

Lebenslauf 4
curriculum vitae/résumé
curriculum vitae
curriculum vitae
curriculum vitae
سيرة ذاتية
شرح حال
biyografi, hayat hikayesi
биография

ledig 1
single
célibataire
celibe
soltero
أعزب
مجرد
bekâr
холостой, незамужняя

leise 6
soft/quiet
bas
piano
bajo
بصوت خافت
آرام
yavaş, hafif
тихий

leisten 4
to perform
accomplir
rendere
rendir
عمل
انجام دادن
yapmak
делать, создавать

Lernprogramm 6
learning program/programme
programme d'apprentissage
programma didattico
programa didáctico
برنامج تعليمي

برنامه یادگیری
ders proğramı
программа учения

Liebe 1
love
amour
amore
amor
حبّ
عشق
sevgi
любовь

lieben 1
to love
aimer
amare
amar
أحبّ
دوست داشتن / عشق ورزیدن
sevmek
любить

löschen 6
to erase
effacer
cancellare
apagar
محا
پاک کردن
silmek
стирать

lösen 5
to solve
résoudre
risolvere
resolver
حل
حل کردن
çözmek
решать

Lösung 3
solution
solution
soluzione
solución

GLOSSAR 287

حلّ
راه حل
çözüm, çare
решение

M

Mafioso 1
member of the Mafia
membre de la Mafia
mafioso
mafioso
مافیزر
مافیائی
mafya
мафиози

man 1
one (you)
on
uno
uno
مرء
شخص
insan, kişi
(один, кто-нибудь)

manche 2
some
quelques uns
qualche
algunos
بعض
بعضی
bazı (-lar)
некоторые

Markt 5
market
marché
mercato
mercado
سوق
بازار
çarşı, pazar
рынок

Marokko 6
Morocco
Maroc
Marocco
Maruecos
المغرب
مراكش
Fas, marok
Марокко

Mathe ⟨⟩ 6
Math
maths
matematica
matemática
رياضيات
رياضی
matematik
математика

Mathematik 6
mathematics
mathématique
matematica
matemática
رياضيات
رياضيات
matematik
математика

Meer 3
sea
mèr
mare
mar
بحر
دریا
deniz
море

mehr 4
more
plus
più
más
أكثر
بیشتر / دیگر
daha, fazla
больше

Mehrfahrtenkarte 3
book of tickets
carnet de tickets
carnet di biglietti
bono bus
بطاقة لعدّة رحلات
بلیط برای چند بار سفر
abone bilet
многократный билет

Meinung 5
opinion
avis
opinione
opinión
رأي
نظر / عقیده
düşünce, fikir
мнение

melden bei (sich) 6
to report to
se présenter
farsi vedere
dar señal
تقدّم إلى
خبر دادن / معرفی کردن / تماس گرفتن
geldiğini haber vermek
являться к

Menge 6
quantity
quantité
quantità
cantidad
كمّيّة
مجموعه / مقدار
miktar
количество

Menschheit 5
mankind
humanité
umanità
humanidad
البشريّة
انسانیت
insanlık
человечество

Messe 4
trade fair

messe
fiera
feria
معرض
نمایشگاه
fuar
ярмарка

Militär 6
military
militaire
militare
militar
جيش
ارتش
askeriye
военные

Milliarde 4
billion
milliard
miliardo
mil millones
مليار
میلیارد
milyar
миллиард

mitbringen 6
to bring along
ammener
portare
traer
أحضر
همراه آوردن
birlikte (beraberinde) getirmek, gotürmek
приносить (с собой)

miteinander 1
together
ensemble
insieme
uno con otro
مع بعض
با یکدیگر
beraber
друг с другом

mitnehmen 1
to take along
emmener
prendere via
llevarse
أخذ معه
همراه برداشتن
yanında almak
брать с собой

Mitschüler 1
class mate
camarade de classe
compagno
compañero
تلميذ
همكلاس
okul arkadaşi
товарищ по школе

Mittagsschlaf 2
nap
sieste
siesta
siesta
قيلولة
خواب بعداز ظهر
öğle uykusu
послеобеденный сон

mitten 6
in the middle of
au milieu de
in mezzo da
en medio de
في وسط
وسط
ortasın(d)a
среди

Möbel 1
furniture
meuble
mobile
mueble
أثاث
مبل
mobilya
мебель

Mode 2
fashion
mode
moda
moda
مودة
مد
moda
мода

modisch 2
fashionable
à la mode
alla moda
en boga
على المودة
مد روز
modaya uygun
модный

Möglichkeit 3
possibility
possibilité
possibilità
posibilidad
إمكانية
امكان
olanak
возможность

Monatskarte 3
monthly ticket/pass
abonnement mensuel
tessera mensile
billete mensual
تذكرة شهرية
كارت ماهانه
aylık bilet
месячный билет

Monster 1
monster
monstre
mostro
monstruo
وحش
هیولا / غول
canavar
монстр

moslemisch 1
Muslim
muselmane
musulmano
musulmán
إسلامي
مسلمان
müslüman
мусульманский

Motorrad 6
motorcycle
moto
motocicletta
motocicleta
دراجة نارية
موتور سيكلت
motosiklet
мотоцикл

Müll 5
garbage
ordures
immodizia
vasura
قمامة
زباله
çop
мусор

Mülltonne 5
garbage can
poubelle
bidone delle immodizie
cubo de vasura
صفيحة قمامة
سطل اشغال / خاكروبه دان
çöp tenekesi
мусоросборник

Museum 1
museum
musée
museo
museo
متحف
موزه
müze
музей

Müsli 5
Musli/cereal
müsli
müsli
musli
مورسلي
نوعى غنا كه از جر، كشمش، بادام،
ميوه خشك تشكيل شده كه معمولا يا
شير مخلوط كرده براى صبحانه
صرف ميشرد
müsli
овсяные хлопья

Mutter 5
mother
mère
madre
madre
أمّ
مادر
anne
мать

N

nachdem 5
after
après que
dopo
despues de
بعد أن
بعداز
-dikten sonra
после того как

nachdenken 5
to think
réfléchir
pensare
reflejar
فكّر
به موضوعى فكر كردن
düşünmek
размышлять

Nachricht 2
message
nouvelle
notizia

noticia
خبر
خبر
haber
известие

Nachrichten 2
news
informations
informazioni
noticias
أخبار
اخبار
haberler
известия

Nähe 6
proximity
proximité
vicinanza
vecindad
قرب
نزديك
yakınlık
близость

näher 2
closer/nearer
plus près
più vicino
más cerca
أقرب
نزديكتر
daha yakın
ближе

nass 2
wet
mouillé
bagnato
húmedo
مبلّل
خيس
yaş
мокрый

Nationalität 5
nationality
nationalité

nazionalità
nacionalidad
جنسية
مليت
milliyet, vatandaşlık
национальность

Natur 2
nature
nature
natura
naturaleza
طبيعة
طبیعت
tabiat
природа

Neffe 5
nephew
neveu
il nipote
sobrino
إبن الأخ = الأخت
پسر خراهر یا برادر
erkek yeğen
племянник

negativ 1
negative
péjoratif
negativo
negativo
سلبي
منفی
negatif
отрицательный

Neonazis 5
neo-Nazis
néo-nazis
neonazi
neonazi
نازیون جدد
نئونازیها
neonaziler
неонацисты

netto 4
net
net
netto
neto
صاف
خالص
net
нетто

Nichte 5
niece
nièce
la nipote
sobrina
بنت الأخ = الأخت
دختر برادر یا خواهر
kız yeğen
племянница

Niveau 3
level
niveau
livello
nivel
مستوی
سطح
seviye, derece
уровень

Norden 5
north
nord
nord
norte
شمال
شمال
kuzey
север

Nordpol 3
North Pole
pôle nord
polo nord
polo norte
القطب الشمالي
قطب شمال
kuzey kutbu
Северный полюс

Nordsee 2
North Sea
Mer du Nord
mare del nord
mar del norte
بحر الشمال
دریای شمال
kuzey denizi
Северное море

nötig 4
necessary
nécessaire
necessario
necesario
ضروري
ضروری
lâzım
нужный

nützen 4
to be of use
servir à
essere utile
servir, ser útil
نفع
مفید بودن/ سودمند بودن
bir şeyi kullanmak
приносить пользу

O

obwohl 3
although
bien que
benché
bien que
رغم
باوجودیکه
her ne kadar ... ise de
хотя

Öffentlichkeit 5
public
public
pubblico
público
عموم
ملاعام/ انظار عموم
aleniyet, kamu, oyu
общественность

GLOSSAR

okay 2
okay
d'accord
okay
okay
تمام
خرب
okey
окэй

Ökologie 5
ecology
écologie
ecologia
ecología
علم البيئة
بوم شناسی / اکولوژی
ekoloji
экология

ökologisch 5
égological
écologique
ecologico
ecológico
له علاقة بالبيئة
اکولوژیك
ekolojlk
экологический

Oma 5
grandma
mamie
nonna
abuela
جدّة
مامان بزرگ
nine
бабушка

Onkel 5
uncle
oncle
zio
tío
عمّ = خال
عمو
amca dayi
дядя

Opa 5
grandpa
papie
nonno
abuelo
جدّ
بابا بزرگ
büyükbaba
дедушка

Orchester 3
orchestra
orchestre
orchestra
orquesta
فرقة موسيقية
ارکستر
orkestra
оркестр

ordnen 1
to arrange
ranger
ordinare
ordenar
نظّم
منظم کردن
tanzim etmek
приводить в порядок

Ordnung 1
order
ordre
ordine
orden
نظام
نظم
nizam, düzen
порядок

organisieren (sich) 5
to organize, to unite
s'organiser
organnizzare
organizarse
أعدّ نفسه
سازمان دادن / ارگانیزه کردن
organize etmek
организовать (ся)

Osteuropäer 5
Eastern European
européen oriental
europeo orientale
europeo oriental
أوربي شرقي
اهالی اروپای شرقی
doğu Avrupalı
восточноевропеец

P

Paar 2
couple
couple
paio
par de
زرج
جفت
çift
пара

Papier 3
paper
papier
carta
papel
ورق
کاغذ
kâğıt
бумага

Papierkrieg 3
paper work
paperasserie
ludi cartacei
papeleo burocrático
مشاكل بيروقراطية
کاغذ بازی
bürokrasi
война с бумагами

Party 1
party
boum
festa
fiesta
حفلة
مهمانی / پارتی

parti
вечеринка

passen 1
to fit
aller bien
adattarsi a
ir bien con
ناسب
مناسب‌بودن
uymak
подходить

passend 4
fitting
convenable
che va bene
adecuado
مناسب
مناسب
uygun
подходящий

passieren 5
to happen
se passer
succedere
ocurrir
حصل
رخ دادن / اتفاق افتادن
vukua gelmek
случаться

Passiv 5
passive voice
voix passive
passivo
voz pasiva
مبني للمجهول
مجهول
pasif
страдательный залог

Passbild 3
passport photo
photo d'identité
foto per tessera
foto de pasaporte
صورة لبطاقة شخصية
عکس گذرنامه
vesikalık resim
паспортная фотография

Pech 4
bad luck
malchance
sfortuna
mala suerte
سرء الحظّ
بد شانسی
talihsizlik
неудача

pensioniert 3
retired
en retraite
pensionato
jubilado
محال على المعاش
بازنشسته
emekli
на пенсии

Person 1
person
personne
persona
persona
شخص
شخص
kişi
лицо

Personalien 3
personal data
détails personnels
dati personali
datos personales
بيانات شخصية
مشخصات فردی
kimlik
данные о личности

persönlich 6
personal
personnel
personale
personal
شخصي
شخصاً
özel: şahsi
личный

pessimistisch 5
pessimistic
pessimiste
pessimista
pesimista
متشائم
بدبینانه
pesimist, kötümser
пессимистический

Pfand 5
deposit
consigne
deposito per vuoto
fianza
رهن
گرو
rehin, tutu
заклад

Pfeifton 2
beep
tonalité
segnale
señal
صفير
صدای سوت
düdük sesi
запищание

Physik 2
physics
physique
fisica
física
فیزیاء
فیزیک
fizik
физика

Pizza 3
pizza
pizza
pizza
spaghettata

GLOSSAR 293

pizza
بيزا
پيتزا
pizza
пицца

Plastik 5
plastic
plastique
plastica
plástico
بلاستيك
پلاستيك
plastik
пластика

Plastikflaschen 5
plastic bottle
bouteille en plastique
bottiglia di plastica
botella de plástico
زجاجات من بلاستيك
بطری پلاستیکی / شیشهٔ پلاستیکی
plastik şişe
бутылка из пластики

plötzlich 3
suddenly
soudain
improvviso
de repente
فجأة
ناگهان
ani, birdenbire
неожиданно

Plusquamperfekt 5
past perfect
passé antérieur
piúcheperfetto
pluscuamperfecto
الماضي البعيد
ماضی بعید
üçüncü geçmiş zaman
плюсквамперфект

Polen 5
Poland
Pologne

Polonia
Polonia
برلونيا
لهستان
Polonya
Польша

Politesse 3
female traffic warden
policier féminin
poliziotta
la agente de policía
مضيّفة
پلیس زن
kadın polis
женщина, работающая в ГАИ

Politik 2
politics
politique
politica
política
سياسة
سياست
politika
политика

Politiker 4
politician
politicien
politico
político
رجل سياسة
سیاستمدار
politikacı
политик

Portemonnaie 5
wallet
porte-monnaie
portamonete
monedero
محفظة نقود
کیف پول
cüzdan
портмоне

positiv 1
positive

positif
positivo
positivo
إيجابي
مثبت
pozitif
положительный

Post 3
post office
poste
posta
correo
بريد
پست
posta
почта

Präfix 6
prefix
préfixe
prefisso
prefijo
سابقة
پیشوند
prefiks
приставка

Präteritum 3
past tense
passé simple
preterito passato
pretérito
ماض
ماضی
mazi
прошедшее время

pro 4
per
par
pro
pro
لفائدة
مرافق
için
по

problematisch 5
problematical

problématique
problematico
problemático
إشكالي
مشكل
problematik
проблематический

Produktionsfirma 4
production company
entreprise de production
impressa di produzione
casa productora
شركة إنتاج
شركت ترليدى
imal eden firma
фирма по произведению

Programm 2
program/programme
chaine
programma
programa
برنامج
برنامه
proğram
программа

protestantisch 1
Protestant
protestant
protestante
prostetante
بروتستاني
پروتستان
protestan
протестантский

Psychologe 4
psychologist
psychologue
psicologo
sicólogo
عالم نفس
روانشناس
psikolog
психолог

pünktlich 4
on time
à l'heure
puntuale
puntual
في الموعد
دقيق / سروقت
tam vaktinde olan
пунктуальный

Q

Qualität 5
quality
qualité
qualità
calidad
نوعية
كيفيّت
kalite
качество

R

Rad fahren 2
to ride a bike
faire du vélo
andare in bicicletta
ir en bici
ساق درّاجة
دوچرخ راندن
bisiklet sürmek
ездить на велосипеде

Radiosprecher 5
radio announcer
speaker à la radio
annunciatore radiofonico
locutor de radio
مذيع في الراديو
گوينده راديو
spiker
диктор

Radtour 2
bicycle tour
tour de bicyclette
giro in bicicletta
vuelta ciclista
جولة بالدرّاجة
گردش با دوچرخه
bisikletle gezinti
поход на велосипеде

Rat 2
advice
conseil
consiglio
consejo
نصيحة
پند
öğüt, nasihat
совет

raten 1
to advise
conseiller
indovinare
adivinar
حزّر
حدس زدن
tahmin etmek
угадывать

Rätsel 5
riddle
devinette
indovinello
enigma
لغز
معما
bilmece
загадка

Raubkopie 6
pirated copy
copie illégitime
coppia illegale
copia ilegal
نسخة مسروقة
كپيه غيرقانونى
çalıntı düblikat
нелегальная копия

raushalten (sich) 6
to keep out of
ne pas se mêler de
non immischiarsi
no meterse
لم يتدخّل

GLOSSAR

درگیرنکردن یانشدن
karışmamak
держаться подальше от

rausrücken 4 ⟨⟩
to come out with
se décider à parler
sputarlo
soltarlo
أعرب
به حرف آمدن / روکردن
dilinin altındaki baklayı çıkarmak
выдавать

rechnen mit 6
to reckon with
compter avec
contare con
contar con
اعتمد على
روی کسی یا چیزی حساب کردن
bir şeye güvenmek
считаться с

Rechner 6
computer
ordinateur
computer
ordenador
حاسبات
آلت محاسبه
hesap makinası
компьютер

Recht haben 5
to be right
avoir raison
avere ragione
tener razón
معه حقّ
حق داشتن
haklı olmak
быть прав

Referat 6
essay, oral report
exposée
referto
ponencia
عرض
خطابه / سخنرانی
hitabet
доклад

Regal 1
shelf
étagère
scaffale
estantería
رفّ
تفسه
raf
полка

Regel 6
rule
règle
regola
regla
قاعدة
قاعده
kural
правило

Regierung 5
government
gouvernement
governo
gobierno
حكومة
دولت
hükümet
правительство

regnen 2
to rain
pleuvoir
piovere
llover
أمطر
باران باریدن
yağmur yağmak
идёт дождь

Reiseagentur 4
travel agency
agence de voyage
ufficcio viaggi
agencia turística
مكتب سفر
آژانس مسافرتی
seyahat acentasi
туристская агентура

Reiseliteratur 4
travel books
livres de voyage
litteratura di viaggi
literatura de viajes
أدب الترحال
راهنمای مسافرت
seyahatname
путевая литература

Rekord 4
record
record
record
record
رقم قياسي
رکورد
rekor
рекорд

Relativpronomen 1
relative pronoun
pronom relatif
pronome relativo
pronombre relativo
إسم موصول
ضمیر موصولی
nispet zamiri
относительное местоимение

Relativsatz 1
relative clause
proposition relative
proposizione relativa
frase relativa
جملة موصلة
جمله موصولی
nispet cümlesi
относительное предложение

Religion 1
religion

réligion
religione
religión
دين
دين
din
религия

rennen 5
to run
courir
correre
correr
عدا
دويدن / تاختن
koşmak, yarış etmek
бежать

Rest 2
rest
reste
resto
resto
بَقِيَّة
باقيمانده
kalan, artık
остаток

richtig 1
right
juste
giusto
correcto
صحيح
صحيح / درست
doğru
правильный

Rückfahrt 3
return
retour
ritorno
vuelta
إيّاب
مسير بازگشت (با وسيله نقليه)
dönüş
обратный проезд

ruhig 1
quiet

calme
calmo
tranquilo
هادىء
آرام
sakin, hareketsiz
тихий

Rumänien 5
Rumania
Roumanie
Rumania
Romania
رومانيا
رومانى
Romanya
Румыния

rumtanzen ⟨⟩ 6
to dance around
danser en se défoulant
ballonzollare
bailotear
رقص
همه جا ومدام رقصيدن
eylenmek
нервировать

Russland 5
Russia
Russie
Russia
Rusia
روسيا
روسيه
Rusya
Россия

S

Salami 3
salami
saucisse
salame
salchichón
سجق مدخّن
زالامى
salam
салами

sauber 2
clean
propre
pulito
limpio
نظيف
پاک
temiz
чистый

saublöd ⟨⟩ 6
lousy
bête comme tout
scemo
tonto del culo
أحمق
بسيار احمق
çok aptal
очень дурной

Sauna 2
sauna
sauna
sauna
sauna
حمّام تركي
سونا
sauna
баня

Saxophon 6
saxophone
saxophone
sassofono
saxófono
مزمار
ساكسيفون
saksofon
саксофон

Schach 1
chess
échec
scacchi
ajedrez
شطرنج
شطرنج
satranç
шахматы

schaffen 2 ⟨⟩
to succeed
réussir
farcela
lograr
أنجز
از عهده چیزی بر آمدن
başarmak
успевать

scharf (nachdenken) 5
(think) thoroughly
perçant
intensamente
profundamente
بإمعان
عميق / تند / تيز
iyice, keskin
острый

scheinen 4
to seem
sembler
parere
parecer
ظهر
به نظر رسیدن
görünmek
казаться

schicken 4
to send
envoyer
mandare
mandar
أرسل
فرستادن
göndermek
слать

Schiff 6
ship
navire
nave
barco
سفينة
کشتی
gemi
корабль

Schiffsunglück 6
shipwreck
naufrage
accidente navale
accidente de barco
حادث سفينة
غرق شدن کشتی
gemi kazası
авария судна

schlafen 1
to sleep
dormir
dormire
dormir
نام
خوابیدن
uyumak
спать

schmal 5
narrow
étroit
stretto
estrecho
ضيّق
باریک
ince
узкий

schmutzig 5
dirty
sale
sporco
sucio
وسخ
آلوده / کثیف
kirli
грязный

Schnecke 6
snail
escargot
lumaca
caracol
حلزون
حلزون
sümüklü
улитка

schneiden 6
to cut
couper
tagliare
cortar
قطع
بریدن / قطع کردن
kesmek
резать

schnellstens 4
the fastest
au plus vite
quanto prima
lo más rápido posible
بأسرع ما يكون
بسرعت / بدون فوت وقت
en çabuk, en hızlı
как можно скорее

Schnupfen 6
cold
rhume
raffreddore
resfriado
زكام
زكام
nezle
насморк

schrecklich 5
terrible
terrible
terribile
horrible
فظيع
وحشت‌انگیز
korkunç
ужасный

Schreibmaschine 6
typewriter
machine à écrire
macchina da scrivere
máquina de escribir
آلة كاتبة
ماشین تحریر
daktilo makinası
пишущая машинка

Schrift 3
writing
écriture
scrittura
letra
خطّ
خط
yazı
почерк

schriftlich 3
written
écrit
scritto
por escrito
كتابي
كتبى
yazılı
письменный

Schrott ⟨⟩ 6
nonsense
bêtises
sciochezze
tontería
كلام فارغ
مزخرف
saçmalık
дрянь

Schüler 1
pupil
élève
allievo
alumno
تلميذ
دانش‌آموز
öğrenci
ученик

Schutz 5
protection
protection
protezione
protección
حماية
حمايت
koruma
защита

Schwager 5
brother-in-law
beau-frère
cognato
cuñado
أخ الزوجة
برادر زن یا شوهر
kayınbirader, enişte, bacanak
деверь, шурин, свояк, зять

schwarz 5
black
noir
nero
negro
أسود
سياه
siyah, kara
чёрный

Schwarzfahrer 3
fare dodger
resquilleur
passaggero senza biglietto
polizonte
مسافر بدون تذكرة
شخصی که بدون بلیط در وسیله نقلیه عمومی سوار شود
kaçak yolcu
заяц

Schwein 5
pig
cochon
porco
cerdo
خنزير
خوک
domuz
свинья

Schweineschnitzel 5
pork cutlet
escalope de porc
cotoletta di maiale
filete de cerdo
شريحة لحم خنزير
شنیتسل خوک
domuz şinitzeli
шницель

Schwiegereltern 5
parents-in-law
beau-parents
suoceri
suegros
حمو وحماة
پدر و مادر همسر
kaynata - kaynana
родители жены/мужа

Schwiegersohn 5
son-in-law
gendre
genero
yerno
زوج الإبنة
داماد
damat
зять

Schwiegertochter 5
daughter-in-law
belle-fille
nuora
nuera
زوجة الإبن
عروس
gelin
невестка, сноха

schwimmen 1
to swim
nager
nuotare
nadar
سبح
شنا کردن
yüzmek
плавать

schwören 5
to swear
jurer
giurare
jurar
أقسم
قسم خوردن
ant içmek, yemin etmek
клясться

See 2
lake
lac
lago
lago
بحر
دریاچه
göl
озеро

Seele 6
soul
âme
anima
alma
نفس
روح
ruh
душа

Sekretärin 4
secretary
secrétaire
segretaria
secretaria
سکرتیر
سکرتر
sekreter (kadın)
секретарша

Sekunde 6
second
seconde
secondo
segundo
ثانية
ثانيه
saniye
секунда

selten 5
rarely
rarement
raro
raramente
نادرا
بندرت
nadir
редко

Sender 6
TV station
poste d'émission
stazione televisiva
emisora
إذاعة
فرستنده / کانال
yayın organı
передатчик

sexy 5
sexy
sexy
sexy
sexy
مثير للجنس
سکسی
seksi
привлекательный, секси

Sinn 6
sense
sens
senso
sentido
معنى
نتیجه / فائده
duyu, anlam
смысл

Situation 4
situation
situation
situazione
situación
موقف
وضعیت
durum
положение

Ski 1
ski
ski
sci
esquí
تزحلق على الثلج
اسکی
kayak
лыжа

Skinhead 5
skinhead
skinhead
skinhead
cabeza rapada
عصابات الرؤوس المحلّقة
دستهای از جوانان آلمانی که معمولا دارای سر تراشیده میباشند که به خشونت معروف هستند و خارجی ها را میآزارند
dazlak kafalılar
бритоголовый

Smoking 1
tuxedo
smoking
smoking
esmoquín
بدلة السهرة
اسموکینگ
smokin
смокинг

sobald 4
as soon as
dès que
appena
cuando
حالما
به محض
olur olmaz, yapar yapmaz
как, едва

Software 6
software
software
software
software
برامج الکمبیوتر
نرمافزار
software
программы для компьютера

so lange 5
as long as
tant que
mentre
mientras
طالما

تازمانیکه
-dikçe -dıkça
пока (не)

solche 1
such
tel
tale
tal
مثل
اینطور
böyle, şöyle
такие

so was ⟨⟩ 6
something like that
quelque chose comme ça
qualcosa cosi
algo así
يا ريلي
اینطور چیزی
bunun gibi, benzeri
что-то, такое

Spanien 1
Spain
Espagne
Spagna
Celtibérica
إسبانيا
اسپانیا
ispanya
Испания

spannend 1
fascinating
captivant
emozionante
muy interesante
مشرّق
هیجان‌انگیز
heyecanlı
напряжённый

sparen 1
to save money, economize
épargner
risparmiare
ahorrar
صرفه‌جوئی کردن / پس‌اندازکردن
tasarruf etmek
сберегать

später 4
later
plus tard
più tardi
más tarde
فيما بعد
بعداً
sonra
позже

Spezialist 6
specialist
specialiste
specialista
especialista
اختصاصي
متخصص
eksper
специалист

Spiel 2
game, match
jeu, match
giocco, partita
juego, partida
لعبة
بازی
oyun
игра

spielen 3
to play
jouer
giocare
jugar
لعِب
بازی کردن
oynamak
играть

spinnen 5
to be crazy
déconner
essere matto

estar loco
خرّف
مزخرف گفتن / بی‌ربط گفتن
saçmalamak
рассказывать небылицы

Sport 2
sports
sport
sport
deporte
رياضة
ورزش
spor
спорт

Sportschau 2
TV sports show
réportage sportif
telesportivo
teledeportivo
برنامج رياضي
اخبار ورزشی
spor programı
спортивная информация

Spot 6
spotlight
spot
spot
spot
صور للدعاية
نور صحنه / پررژکتور
projektör
прожектор

Sprache 4
language
langue
lingua
lengua
لغة
زبان
dil, lisan
язык

Sprachschule 3
language school
ècole de langues

GLOSSAR

scuola di lingue
escuela de lenguas
مدرسة لتعليم اللّغات
موسسه زبان
lisan okulu
школа языков

sprechen 1
to speak
parler
parlare
hablar
تكلّم
حرف زدن
konuşmak
говорить

Spruch 5
slogan, saying
paroles
parolone
dicho
قول
عبارت / قول
söz, laf
изречение

spülen 3
to wash the dishes
faire la vaisselle
lavare i piatti
fregar
جلى
آبکشیدن / شستن
bulaşık yıkamak
мыть посуду

Staat 5
country
état
stato
estado
دولة
حکومت / دولت
devlet
государство

staatlich 5
public
statale
estatal
درلي
درلتي
devlete ait
государственный

Staatsangehörigkeit 1
nationality
nationalité
nazionalitá
nacionalidad
جنسية
مليت
vatandaşlık
гражданство

Star 2
star
vedette
divo
estrella
نجم
ستاره
yıldız
звезда

Statistik 3
statistics
statistique
statistica
estatística
إحصائيّات
آمار
istatistik
статистика

statistisch 3
statistical
statistique
statistico
estatístico
إحصائي
از نقط نظر آمارگیری
istatistik
статистический

statt 5
instead of
au lieu de
invece di
en vez de
عوضا
بجای / بعوض
yerine
вместо

Stelle 4
job
emploi
posto
puesto
مكان
كار / شغل
işyeri
место работы

stellen 6
to adjust
régler
regolare
ajustar
ضبط
تنظیم کردن
ayar etmek
устанавливать

Stellenanzeige 4
want ad
offre d'emploi
offerta d'impiego
oferta de trabajo
إعلانات العمل
آگهی استخدام / آگهی کار
iş ilanı
предложение свободной должности

Stempel 3
seal, rubber stamp
sceau
timbro
sello
ختم
مهر
damga, mühür
печать

sterben 5
to die
mourir
morire
morir
مات
فوت كردن
ölmek
умирать

Steuer 4
tax
impôt
tasse
impuesto
ضريبة
ماليات
vergi
налог

Stiefmutter 5
stepmother
belle-mère
matrigna
madrastra
زوجة الأب
نامادری / مادر خوانده
üvey ana
мачеха

Stiefsohn 5
stepson
beau-fils
figliastro
hijastro
ربيب
پسر خوانده
üvey oğul
пасынок

Stieftochter 5
stepdaughter
belle-fille
figliastra
hijastra
ربيبة
دختر خوانده
üvey kız
падчерица

Stiefvater 5
stepfather
beau-père
patrigno
padrastro
زوج الأم
ناپدری / پدرخوانده
üvey baba
отчим

Stimme 5
vote
vote
voto
voto
صوت
رأی
rey, oy
голос

stimmen 5
to be right
être correct
essere esatto
ser correcto
صحّ
صحت داشتن
doğru olmak
быть верным

Strafe 3
penalty, fee
amende
multa
multa
غرامة
مجازات
ceza
штраф

Streit 5
quarrel
dispute
litigio
disputa
خصام
نزاع / دعوا
kavga, çekişme
ссора

streiten (sich) 2
to quarrel
se disputer
litigare
disputarse
تخاصم
مجادله كردن / زد وخورد كردن
kavga etmek
ссориться

Studentenermäßigung 3
student discount
réduction d'étudiant
riduzione per studenti
reducción para estudiantes
تخفيض للطلبة
تخفيف دانشجرئی
talebe indirimi
скидка для студентов

studieren 1
to study
étudier
studiare
estudiar
درس
تحصيل در دانشگاه
yüksek okula devam etmek
изучать

Suaheli 6
Swahili
swahili
swahili
suaheli
سراحلي
سراحلی
Suaheli
суахили

Suche 4
search
recherche
cerca
búsqueda
بحث
جستجو
arama
поиски

GLOSSAR 303

Süden 5
south
sud
sud
sur
جنوب
جنوب
güney
юг

Superlativ 4
superlative
superlatif
superlativo
superlativo
أفعل التفضيل
صفت عالی
enüstünlük (derecesi)
превосходная степень

süß 2
sweet
doux
dolce
dulce
حلو
شیرین
tatlı
сладкий

T

Tabelle 2
table
tableau
tabella
tablo
جدول
نمودار
tabela
таблица

Tankstelle 2
petrol/gas station
station de service
distributore di benzina
gasolinera
محطّة بنزين
پمپ بنزین
petrol ofisi
автозаправочная станция

Tante 2
aunt
tante
zia
tía
خالة
خاله
hala, teyze
тётя

tanzen 1
to dance
dancer
ballare
bailar
رقص
رقصیدن
dans etmek
танцевать

Tastatur 6
keyboard
clavier
tastiera
teclado
لوحة المفاتيح
تکمه
dokunak
тастатура

Tatort 2
German TV thriller
film policier à la télé
giallo TV
policíaca alemana
مكان الجريمة
محل واقعه
hadise yeri, olay yeri
место преступления

Teil ⟨⟩ 6
thing
machin
apparechio
aparato, chisme
جزء
سهم / قسمت
kısım, bölüm
вещь

teilen 1
to share
partager
dividere
repartir
قسم
تقسیم کردن
bölmek
разделять

Telefonzelle 4
telephone box/pay phone
cabine téléphonique
cabina telefonica
cabina telefónica
غرفة الهاتف
کیوسک تلفن
telefon kabinesi
телефонная будка

Therapie 5
therapy
thérapeutique
terapia
terapia
مداراة
علاج / درمان
terapi
терапия

tippen 6
to type
taper
battere sulla tastiera
pasar a máquina
ضرب على الآلة الكاتبة
تایپ کردن
daktilo etmek
писать на машинке

Tochter 5
daughter
fille
figlia
hija

إبنة
دختر
kiz, evlat
дочь

toll 1
great!
super!
magnifico
estupendo
رائع
عالي
fevkalâde, müthiş
замечательно

Ton 6
sound
son
suono
tono
صوت
صدا
ses
звук

Tonne 5
(garbage) can
poubelle
bidone
cubo
صفيحة
سطل / پیت
fıçı, varil
бак

tot 5
dead
mort
morto
muerto
ميّت
مرده
ölü
мёртвый

total 4 ⟨⟩
completely
complètement
totale
total
تامّ
كاملا
bütün
совершенно

Tour 1
tour
tour
giro
vuelta
رحلة
سفر / سياحت
seyahat, yolculuk
поездка

Touristik 4
tourism
tourisme
turismo
turismo
سياحة
توریستی
turizm
туризм

Traum 2
dream
rêve
sogno
sueño
حلم
رویا
rüya
сон, мечта

träumen von 6
to dream of
rêver de
sognare di
soñar de
حلم بـ
خواب چیزی یا کسی را دیدن
bir şeyi rüyasında görmek
мечтать о

traurig 5
sad
triste
triste
triste
حزين
غمگين
üzgün
печальный

trennbar 3
separable
séparable
separabile
separable
منفصل
قابل تفكيك
ayrılabilir
разделимый

treten 3
to kick, to walk
marcher
pestare
pisar
داس
لگد زدن / قدم گذاشتن / داخل شدن
tekmelemek, ayak basmak
ступать

trocken 1
dry
sec
seco
seco
جافّ
خشك
kuru
сухой

Tschechoslowakei 5
Czechoslovakia
Tchécoslovaquie
Cecoslovacchia
Checoslovaquia
تشيكر سلوفاكيا
چکسلراکی
Çekoslovakya
Чехословакия

türkisch 5
Turkish

GLOSSAR

305

turc
turco
turco
تركي
ترکی
Türkçe
турецкий

Turnschuh 2
sports shoe
tennis
scarpe da ginnastica
calzado de deporte
حذاء الرياضة
کفش ورزشی
jimnastik ayakkabısı
спортивная обувь

Typ 1 ⟨⟩
guy, bloke, fellow
mec
tipo
tío
شخص
تیپ
tip
тип

U

Überblick (verlieren) 6
(loose) control
contrôle
controllo
(perder la) cuenta
نظرة عامّة
نگاه اجمالی
umumi bakış
обзор

überhaupt 1
in general, actually
après tout
in genere
en general
عمرما
اصلا
zaten
вообще

übersetzen 4
to translate
traduire
tradurre
traducir
ترجم
ترجمه کردن
tercüme etmek
переводить

Überstunde 4
overtime
heure supplémentaire
ora straordinaria
hora extra
ساعة إضافية
اضافه کاری
mesai
сверхурочный час

übertreiben 1
to exagerate
exagérer
esagerare
exagerar
بالغ
مبالغه کردن
büyütmek, abartmak
преувеличивать

überziehen 1
to overdraw
mettre à découvert
scoprire un conto
dejar en descubierto
جارز حسابه البنكي
از حساب اضافه برداشت کردن
mevcuttan fazla para çekmek
превышать

Umgangssprache 6
colloquial speech
langage familier
linguaggio corrente
lenguaje coloquial
عامیّة
زبان عامیانه
konuşma dili
разговорный язык

umschalten 6
to change stations/channels
changer de chaine
passare a un'altro canale
cambiar de canal
حوّل
کانال تلویزیون را عوض کردن
proğramı değiştirmek
переключать

Umlaut 6
umlaut
voyelle infléchie
metafonia
modificación de la vocal
إمالة
دگرگونی اصوات
umlavt
перегласовка

umsonst 6
in vain
en vain
invano
en vano
مجّانا
رایگان / مجّانی
bedava
напрасно

Umwelt 5
environment
l'environnement
ambiente naturale
medio ambiente
بيئة
محیط زیست
çevre
среда

Umweltschutz 5
environmental protection
protection de la nature
protezione del ambiente
protección de medio ambiente
حماية البيئة
حفاظت از محیط زیست
çevre temizliği
охрана среди

umziehen 1
to move
déménager
traslocare
cambiar de piso
غيّر السكن
تغيير مكان دادن
taşınmak
переезжать

Umzug 1
moving to a new flat
déménagement
trasloco
mudanza
تغيير السكن
اسباب‌کشی
taşınma
переезд

unbedingt 4
absolutely
absolument
assolutamente
absolutamente
حتما
بدرن شرط
kayıtsız şartsız, mutlaka
безусловный

unbestimmt 1
indefinite
indéfini
indeterminato
indefinido
نكرة
نامعين
belirsiz
неопределённый

ungeduldig 6
impatient
impatient
impaziente
impaciente
قليل الصبر
بی‌قرار
sabırsız
нетерпеливый

Ungleichheit 4
inequality
inégalité
disugualianza
desigualdad
تباين
نابرابری
eşitsizlik
неравенство

Unglück 6
accident
accident
sfortuna
siniestro
مصيبة
فلاكت / بدبختی
talihsizlik
несчастье

unglücklich 1
unhappy
malheureux
sfortunato
desgraciado
تعيس
بدبخت
talihsiz, saadetsiz, mutsuz
несчастливый

Universität 3
university
université
università
universidad
جامعة
دانشگاه
üniversite
университет

unmöglich 1
impossible
impossible
impossibile
imposible
مستحيل
غيرممكن
olanaksız
невозможный

Unmöglichkeit 6
impossibility
impossibilité
impossibilità
imposibilidad
استحالة
غيرممكن بودن
olanaksızlık
невозможность

unnötig 5
unnecessary
inutile
inutile
innecesario
غير ضروري
غير ضروری
lüzumsuz, gereksiz
ненужный

Unsinn 6
nonsense
non-sens
sciochezze
tontería
هراء
بيهوده
saçma, anlamsız
вздор

unterhalten (sich) 2
to talk with
s'entretenir
conversare
charlar
تحادث
صحبت كردن
sohbet etmek
развлекать (ся), беседовать

Unterlagen 4
documents
documents
documenti
documentos
مستندات
اوراق / سندها
dokümanlar
бумаги

GLOSSAR 307

unternehmen 2
to undertake
entreprendre
intraprendere
hacer algo
قام بـ
مقاطعه / تهدّد کردن
bir şeyi yapmağa kalkışmak
предпринимать

unterstellen (sich) 2
to take shelter
se mettre à l'abri
mettersi al riparo
ponerse al abrigo
استظلّ
خود را زیر چیزی قرار دادن
bir yere sığınmak
подставляться

unzufrieden 4
dissatisfied
mécontent
scontento
descontento
غیر راض
ناراضی
tatminsiz
недовольный

V

Vater 5
father
père
padre
padre
أب
پدر / بابا
baba, peder
отец

verabreden (sich) 2
to make an appointment
prendre rendez-vous
darsi appuntamento
darse cita
حدّد موعدا
با کسی قرار ملاقات گذاشتن
randevu yapmak
уговариваться

verändern 6
to change
changer
cambiare
cambiar
غیّر
تغییر دادن
değiştirmek
изменять

Verantwortung 5
responsibility
responsabilité
responsabilità
responsabilidad
مسؤولية
مسؤولیت
sorumluluk
ответственность

verbieten 1
to forbid
interdire
proibire
prohibir
منع
منع کردن
yasak etmek
запрещать

verbringen 2
to spend
passer
passare
pasar
قضى
گذراندن
geçirmek
проводить

verfeinden (sich) 2
to become enemies
se brouiller
inimicarsi
hacerse enemigos
عادى
دشمنی ورزیدن
bozuşmak, düşmanlaşmak
ссориться

verheiratet 1
married
marié
sposato
casado
متزوّج
متأهل
evli
женатый, замужняя

Verkaufsstelle 3
ticket office
guichet
rivendita
taquilla de venta
نقطة بيع
محل فروش
satış yeri
киоск

Verkehrsbetriebe 3
local transport authority
service urbain de transport
impresa trasporti pubblici
empresa de transportes urbanos
شركات للمواصلات
شرکت واحد اتوبوسرانی
işletmecilik kurumlar
предприятие городского транспорта

Verlag 4
publishing company
maison d'édition
casas editrice
casa editorial
دار نشر
ناشر
matbaa, basımevi
издательство

verlassen 4
to leave
quitter

abbandonare
abandonar
غادر
ترك‌كردن
terk etmek
оставлять

verloren 1
lost
perdu
perduto
perdido
مفقود
مفقود شده
kayıp
потерянный

Vermutung 3
supposition, guess
supposition
supposizione
sospecha
افتراض
حدس
tahmin
предположение

verprügeln 5
to beat up
tabasser
picchiare
partir la cara
ضرب
كتك‌زدن
sopa çekmek, dövmek
избивать

verschmutzen 5
to pollute
polluer
sporcare
ensuciar
لوّث
آلوده كردن
kirletmek
грязнить

Versicherung 4
insurance
assurance
assicurazione
seguro
تأمين
بيمه
sigorta
страхование

versprechen 2
to promise
promettre
promettere
prometer
وعد
قول دادن
söz vermek
обещать

verstehen (sich) 2
to get along with
s'entendre avec
andare d'accordo
entenderse
تفاهم
فهميدن/ درك‌كردن
anlaşmak
понимать

versuchen 3
to try
essayer
provare
tratar de
حاول
سعى‌كردن
denemek
пробовать

verwenden 4
to use
utiliser
usare
utilizar
استعمل
استفاده نمودن
kullanmak
употреблять

verwitwet 1
widowed
veuve (adj)
vedovo
enviudado
أرمل
بيوه
dul
овдовевший

Video 6
video
video
video
video
فيديو
ويدئو
video
видео

Vogel 6
bird
oiseau
uccello
pájaro
طائر
پرنده
kuş
птица

Volkshochschule 3
community college
université populaire
universitá popolare
universidad popular
مدارس عليا شعبية
مدرسه عالى دولتى
halk yüksek okulu
вечерняя школа

voll 4
full
plein, complet
pieno
lleno
ملآن
پر
dolu
полный

völlig 5
entirely
entièrement
completamente
completamente
كلّي
كاملا
tam
вполне

vorbei 1
over
fini
passato
pasado
انقضى
گذشته
bitmiş, geçmiş
кончено

Vorgänger/in 4
predecessor
prédécesseur
predecessore
antecesor
سلف
شخص قبلی
öncel
предшественник

vorher 3
earlier
auparavent
prima
antes
قبل ذلك
قبلا
önce, evvelce
раньше

vorkommen 3
to happen
se passer
succedere
darse caso
حدث
پیش آمدن
olmak, vuku bulmak
бывать

Vorname 1
first name
prénom
prenome
nombre de pila
إسم
نام / اسم کوچک
ad
имя

vorschlagen 2
to propose
proposer
proporre
sugerir
اقترح
پیشنهاد کردن
önermek
предлагать

Vorschrift 3
regulation
règlement
norma
reglamento
تعليمات
دستور / قانون
yönetmelik
предписание

vorspulen 6
to fast forward
rembobiner
bobbinare in avanti
dar p'alante
قدّم
نوار یا کاست را جلو بردن
öne almak
наматывать вперёд

vorzüglich 4
excellent
excellent
eccelente
exquisito
ممتاز
عالی
enfes
превосходный

W

Wagen 1
car
voiture
macchina
coche
عربة
اترمبيل
araba
машина

Wahl 3
election
élection
elezioni
elección
انتخاب
انتخابات
seçim
выбор

wählen 5
to vote
voter
votare
votar
انتخب
رای دادن
seçmek
выбирать

wandern 1
to hike
faire de la randonnée
camminare
caminar
تجوّل
مهاجرت کردن / راهپیمایی کردن
yürümek, gezinmek
странствовать

wecken 6
to wake up
réveiller
svegliare
despertar
أيقظ من النوم
بیدار کردن

uyandırmak
будить

wegen 4
because of
à cause de
per, a causa di
por
من أجل
بخاطر
ötürü, yüzünden, için
из-за

weglassen 5
to omit
omettre
omettere
omitir
حذف
کنارگناشتن
bırakmak
пропускать

weglaufen 1
to run away
se tirer
correre via
macharse
ذهب مسرعا
فرارکردن
kaçmak
убегать

Welt 4
world
monde
mondo
mundo
عالم
دنيا
dünya
мир

Weltreise 6
world tour
tour du monde
viaggio al torno del mondo
viaje por el mundo
رحلة حول العالم
سفر دور دنيا
dünya seyahati
кругосветное путешествие

werden 3
to become
devenir
diventare
hacerse
صار
شدن
olmak
становиться

werfen 5
to throw
jeter
buttare
tirar
رمى
پرتاب کردن/ انداختن
atmak
бросать

Westen 5
west
ouest
ovest
oeste
غرب
غرب
batı
запад

WG 1 〈 〉
flat-sharing
communauté
comunità abitativa
piso compartido
سكن مشترك
بطور مشترک در خانه ای سکونت کردن
bir evi diğerleri ile paylaşmak
люди живущие совместно в одной квартире

Widerspruch 3
protest
refus
obiezione
protesta
اعتراض
اعتراض
itiraz
противоречие

Wiederholung 1
repetition
répétition
repetizione
repetición
إعادة
تكرار
tekrar etme
повторение

wild 6
wild
sauvage
salvaggio
salvaje
رحشي
رحشى
vahşi
дикий

wirklich 1
real
vrai
vero
verdadero
واقعي/حقيقي
راقعى
gerçek
действительный

Wirklichkeit 6
reality
réalité
realtà
verdad
واقع / حقيقة
راقعيت
gerçeklik
действительность

Wochenende 2
weekend
week-end

week-end
fin de semana
نهاية أسبوع
آخر هفته
hafta sonu
конец

wohl 1
probably
probablement
probabilmente
probalemente
ربّما
احتمالا
her halde
наверно

Wohngebiet 2
residential area
zone résidentielle
zona residenziale
zona residencial
منطقة سكنية
منطقه مسكونى
mahalle, semt
квартал

Wohngemeinschaft 1
apartment-sharing
communauté
appartamento condiviso
piso compartido
سكن مشترك
بطور مشترك در خانه‌اى سكونت كردن
bir evi diğerleri ile paylaşmak
люди живущие совместно в одной квартире

Wortfamilie 1
word family
famille de mots
gruppo di parole affini
familia de palabras
مشتقّات الكلمة
خانواده واژه
söz familyası
семья слов

wunderbar 1
wonderful

merveilleux
meraviglioso
maraviloso
رائع
بسيار عالى
harika
чудесный

Z

Zauberer 6
magician
magicien
mago
mago
ساحر
جادوگر
sihirbaz
волшебник

Zeitschrift 6
magazine
revue
rivista
revista
مجلّة
مجله
mecmua, dergi
журнал

Zeitungsartikel 3
newspaper article
article de journal
articolo di giornale
artículo
مقالة صحفية
مقاله روزنامه
makale
газетная статья

Zettel 1
slip of paper
fiche
pezzo di carta
papelito
قصاصة
ورقه كوچك
pusula
записка

Zeug 3 ⟨⟩
stuff
chose, truc
roba
cosas
عدّة
شئ
malzeme
вещи

Zeugnis 4
diploma
diplôme
certificato
certificado
شهادة
مدرك
sertifika, diploma
аттестат

ziehen 1
to pull
tirer
tirare
tirar
جذب
كشيدن
çekmek
тянуть

ziemlich 6
rather
assez
abbastanza
bastante
نوعا ما
تقريبا
oldukca
довольно

Zirkus 1
circus
cirque
circo
circo
سرك
سيرك
sirk
цирк

Zoo 1
zoo
zoo
zoo
jardín zoológico
حديقة الحيوانات
باغ وحش
hayvanat bahçesi
зоопарк

zu (viel) 5
too
trop
troppo
demasiado
جدّا
بسيار / خیلی
çok
слишком

zuerst 5
first
d'abord
prima
primero
أوّلاً
اول
ilk olarak
сперва

zulassen 5
to admit
admettre
permettere
permitir
سمح
اجازه‌دادن / پذیرفتن
musaade etmek
допускать

zumindest 6
at least
au moins
almeno
por lo menos
على الأقلّ
حداقل
hiç olmazsa, en az
по меньшей мере

zurückrufen 2
to call back
rappeler
richiamare
llamar más tarde
ردّ
دربارهٔ تماس گرفتن
geri telefon açmak
отвечать по телефону

zurückschalten 6
to switch back
remettre
rimettere un canale
volver a un canal
أرجع
به‌کانال‌قبلی‌زدن
geri açmak
ставить назад

zurückspulen 6
to rewind
rebobiner
ribobbinare
dar p'atrás
أرجع
نوار را عقب بردن
geri çevirmek
наматывать назад

zurücktreten 3
to step back
reculer
recedere
renunciar
انسحب
از شرکت در قراردادی که بسته شده خودداری کردن
vaz geçmek
расторгать

zusammenleben 1
to live together
vivre ensemble
vivere insieme
vivir junto
تعايش
با هم زندگی کردن
bir arada yaşamak
жить совместно

zuverlässig 4
reliable
fiable
fidato
cumplido
يُعتمد عليه
قابل اطمينان
emin
надёжный

Zweck 3
purpose
but
scopo
finalidad
غاية
نتيجه / فايده
amac
цель

zweitens 5
secondly
deuxièmement
in secondo luogo
en segundo lugar
ثانيا
دوماً
ikinci olarak
во-вторых

1 ... 6 = Nummer des Themas
⟨ ⟩ = Umgangssprache
⟨!⟩ = Vulgärsprache

GLOSSAR

LÖSUNG

THEMA 1

Hör zu

A: 1. c **2.** a **3.** c.
B: 1. ja **2.** nein **3.** nein **4.** nein **5.** ja **6.** nein **7.** nein **8.** nein **9.** ja **10.** ja **11.** ja **12.** nein.

Praxis

1. Aus zwei mach eins: 1. Das ist die Frau, die so nett ist. **2.** der Typ, der irre Geschichten erzählt. **3.** die Freunde, die gerade in Peking gewesen sind. **4.** Edgar, der immer auf dem Sofa schläft. **5.** Karin, die sich immer so aufdonnert. **6.** der Junge, der mit vierzehn Jahren von zu Hause weggelaufen ist. **7.** das Buch, das nur zehn Euro gekostet hat. **8.** der Smoking, der dir so gut steht. **9.** die Geschichte, die mir so gut gefällt.

2. Aus zwei mach eins: 1. Hier ist das Foto, das der Fischer gemacht hat. **2.** die Zeitung, die du gut findest. **3.** der Scheck, den ich dir gestern gegeben habe. **4.** den Kuchen, den meine Oma gemacht hat. **5.** ...meine Freunde vor, die wir in Frankreich kennen gelernt haben. **6.** ein Auto, das man heute gut findet. **7.** ... den Mann gesehen, den Petra sucht. **8.** die Zwiebelsuppe, die ich bestellt habe. **9.** die Wohnung, die wir jetzt gemietet haben.

4. Setzen Sie das passende Relativpronomen ein: 1. die **2.** den **3.** der **4.** die **5.** der **6.** das **7.** den **8.** das **9.** den.

5. Verbinden Sie: 1. d **2.** f **3.** a **4.** c **5.** b **6.** e.

6. Wortsalat: 1. Ich habe mich gefreut, dass er uns zu dieser irren Bootstour eingeladen hat. **2.** Ich bin wirklich froh, dass wir zusammengezogen sind. **3.** Du musst wissen, ob die Männer da im weißen Smoking aufkreuzen oder ob eine alte Jeans reicht. **4.** Na jedenfalls hat er mir Geschichten erzählt, die wirklich interessant und komisch waren. **5.** Ich glaube dir nicht, aber das geht mich ja auch nichts mehr an.

8. Ergänzen Sie die Adjektiv-Endungen nach bestimmtem Artikel: 1. junge 2. griechische 3. alten 4. braune 5. alte 6. neuen ... schönen jungen 7. arroganten 8. lange. 9. rote 10. neue ... vielen bunten.

9. Ergänzen Sie die Adjektiv-Endungen nach unbestimmtem Artikel: 1. komischer 2. einziges 3. rote 4. alte 5. anderen 6. blauer ... roter 7. sentimentalen 8. amüsantes 9. glückliches 10. lustige und interessante 11. vielen schönen jungen.

10. Wie heißt die Endung? 1. neuen ... dritten 2. einer irren 3. neue ... ein komischer 4. weißen 5. kein einziges 6. diesen sentimentalen 7. einer weißen 8. einer ganz normalen ... netten 9. neue 10. vielen.

11. Was passt zusammen? das neue Buch zum neuen Film – die braune Hose zum grünen Jackett – das weiße Bett zum neuen Schlafzimmer – den trockenen Wein zum gekochten Fisch – den französischen Champagner zum russischen Kaviar – die weiße Bluse zum schwarzen Rock – der elegante Tisch zum roten Ledersofa.

12. Der gute Freund oder ein guter Freund? 1. einen neuen 2. ein guter 3. die roten 4. einen kleinen ... roten 5. die neue 6. dem roten ... ein gefährlicher 7. die französische 8. ein nettes, kleines 9. Das griechische 10. das interessante 11. Ein neugieriger.

13. Was fehlt? 1. Aufzug 2. anziehen 3. einziehen 4. überziehe 5. ausgezogen 6. Umzug 7. Beziehung.

14. Schreiben Sie die 2. Person Präsens: 1. du arbeitest 2. du siehst aus 3. du willst 4. du trägst 5. du gibst aus 6. du sitzt 7. du vergisst 8. du wäschst 9. du heißt 10. du nimmst 11. du empfiehlst 12. du grüßt 13. du darfst 14. du hältst aus 15. du isst 16. du gefällst 17. du quatschst 18. du verstehst 19. du läufst 20. du frühstückst.

15. Welches Verb? 1. Fahrt 2. wohnen 3. fängt ...an 4. Nimmst 5. muss ... fahren 6. zieht .. um 7. geht ... an 8. ärgert 9. Schläfst.

16. Genauso: 1. müssen ... aushalten 2. Fährt ... ab 3. kreuze ... auf 4. gefallen 5. leben ... zusammen 6. verbietet 7. hört ... auf 8. vergisst 9. triffst 10. weiß.

LÖSUNG

17. Sagen Sie es im Perfekt: 1. Du hast kein einziges Wort gesagt. **2.** Meine Freunde haben das Foto gemacht. **3.** Thomas hat Janina im Zug kennen gelernt. **4.** Endlich sind wir hier eingezogen. **5.** Die zwei sind glücklich gewesen. **6.** Ich habe meinen Smoking nicht gefunden. **7.** Der Film hat ihr gut gefallen. **8.** Die Geschichte hat im Flugzeug angefangen. **9.** Meistens ist alles ganz anders gekommen.

18. Genauso: 1. Du bist so kühl zu mir gewesen. **2.** Herr Köckritz hat sein ganzes Geld verloren. **3.** Herr Hubertus hat sich für Frau Schmid aufgedonnert. **4.** Alle sind im Urlaub nach Spanien gefahren. **5.** Ich bin nach Amerika geflogen. **6.** Du hast mal wieder übertrieben. **7.** Sie haben miteinander geredet. **8.** Meine Mutter hat sich nicht beruhigt. **9.** Warum hast du dich über den Typ geärgert?

19. Wie heißt das Partizip Perfekt? 1. gefunden **2.** gratuliert **3.** getragen **4.** verstanden **5.** getroffen **6.** angekommen **7.** rausgeschmissen **8.** gelegen **9.** gesessen **10.** gesetzt **11.** getan **12.** vergessen **13.** gewusst **14.** verloren **15.** gequatscht **16.** gefrühstückt **17.** angehalten **18.** empfohlen **19.** ausgesehen **20.** gewesen.

20. Welches Wort fehlt hier? 1. Flugzeug **2.** anziehen **3.** übertreibst **4.** aushalten **5.** amüsiert.

21. Kreuzworträtsel: 1. Bootstour **2.** zusammenleben **3.** aufdonnern **4.** glücklich **5.** amüsieren **6.** sentimental **7.** Flugzeug. – Lösung: SMOKING.

Hör & Spiel

A: 1. ja, **2.** nein, **3.** nein.
B: 1. b, **2.** a, **3.** b, **4.** c, **5.** b, **6.** c **C: 1.** Sie ist für vier Tage in Frankfurt, weil ihr Vater siebzigsten Geburtstag hat. **2.** Sie haben sich nicht mehr verstanden. Dann ist er in eine andere Stadt gezogen.

Janina und Thomas – Jahre später:

Thomas Tim. Hallo.
Ja, hallo, Thomas, hier ist Janina.
Janina!? Das ist aber eine Überraschung! Wir haben bestimmt schon fünf Jahre nichts mehr voneinander gehört.
Ja, genau, ich bin damals vor fünf Jahren nach München gezogen und studiere seit-

dem in München. Mein Vater hat am Sonntag siebzigsten Geburtstag. Deshalb bin ich für vier Tage hier zu Hause in Frankfurt.

Wie geht es dir denn so? Wie lebst du in München?

Ich wohne wieder in einer WG mit zwei Typen und einer Frau – mitten in Schwabing. Außerdem mache ich gerade Examen. Und du, Thomas?

Ich bin schon fertig mit dem Studium, ich arbeite jetzt als Ingenieur bei einer Computerfirma. Du, Janina, was mich interessiert: bist du noch mit Marius zusammen?

Nee, schon lange nicht mehr. Wir haben uns nicht mehr so gut verstanden. Vor zwei Jahren hat er eine Arbeit in einer anderen Stadt gekriegt. Dann war es ganz schnell aus und vorbei. Jetzt ist er verheiratet und hat schon eine Tochter. Und du? Hast du 'ne Frau?

Ja, aber die ist gerade für drei Monate in Australien. ... Hei du, ich freu mich, dass du mal wieder anrufst.

Ja, ich hab Lust gehabt, dich mal wiederzusehen. Was machst du heute Abend? Hast du Zeit?

O ja, gerne. Toll. Treffen wir uns in Sachsenhausen in unserer alten Kneipe. Um halb neun?

Lektüre

1. nein **2.** ja **3.** nein **4.** ja **5.** nein **6.** ja **7.** ja **8.** ja **9.** nein **10.** nein.

THEMA 2

Hör zu

A: 1. b **2.** c **3.** a.
B.: 1. nein **2.** ja **3.** ja **4.** nein **5.** nein **6.** ja **7.** ja **8.** nein **9.** ja **10.** ja **11.** nein **12.** nein.

Praxis

2. Konjugieren Sie in allen Personen: 1. ich freue mich auf den Urlaub, du freust dich, er freut sich, wir freuen uns, ihr freut euch, sie freuen sich **2.** ich ärgere mich über den langen Arbeitstag, du ärgerst dich, er ärgert sich, wir ärgern uns, ihr

LÖSUNG

ärgert euch, sie ärgern sich **3.** ich interessiere mich nicht für Tagespolitik, du interessierst dich, er interessiert sich, wir interessieren uns, ihr interessiert euch, sie interessieren sich **4.** ich beschäftige mich mit schwierigen Problemen, du beschäftigst dich, er beschäftigt sich, wir beschäftigen uns, ihr beschäftigt euch, sie beschäftigen sich.

3. Ergänzen Sie: Er ärgert sich über den Film, die Geschichte, das Buch. Sie interessiert sich für den Film, die Geschichte, das Buch. Veronika unterhält sich mit dem Freund, der Freundin, den Freunden. Christian streitet sich mit dem Freund, der Freundin, den Freunden. Achim freut sich auf die Ferien, den Roman, das Kind. Alexander beschäftigt sich mit den Ferien, dem Roman, dem Kind.

4. Sprechen Sie mit Ihrem Partner: 1. für Sport, für Bücher, für Politik .... **2.** die Ferien, den Geburtstag, den Film, das Abendessen, die Radtour, den Besuch, das Museum, die Ausstellung, das Spiel, die Bootstour, die Reise, das Kochen.

5. Sagen Sie es kurz: 1. mit ihr **2.** daran **3.** auf sie **4.** darüber **5.** darauf **6.** mit ihm **7.** darüber **8.** dafür **9.** mit ihm **10.** darüber.

6. «Zu» oder nicht «zu»? 1. zu, **2** .–, **3.** – , **4.** –, zu **5.** zu, **6.** –, **7.** zu, **8.** zu.

7. Ein verrücktes Haus: **1.** Ich verabrede mich mit dem amerikanischen Präsidenten zum Tee. **2.** Ihr ärgert euch über das Wetter. **3.** Du beschäftigst dich mit kosmo-energetischer Astral-Physik. **4.** ...

8. Verbinden Sie: 1. ... Peter, dem ich ein Buch geschenkt habe. **2.** ... Mann, dem das Auto gehört. **3.** ... Schwester, der ich jetzt die Geschichte erzähle. **4.** ... Junge, dem ich meine Turnschuhe schenke. **5.** ... Leute, denen das Restaurant gehört. 6 ... Mann, dem das Auto gefällt. **7.** ... Karin, der die tausend Euro gehören. **8.** ... Müllers an, denen der Hund gehört. **9.** ... Kind, dem der Hund gehört. **10.** ... Mann, dem ich gerade im Kaufhaus einen Fotoapparat gekauft habe.

9. Setzen Sie das passende Relativpronomen ein: 1. denen **2.** die **3.** das **4.** die **5.** das **6.** den **7.** dem **8.** die **9.** denen **10.** das.

11. Was möchten Sie am Wochenende machen? 1. Ich möchte eine Radtour machen, die nicht so lang sein darf. **2.** ... einen Film sehen, den ich noch nicht kenne.

3. ... die Freunde besuchen, denen wir unser altes Boot verkauft haben. **4.** ... in einem Wald spazieren gehen, der groß, ruhig und grün sein soll. **5.** ... in einem See schwimmen, der sauber und klar ist. **6.** ... in den Zoo gehen, den ihr so toll gefunden habt. **7.** ... das Haus ansehen, das wir vielleicht kaufen wollen. **8.** ... den Roman von Max Frisch lesen, den ich schon kenne und der mir so gut gefallen hat. **9.** ... im Garten in der Sonne liegen, die zum erstenmal seit zwei Wochen scheint. **10.** ... die Ausstellung von Andy Warhol besuchen, die nur zwei Wochen geöffnet ist.

12. Welches Wort fehlt hier? 1. Anrufbeantworter **2.** Nachrichten/Tagesschau **3.** beeil **4.** versprechen **5.** Tankstelle **6.** Freizeit.

13. Modalverben im Dialog: 1. sollen wir **2.** ich möchte **3.** können wir **4.** ich musste **5.** sie können **6.** sollen wir **7.** wir können **8.** können wir **9.** ich wollte **10.** ich wollte **11.** sie wollten **12.** ich konnte **13.** du musst **14.** wir wollten **15.** musst du.

14. Setzen Sie die Modalverben ins Präteritum: 1. (war), wollte **2.** musste **3.** wollten **4.** wollten **5.** (war), konnte **6.** wollte, durfte, (war) **7.** musstest **8.** solltest **9.** wolltest, konntest **10.** wollte, konnte, musste **11.** konnte, (hatte) **12.** musste, (war) **13.** wollten, (hatten).

15. Chaos und Ordnung: 1. Sie können nach dem Pfeifton eine Nachricht hinterlassen. Lass mich doch gerade das Spiel fertig gucken. **2.** Jetzt haben wir für morgen nichts zu essen im Kühlschrank. Gleich fängt es an zu regnen. **3.** Wir haben uns mit ihnen unterhalten. Ich interessiere mich für Nachrichten.

16. Welches Modalverb im Präteritum fehlt hier? 1. wollte, konnte **2.** musste, konnte **3.** sollte **4.** konnte **5.** wollte **6.** wollte, musste **7.** musste **8.** wollte, durfte **9.** sollte, musste **10.** konnte.

18. Geben Sie einen Rat: 1. Wenn du mehr Geld verdienen willst, dann musst du dir eine andere Stelle suchen. **2.** Wenn du heiraten willst, dann musst du dir eine Frau suchen. **3.** Wenn du ins Kino gehen willst, dann musst du jetzt den Bus nehmen. **4.** Wenn du keine Radtour machen willst, dann musst du den Freunden absagen. **5.** Wenn du nicht krank werden willst, dann musst du in die Sauna gehen. **6.** Wenn du Mittagsschlaf machen willst, dann musst du das Telefon in die Küche stellen.

LÖSUNG

19. Aus zwei mach eins: 1. ... , weil sie immer von ihrem kranken Herz spricht. **2.** ... , wenn wir sonntags bei deinen Eltern essen. **3.** ... , weil die Geschäfte geschlossen sind. **4.** ... , dass ihr heute zu Hause bleibt. **5.** ... , das ich dir vorgestern gebracht habe. **6.** ... , wenn wir nach Hause kommen. **7.** ... , dass ihr gekommen seid. **8.** ... , was er gesagt hat. **9.** ... , weil es geregnet hat. **10.** ... , dass er schon wieder zurück ist. **11.** ... , wenn sie Zeit haben. **12.** ... , der unseren Nachbarn gehört. **13.** ... , wenn es ein starkes Gewitter gibt. **14.** ... , weil ich mich unterstelle.

21. Artikel und Plural: 1. der, Relativsätze **2.** der, Umzüge **3.** das, Geburtsdaten **4.** das, Gläser **5.** die, Beziehungen **6.** das, Möbel **7.** der, Ausdrücke **8.** der, Diebe **9.** das, Fahrräder **10.** das, Museen **11.** der, Aufzüge **12.** der, Fußbälle **13.** der, Vornamen **14.** der, Träume **15.** das, Wochenenden **16.** der, Stars **17.** der, Reste **18.** der, Wagen **19.** der, Amerikaner **20.** die, Erinnerungen.

Hör & Spiel

A: 1. a **2.** c – **B: 1.** nein **2.** ja **3.** nein **4.** nein **5.** ja **6.** nein. – **C: 1.** Weil es bald ein Gewitter gibt. **2.** Weil sie nicht nass werden will.

Auf dem Fahrrad

Sind wir bald da?
Ein bisschen musst du noch fahren. 'Ne halbe Stunde dauert es bestimmt bis nach Hause.
Edgar, bitte fahr nicht so schnell! Ich komme ja gar nicht mit.
Gleich fängt es an zu regnen. Beeil dich ein bisschen!
Ich kann aber nicht schneller.
Nur noch fünf Kilometer.
Fahr doch schon vor. Ich komme nach.
Ich lasse dich doch nicht allein, Karin.
O Scheiße, gleich gibt es ein richtiges Gewitter. Sollen wir nicht anhalten?
Wo sollen wir uns denn hier unterstellen? Komm, die paar Kilometer schaffen wir noch.
Wenn ich noch lange weiterfahre, erkälte ich mich.
Halt noch zehn Minuten durch. Wir gehen dann gleich in die Sauna.
Also, Edgar, mit dir gehe ich nie mehr Rad fahren. Das nächste Wochenende kannst du allein los.

Mann, ärgere dich doch nicht so über das bisschen Regen!
Ich will nicht klatschnass werden.
Also ich bin wirklich nicht schuld daran.
So eine Tour mache ich nicht noch einmal. Ohne mich, mein Lieber!

Lektüre

1. ja **2.** nein **3.** ja **4.** ja **5.** nein **6.** nein **7.** ja **8.** nein **9.** nein **10.** ja.

THEMA 3

Hör zu

A: 1. b **2.** a **3.** am Fahrkartenschalter, in der Volkshochschule, im Bus **B: 1.** nein **2.** ja **3.** ja **4.** nein **5.** nein **6.** nein **7.** ja **8.** nein **9.** ja **10.** nein **11.** nein **12.** ja.

Praxis

1. Suchen Sie alle Verben im Präteritum: 1. ich wollte, ich will, ich habe gewollt, **2.** ich versuchte, ich versuche, ich habe versucht, **3.** er sagte, er sagt, er hat gesagt, **4.** ich brauchte, ich brauche, ich habe gebraucht, **5.** ich war, ich bin, ich bin gewesen, **6.** ich besorgte, ich besorge, ich habe besorgt, **7.** er erwischte, er erwischt, er hat erwischt, **8.** ich wollte, ich will, ich habe gewollt (wie **1.**)

2. Schreiben Sie die Form im Präteritum: 1. ich lachte **2.** du kauftest ein **3.** wir sagten **4.** ihr machtet **5.** du antwortetest **6.** er arbeitete **7.** sie bildeten **8.** ihr redetet **9.** du besorgtest **10.** sie machte aus **11.** ihr bezahltet **12.** du sagtest ab.

4. Schreiben Sie die Geschichte: 1. Henry suchte eine Frau. **2.** Er kaufte sich eine Zeitung. **3.** In der Zeitung war eine Anzeige von einer Frau, die einen Mann suchte. **4.** Henry schickte ihr einen Brief. **5.** Er wollte mit ihr essen gehen. **6.** Sie waren im Restaurant. **7.** Henry redete viel. **8.** Er erzählte ihr viel. **9.** Am Schluss sagte sie: «Ich glaube, ich will doch keinen Mann.» (Das bleibt im Präsens!) **10.** Dann suchte Henry wieder eine Frau. Oder: Jetzt sucht Henry wieder eine Frau.

LÖSUNG

5. Konjugieren Sie im Präteritum: **1.** ich zeigte, du zeigtest, er zeigte, wir zeigten, ihr zeigtet, sie zeigten **2.** telefonierte **3.** wartete **4.** bestellte **5.** meldete ... ab **6.** langweilte sich.

6. Schreiben Sie im Präteritum: 1. ich wünschte **2.** wir wanderten **3.** du tanztest **4.** ihr suchtet **5.** er störte **6.** ich schickte **7.** es reichte **8.** wir spielten **9.** Sie meinten **10.** ihr klingeltet **11.** er brauchte **12.** Sie grüßten **13.** du joggtest.

7. Weil es so schön war: 1. ich atmete aus **2.** wir bestellten **3.** er beeilte sich **4.** du stelltest fest **5.** ihr erzähltet **6.** ich handelte herunter **7.** er lernte kennen **8.** du räumtest auf **9.** wir freundeten uns an **10.** er beeilte sich **11.** Sie probierten an **12.** ihr versuchtet **13.** wir verzichteten.

8. Schreiben Sie eine Geschichte im Präteritum: Eva wollte ins Kino gehen. Sie telefonierte mit Thomas. Sie verabredeten sich am Bahnhof. Eva war um 19 Uhr 30 da. Dann wartete sie eine halbe Stunde. Als es regnete, stellte sie sich im Café unter. Herrmann war auch da. Sie redeten zusammen und erzählten. Abends besuchten sie zusammen ein Rock-Konzert. Sie tanzten die halbe Nacht. Thomas war am nächsten Morgen sehr böse.

9. Sagen Sie, was in 10 Jahren sein wird: 1. ... werden die Leute ... rauchen **2.** ... werden die im Radio ... quatschen **3.** ... werden die Kinder ... gehen **4.** ... wird man ... schreiben **5.** ... wird man ... bezahlen **6.** ... wird man sich ... verabreden **7.** ... wird sich jeder ... langweilen **8.** ... wird man ... mieten **9.** ... werden wir ... am Tag arbeiten **10.** ... werden wir ... fahren

10. Konjugieren Sie im Futur: 1. ich werde klingeln, du wirst klingeln, er wird klingeln, wir werden ..., ihr werdet ..., sie werden ... **2.** ich werde besuchen **3.** ich werde mich unterhalten **4.** ich werde mich streiten **5.** ich werde weggehen.

11. Lesen Sie über das Leben von Michel Müller: 1. Thomas Müller wird jeden Morgen um sieben Uhr aufstehen. **2.** Seine Frau wird ihm das Frühstück machen. **3.** Er wird mit ihr und den zwei Kindern frühstücken. **4.** Dann wird er mit dem Wagen zur Arbeit fahren. **5.** Die Kinder werden den Bus zur Schule nehmen. **6.** Mittags wird Michel Müller nie nach Hause kommen. **7.** Seine Frau und die Kinder werden allein essen. **8.** Abends um fünf Uhr wird er wieder das Auto nehmen und (er wird) nach Hause fahren. **9.** Zu Hause wird er seine Frau begrüßen und ein bisschen mit den Kindern spielen. **10.** Nach dem Abendessen wird er Fernsehen gucken. **11.** Thomas Müller wird auch ein langweiliges Leben leben.

12. Sie sind nicht sicher: 1. Es wird jetzt drei Uhr sein. **2.** Er wird um … Uhr anfangen. **3.** Er wird um … Uhr fahren. **4.** Er wird … Jahre alt sein. **5.** Sie wird die Nummer … haben. **6.** Er wird … fahren. **7.** er wird … Euro kosten. **8.** Sie wird … Stunden dauern. **9.** Er wird … kommen. **10.** Sie wird … und … und … frühstücken.

14. Präteritum, Präsens oder Futur: 1. war **2.** war, tanzte **3.** amüsierte **4.** lernte … kennen, verliebte **5.** dauerte **6.** fühlt **7.** bleibt **8.** ruft … an, erzählt **9.** verabredet **10.** werden … fahren.

15. Verbinden Sie die beiden Sätze mit der Konjunktion: 1. Peter kommt zu mir, wenn er Zeit hat. / Wenn Peter Zeit hat, kommt er zu mir. **2.** Eva liest ein Buch, wenn sie Zeit hat. / Wenn Eva Zeit hat, liest sie ein Buch. **3.** Ich rufe dich an, wenn ich aus Indien zurück bin. / Wenn ich aus Indien zurück bin, rufe ich dich an. **4.** Ich hatte keine Fahrkarte, als der Kontrolleur die Fahrkarte sehen wollte. / Als der Kontrolleur die Fahrkarte sehen wollte, hatte ich keine Fahrkarte. **5.** Hans macht eine Reise nach China, obwohl er kein Chinesisch spricht. / Obwohl Hans kein Chinesisch spricht, macht er eine Reise nach China. **6.** Die Kinder bleiben in den Ferien am Meer, bis die Schule wieder anfängt. / Bis die Schule wieder anfängt, bleiben die Kinder in den Ferien am Meer. **7.** Du brauchst einen Stempel von der Universität, damit du eine Studentenkarte kaufen kannst. / Damit du eine Studentenkarte kaufen kannst, brauchst du einen Stempel von der Universität. **8.** Wir haben nichts zu essen, weil du nichts eingekauft hast. / Weil du nichts eingekauft hast, haben wir nichts zu essen. **9.** Du musst 30 Euro bezahlen, wenn der Kontrolleur dich ohne Fahrschein erwischt. / Wenn der Kontrolleur dich ohne Fahrschein erwischt, musst du 30 Euro bezahlen. **10.** Pam sagt zum Kontrolleur: «Nix färstäiin, I'm American», obwohl sie sehr gut Deutsch spricht. / Obwohl sie sehr gut Deutsch spricht, sagt sie zum Kontrolleur: «Nix färstäiin, I'm American.»

16. Wie heißt der korrekte ganze Satz? 1. e, **2.** d, **3.** f, **4.** a, **5.** c, **6.** b.

18. «Wenn», «weil» oder «obwohl»: 1. wenn, wenn **2.** weil **3.** obwohl **4.** obwohl **5.** weil **6.** wenn/weil **7.** obwohl **8.** weil **9.** obwohl **10.** wenn.

LÖSUNG

19. Welche Konjunktion fehlt? 1. dass 2. bis 3. bevor 4. Wenn 5. dass 6. obwohl 7. ob 8. dass 9. damit 10. bis 11. obwohl 12. damit.

20. Sagen Sie es anders: 1. Schreiben Sie nein, wenn Sie das nicht wollen. 2. Es klappt vielleicht doch noch, wenn sich jemand abgemeldet hat. 3. Sie müssen bezahlen, wenn Sie ohne Fahrkarte fahren und ich Sie erwische. 4. Bis Sie eingeschrieben sind, müssen Sie warten. 5. Schreiben Sie an die Verkehrsbetriebe, wenn Sie mit den 30 Euro nicht einverstanden sind. 6. Obwohl ich eine Monatskarte habe, soll ich eine Tages-Fahrkarte kaufen? 7. Bevor sie die Villa in Regensburg mieteten, wohnten sie in Nürnberg. 8. Damit er in Tokio studieren kann, lernt er Japanisch. 9. Obwohl er so viel verdient, hat Carsten Schulz nie Geld. 10. Weil ich keine Lust habe, gehe ich nicht mit.

22. Was gehört zusammen? Turnschuh – joggen; Brief – schicken; Religion – protestantisch; Disko – tanzen; Ausstellung – besuchen; Deutschkurs – lernen; Problem – schwierig; Fußball – spielen; Foto – machen; Anrufbeantworter – sprechen.

23. Hier fehlt ein Wort: 1. freiberuflich 2. Monatskarte 3. Zweck 4. Möglichkeiten 5. anmelden 6. Chance/Möglichkeit 7. schicken 8. vorgekommen/passiert.

24. In welcher Zeit steht das Verb? 1. Präsens 2. Perfekt 3. Futur 4. Präsens 5. Futur 6. Präteritum 7. Präteritum 8. Präsens 9. Perfekt 10. Präsens. – Lösung: NEUN REISEN.

Hör & Spiel

A: 1. c 2. b 3. c. – **B:** Sie hören: 1. 2. 5. 7. 8. 11. 12.

Pam erzählt:

«Weißt du, was mir letzte Woche passiert ist? Ich wollte mich einschreiben für den Deutschkurs an der VHS und muss dafür natürlich jeden Morgen mit dem Bus fahren. Um Geld zu sparen, wollte ich mir eine Monatskarte kaufen, brauchte dafür aber einen Stempel von der Volkshochschule. Der Kurs war aber schon voll, und die wollten mir nicht sofort einen Stempel geben. Ich sollte es ein paar Tage später noch einmal versuchen. Im Bus erwischte mich dann der Kontrolleur, ich wollte nicht zahlen und habe dann einen Brief an die Verkehrsbetriebe geschrieben. Nach vier Tagen habe ich die Antwort bekommen: ‹Leider können wir Ihnen das erhöhte Fahrgeld von 30 Euro nicht erlassen, bitte zahlen Sie bis spätestens in acht Tagen das Geld auf unser Konto bla-bla-bla bei der money-money-Bank.›

Am nächsten Tag bin ich ins Büro der Verkehrsbetriebe und habe mit einem Chef gesprochen. Ich habe ihm gesagt, dass ich Studentin bin, dass ich kein Geld habe und dass ich unbedingt den Deutschkurs machen muss. Der Mann hat gemerkt, dass ich aus den USA komme und hat dann angefangen, von Amerika zu erzählen: Wie nett wir Amerikaner sind, wie ihm die U.S. gefallen und wie wichtig die deutsch-amerikanische Freundschaft ist.

Am Schluss hat er mir die Strafe erlassen und mir gesagt, dass ich das Geld nicht zu zahlen brauche, weil ich Amerikanerin bin. – Ich glaube, mit Japanern, Italienern oder Irakern tut er das nicht ... »

Lektüre

1. nein **2.** ja **3.** ja **4.** nein **5.** ja **6.** nein **7.** nein **8.** nein **9.** ja **10.** ja.

THEMA 4

Hör zu

A: 1. c **2.** c **3.** b.
B: 1. ja **2.** nein **3.** ja **4.** nein **5.** nein **6.** ja **7.** ja **8.** nein **9.** ja **10.** ja **11.** nein **12.** ja.

Praxis

1. Vergleichen Sie: 1. Madonna verkauft mehr Schallplatten als Prince. **2.** Die BRD ist kleiner als Frankreich. **3.** Ein Porsche kostet mehr als ein Volkswagen **4.** Englisch hat mehr Wörter als Deutsch. **5.** Henry ist so alt wie Betty. **6.** Der Zug ist langsamer als das Flugzeug. **7.** Helmut Kohl ist schwerer als Gorbatschow. **8.** Das Taxi ist teurer als der Bus. **9.** Das Empire State Building ist höher als der Eiffelturm. **10.** Mexiko hat mehr Einwohner als Japan. **11.** Ein Glas Bier kostet so viel wie ein Glas Wein.

LÖSUNG

12. Der April ist so lang wie der November. **13.** Christian ist zwei Jahre jünger als Wolfgang. **14.** Ein Fiat ist kürzer als ein Chevrolet. **15.** Mannheim hat so viele Einwohner wie Wiesbaden. **16.** Fritz und Franz verdienen gleich viel.

4. Setzen Sie den Superlativ ein: 1. langsamste **2.** schönste **3.** intelligenteste **4.** schönste **5.** dickste **6.** kleinste **7.** größte **8.** beste **9.** größte **10.** reichste.

5. Aus dem «Guinness-Buch der Rekorde»: 1. Jim Brower ist der schwerste Mann auf der Welt. **2.** die schwerste Frau **3.** der älteste Mann **4.** das höchste Haus **5.** das längste Buch **6.** der längste Film **7.** das teuerste Haus **8.** der schnellste Mensch im Auto (besser: der Mensch im schnellsten Auto) **9.** der höchste Berg **10.** das längste Tier.

6. Setzen Sie ins Präteritum: 1. Er aß **2.** Wir flogen **3.** Sie hieß Köhler **4.** Sie trugen **5.** Ich kannte **6.** Du riefst **7.** Ich tat nichts **8.** Wir sahen **9.** Sie traf **10.** Ihr halft **11.** Sie liefen **12.** Ich schrieb **13.** Du bliebst **14.** Er rief **15.** Sie lagen **16.** Wir aßen **17.** Er kannte **18.** Ihr gabt **19.** Ich trug **20.** Du fuhrst.

7. Transportieren Sie ins Präteritum: 1. Leo und Susanne trafen sich in einem Café. **2.** Wir halfen euch immer. **3.** Im Urlaub lag ich die ganze Zeit auf dem Sofa. **4.** Sie flogen über Hawaii nach Japan. **5.** Kanntest du ihn noch nicht? **6.** Janina schrieb Thomas jede Woche. **7.** Früher rief er sie jeden Tag an. **8.** In Rom zogst du dich immer so schön an. **9.** Wer schrieb den Roman «Doktor Faustus»? **10.** Auf der Party sah Conny nicht gut aus. **11.** Janina und Thomas stritten sich zu viel. **12.** Als er kein Geld mehr hatte, fuhr er zu seinem reichen Onkel.

8. Lesen Sie die Geschichte: 1. Kalli suchte eine neue Wohnung. **2.** Er hatte Probleme mit dem Hausbesitzer. **3.** Kalli bezahlte die Miete nicht. **4.** Da kündigte der Hausbesitzer ihm. **5.** Kalli hatte nämlich finanzielle Probleme. **6.** Er überzog sein Konto um 4000 Euro. **7.** Seine Frau fuhr jede Woche nach Baden-Baden ins Spielkasino. **8.** Sie verlor jedes Mal 500 Euro. **9.** Er sprach mit seinem Freund über diese Probleme. **10.** Maxi empfahl ihm: «Such dir nicht 'ne neue Wohnung, such dir 'ne neue Frau!»

9. Der Geburtstag von Karl: Gestern war Samstag, der 29. Februar. Karl hatte Geburtstag. Er schlief lange und blieb bis 10 Uhr im Bett. Dann stand er auf und ging ins Bad. Um 11 Uhr frühstückte er. Mittags traf er seine Freundin Karla in der

Stadt. Sie aßen im Restaurant. Dann fuhren sie an den See und schwammen dort. Abends luden sie viele Freunde zum Geburtstag ein (besser: hatten ... eingeladen). Das war ein schöner Tag.

11. Wie oder als? 1. wie 2. als 3. wie 4. als 5. als 6. als 7. wie 8. als 9. als 10. als, wie.

12. Viel Vergangenheit: 1. schrieb – stieg ... ein – übertrieb 2. vergisst, vergaß – gibt, gab – liest, las – sieht, sah – 3. spricht, sprach – nimmt, nahm – trifft, traf – empfiehlt, empfahl 4. trägt, trug – schlägt ... vor, schlug ... vor – wäscht, wusch 5. fängt ... an, fing ... an – hält, hielt – schläft, schlief 6. schwamm 7. flog – verbot – verlor – zog 8. trank 9. saß.

13. Aus zwei mach eins: 1. Du fährst im Urlaub nach England, um Englisch zu lernen. 2. Du fährst in die Stadt, um einzukaufen. 3. Sina geht in eine Kneipe, um Leute kennen zu lernen. 4. Andrea ruft im Reisebüro an, um sich zu bewerben. 5. Karl macht viele Überstunden, um seiner Chefin zu gefallen. 6. Andrea geht zum Arbeitsamt, um nach einer Stelle zu fragen. 7. Sie reisen in die Schweiz, um in den Alpen Ski zu fahren. 8. Ich nehme einen Kugelschreiber, um das blöde Formular auszufüllen. 9. Der Vermieter schreibt Kalli einen Brief, um ihm und seiner Familie zu kündigen. 10. Bei der Radtour fing es an zu regnen, und wir hielten an, um uns unterzustellen.

14. Was gehört zusammen? 1. f 2. e 3. a 4. d 5. c 6. b.

15. Präteritum, Präsens oder Futur: 1. arbeitete, lebt 2. werden ... sein 3. ärgerte, hat 4. interessierte, spielt, geht 5. besucht, wird ... anfangen 6. streikten, kann ... kommen.

16. Artikel und Plural: 1. die, Politessen 2. der, Jobs 3. der, Computer 4. die, Chancen 5. die, Telefonzellen 6. die, Sekretärinnen 7. das, Arbeitsämter 8. der, Einwohner 9. das, Gespräche 10. der, Grüße 11. die, Sprachen 12. die, Versicherungen 13. das, Passbilder 14. der, Stempel 15. das, Zeugnisse 16. die, Produktionsfirmen 17. die, Lösungen 18. die, Bewerbungen 19. die, Abschriften 20. der, Widersprüche.

17. Was passt hier? 1. Stelle 2. Zeugnis 3. Bescheid 4. Auslandsabteilung 5. Geschäftsschluss 6. Absage 7. übersetzt 8. halbtags 9. Einkommen 10. stellt ... her.

19. Wortsalat: 1. Ich habe keine Lust mehr, immer wieder von vorne anzufangen. **2.** Oder hast du mal in die Zeitung geschaut, um eine Stelle zu finden? **3.** Sie war die beste und zuverlässigste Sekretärin, die ich je hatte ... **4.** Ich verspreche, Sie anzurufen, sobald ich etwas Passendes habe. **5.** Wenn Sie nur halbtags arbeiten können, dann hat das keinen Zweck. **6.** Und im Herbst und Frühling kam sie immer mit auf die Messen, um mir zu helfen.

21. Was passt hier nicht? 1. Fahrrad **2.** Geschäftsschluss **3.** Frühling.

23. Welches Wort fehlt hier? 1. übersetzen **2.** Touristik **3.** Anzeige **4.** Steuer **5.** Herbst **6.** Bescheid **7.** Ausland **8.** Pech/Unglück.

Hör & Spiel

A: 1. nein **2.** ja **3.** ja.
B: 1. b **2.** b **3.** b **4.** c **5.** a **6.** b **7.** c.

Herr Trödler und Andrea treffen sich wieder

Entschuldigung, kennen wir uns nicht?
Meinen Sie?
Ja, ja, ich habe Sie schon einmal gesehen. Vielleicht auf einer Messe in New York ... oder in Rio.
Nein, ich fliege zum ersten Mal nach Brasilien. Ich weiß aber, wer Sie sind.
Ja, ja?
Sie wollten mich für 2600 brutto 50 Stunden arbeiten lassen. Ich hatte aber keine Lust, in Ihrer kleinen Firma «mehr zu leisten als andere».
So? Ja, ich erinnere mich. Sind Sie jetzt bei einer größeren Firma?
Nee, nee.
Sind Sie mit einem reichen Mann verheiratet?
Phhhhh!
Arbeiten Sie überhaupt nicht?
Was sind Sie denn so neugierig?
Nun erzählen Sie doch mal.
Fliegen Sie für Ihr kleines Reisebüro nach Brasilien?
Das war doch nicht meine Firma. Ich arbeite jetzt selbständig, ich verkaufe Urlaub.
So? Sie haben ein Reisebüro?
Ja, schon seit eineinhalb Jahren.

Ich arbeite auf der anderen Seite.
Was soll das heißen?
Ja, ich mache Urlaub.
Wie? Davon kann man doch nicht leben?
Doch, doch, ich interessiere mich für Afrika, Südamerika, Australien, Indien.
Als Touristin verdienen Sie doch kein Geld.
Doch, doch, mich interessiert die Welt.
Jetzt rücken Sie doch mal raus mit der Sprache. Wieso können Sie in der ganzen Welt rumfahren?
Ganz einfach: Ich habe einen Vater, der hat einen Bruder, mein Onkel. Der ging vor fünfzig Jahren nach Amerika und wurde schnell Millionär. Er war verheiratet und hatte aber keine Kinder.... und als er tot war, bekam ich das ganze Geld. So einfach ist das.

Lektüre

1. nein **2.** ja **3.** ja **4.** nein **5.** ja **6.** ja **7.** ja **8.** ja **9.** nein **10.** ja.

THEMA 5

Hör zu

A: 1. b **2.** a **3.** c.
B: 1. ja **2.** ja **3.** nein **4.** nein **5.** ja **6.** ja **7.** ja **8.** nein **9.** ja **10.** nein **11.** ja **12.** ja.

Praxis

1. Überlegen Sie: 1. Nachdem Udo 4 Stunden geschlafen hatte, stand er auf. **2.** Nachdem Ernas Auto kaputtgegangen war, musste sie in Baden-Baden bleiben. **3.** Nachdem Lea ihr Portemonnaie verloren hatte, lief sie zu Fuß nach Hause. **4.** Nachdem Alex nach München gefahren war, besuchte er dort einen Freund. **5.** Nachdem wir 6 Monate lang Japanisch in Köln gelernt hatten, fuhren wir nach Tokio. **6.** Nachdem Paul nachgedacht hatte, sprach er mit seiner Frau. **7.** Nachdem du dir ein Bein gebrochen hattest, konntest du die Radtour nicht mit uns machen. **8.** Nachdem ich 2 Jahre in Paris war, konnte ich kein Englisch mehr sprechen.

9. Nachdem Karin eine Flasche Cognac getrunken hatte, musste sie ins Krankenhaus. **10.** Nachdem Helga Holger kennen gelernt hatte, wollte sie nicht mehr zu Heinz zurück. **11.** Nachdem ich diese Übungen gemacht hatte, hatte ich die Schnauze voll vom Plusquamperfekt.

3. Was gehört zusammen? 1. e **2.** d **3.** f **4.** b **5.** c **6.** a.

4. Schule spielen: 1. ich werde vom Bundeskanzler angerufen, du wirst ... **2.** ich werde regelmäßig betrunken in der Kneipe gefunden **3.** ich werde von der Polizei gesucht **4.** ich werde von der Welt vergessen **5.** ich werde von King Kong geärgert **6.** ich werde nachts um 12 von Dracula besucht.

5. Sagen Sie es im Aktiv: 1. Die Eltern behandeln die Kinder gut. **2.** Die Leute trinken viel Whisky in Schottland. **3.** Die Deutschen bauen in Deutschland keine Atomkraftwerke mehr. **4.** Die Menschen verschmutzen die Meere auf der Welt immer mehr. **5.** Man glaubt das nicht. **6.** Die Regierungen in Afrika bauen nicht genug Krankenhäuser. **7.** Die Männer reden viel. **8.** Die Frauen tun viel. **9.** Viele Leute fahren auf der Autobahn zu schnell. **10.** Personen über 18 Jahre wählen alle 4 Jahre.

6. Konjugieren Sie im Passiv: **1.** ich werde geliebt, du wirst geliebt, er wird ..., wir werden, ihr werdet, sie werden **2.** gefragt **3.** eingeladen **4.** gestört **5.** verlassen **6.** abgehört.

7. Sagen Sie es im Passiv: 1. In Deutschland wird viel Fernsehen geguckt. **2.** In Spanien wird sehr spät gegessen. **3.** Auf dem Markt wird Gemüse gekauft. **4.** Heute wird viel aus dem Japanischen übersetzt. **5.** Die schmutzigen Kinder werden jeden Abend gewaschen. **6.** Den armen Ländern wird nicht genug geholfen. **7.** Im Zentrum wird viel Geld für die Wohnungen gezahlt. **8.** In der Disko wird viel geflirtet. **9.** Die Regierung wird gewählt. **10.** Pfandflaschen werden weggeworfen. **11.** Die Ausländer werden nicht immer freundlich aufgenommen.

8. Welches Wort fehlt? 1. allein erziehend **2.** Pfandflaschen **3.** Kindergarten **4.** Osteuropäer **5.** Stimme **6.** Erziehung **7.** Schnauze **8.** Bürgerinitiative.

9. Was war früher, vor 50 Jahren: 1. Es wurde mehr geraucht. **2.** Es wurde weniger Geld verdient. **3.** Es wurde mehr gearbeitet. **4.** Es wurde weniger gegessen. **5.** Es wurde mehr miteinander gesprochen. **6.** Es wurde jünger geheiratet. **7.** Es wurde nicht so viel gejoggt. **8.** Es wurde weniger Auto gefahren. **9.** Es wurde weniger gelesen. **10.** Es wurde mehr zu Fuß gegangen.

10. Übersetzung: Vor 50 Jahren rauchte man mehr. Die Leute verdienten weniger Geld. **3.** Die Leute arbeiteten mehr. **4.** Man aß weniger. **5.** Die Leute sprachen mehr miteinander. **6.** Man heiratete jünger. **7.** Die Leute joggten nicht so viel. **8.** Man fuhr weniger Auto. **9.** Die Leute lasen weniger. **10.** Man ging mehr zu Fuß.

11. Sagen Sie es anders mit dem Genitiv: 1. das Boot des Fischers **2.** das Auto des Arztes **3.** Ulrikes Kinder **4.** der Chef der Firma **5.** die Arbeit der Polizei **6.** der Anrufbeantworter des Vaters **7.** die Sekretärin des Chefs **8.** die Personalien der Schüler **9.** Karins Vater **10.** die Sprache der Amerikaner **11.** die Politik der Regierung **12.** Vaters Arzt **13.** der Arzt des Vaters **14.** die Probleme der Welt **15.** die Lösung des Problems **16.** die Miete der Wohnung **17.** das Zimmer der Eltern **18.** Aristoteles Onassis' Bankkonto **19.** der Rand der Stadt **20.** die Verkaufsstelle der Verkehrsbetriebe. **Achtung, man sagt auch: 7.** die Chefsekretärin **11.** die Regierungspolitik **16.** die Wohnungsmiete **19.** der Stadtrand.

12. Setzen Sie das richtige Wort im Genitiv ein: 1. des Kindes **2.** der Regierung **3.** des Chefs **4.** der Chinesen **5.** der Umwelt **6.** der Frauen **7.** der Rockgruppe **8.** der Radiosprecher.

13. Setzen Sie die richtigen Adjektiv-Endungen ein: 1. frische **2.** heißen, warmer **3.** frisches **4.** gute **5.** neue **6.** Neue **7.** fremde **8.** alte **9.** fremde **10.** sentimentalen **11.** pessimistischen **12.** wichtige **13.** aller.

14. Setzen Sie die Adjektiv-Endungen ein: guter Wein, guten Wein, gutem Wein, guten Weines, frische Wurst, frische Wurst, frischer Wurst, frischer Wurst, kaltes Wasser, kaltes Wasser, kaltem Wasser, kalten Wassers, gute Weine, gute Weine, guten Weinen, guter Weine.

15. Schweineschnitzel: 1. echt **2.** ein **3.** es **4.** essen **5.** Heinz **6.** heiser **7.** heißen **8.** hin **9.** hinten **10.** ich **11.** ihn **12.** ihnen **13.** in **14.** Insel **15.** ist **16.** leicht **17.** leisten **18.** lesen **19.** nein **20.** nicht **21.** nichts **22.** nie **23.** scheinen **24.** schießen **25.** Schiet **26.** schlecht **27.** schließen **28.** schließlich **29.** Schwein **30.** Schweiz **31.** See **32.** sehen **33.** sein (2x) **34.** seit **35.** stehen **36.** Tee **37.** Teil **38.** Weh **39.** weil **40.** Wein **41.** Weiß **42.** weit **43.** wen **44.** wenn **45.** Wien **46.** wissen **47.** Welt **48.** Zeit **49.** Zelt **50.** ziehen.

LÖSUNG

17. Schreiben Sie die richtigen Endungen: 1. neuen 2. schlechter 3. allein erziehende 4. gute 5. unglückliche 6. wunderbaren 7. junge 8. große 9. gute, schlechte 10. süßen.

19. Wie heißen die zusammengesetzten Wörter? 1. j – 2. l – 3. m – 4. n – 5. o – 6. a – 7. f – 8. b – 9. e – 10. c – 11. d – 12. h – 13. k – 14. i – 15. g.

21. Wie heißt das Gegenteil: 1. einziehen 2. später 3. Scheck 4. verlieren 5. arbeitslos 6. Ordnung 7. heute 8. Polizei 9. intelligent 10. aufwachen 11. verbieten 12. lieben 13. falsch 14. verheiratet 15. Glück 16. negativ 17. ? 18. arbeiten 19. sauer 20. Gleichheit.

22. Welcher Teil der Familie fehlt hier? 1. Eltern 2. Onkel 3. Schwester 4. Geschwister 5. Vaters 6. Bruder, ich 7. Schwester 8. Mutter, Tante 9. Eltern 10. Tante.

23. Erfinden Sie Familienrätsel: 1. meine Mutter 2. mein Vater/mein Onkel 3. mein Sohn/mein Neffe ...

24. Was stimmt hier nicht? 1. den Herbst – die Vorschrift – den Nordpol 2. Umwelt – Gefühl – Erziehung – Zeit – Kultur – Gespräche – Liebe – Arbeit 3. Kindergarten – Erziehung – Mutter – Schule – Vater – Regierung – Spiele – Liebe.

Hör & Spiel

A: 1. ja 2. ja 3. nein.
B: 1. c 2. b 3. c 4. a 5. b 6. c 7. c 8. b.

Es ist fünf vor zwölf

Weißt du, was ich heute in der Zeitung gelesen habe?
Nee, sag mal!
Da steht, dass wir in 10 Jahren die totale Umweltkatastrophe haben werden.
Jetzt übertreib aber nicht!
Doch. Wir können so nicht weitermachen.
Wir haben doch gute Vorschriften hier. In anderen Ländern haben die viel mehr Umweltprobleme.

So kannst du das nicht sagen. Wir alle, alle Menschen auf der Welt, haben eine Verantwortung für die Ökologie.
Ja, und deswegen haben wir in Deutschland gute Vorschriften.
Das genügt aber nicht. Guck mal die Chemie zum Beispiel. Was macht sie? Sie verschmutzt Luft und Wasser. Letzte Woche war ich an einem See, da schwammen nur tote Fische auf dem Wasser. Und was machen die Bürger? Kaufen Plastik, Plastik, Plastik, obwohl sie wissen, dass es Probleme mit dem Müll gibt, und sie kaufen Autos, Autos, Autos, und jedes Jahr gibt es mehr Autos, die mit ihren Benzinmotoren die Luft wirklich nicht sauberer machen. Wenn wir so weitermachen, dann hinterlassen wir unseren Kindern und Enkeln eine fürchterliche Welt.
Komm, jetzt reg dich nicht so auf, so schnell geht die Welt nicht kaputt.
Und die vielen Autobahnen und Atomkraftwerke, die gebaut werden, die Skifahrer, die die Alpen kaputtmachen, die Krankheiten, die mit der gefährlichen Luftverschmutzung kommen....
Du hast ja Recht: Man kann aber nicht immer so pessimistisch sein. Die Menschen haben ihre Probleme schon immer gelöst.
Nee, diesmal ist es fünf vor zwölf.

Lektüre

1. ja **2.** ja **3.** nein **4.** ja **5.** ja **6.** ja **7.** ja **8.** nein **9.** ja **10.** nein.

THEMA 6

Hör zu

A: 2.
B: 1. nein **2.** ja **3.** nein **4.** ja **5.** nein **6.** ja **7.** nein **8.** nein **9.** ja **10.** nein **11.** nein **12.** ja.

Praxis

1. Wünschen Sie sich etwas: 1. Ich hätte gern einen Garten! **2.** Ich würde gern meinen Traummann kennen lernen! **3.** Ich hätte gern ein Jahr Ferien! **4.** Ich würde gern auf ein großes Fest gehen! **5.** Ich würde gern viel Geld verdienen! **6.** Ich würde gern mit einem Schiff um die Welt fahren! **7.** Ich hätte gern fünf große, starke Brüder!

8. Ich würde gern Musik machen! **9.** Ich würde gern auf den Mond fliegen! **10.** Ich würde gern einen Computer kaufen! **11.** Ich würde gern Robert Redford treffen! **12.** Ich würde gern mit Marilyn Monroe ausgehen! **13.** Ich würde gern Tarzan kennen lernen! **14.** Ich würde gern Suaheli sprechen können.

3. Ergänzen Sie die Formen des Konjunktivs: **ich** hätte, würde gehen, dürfte; **du** hättest, würdest gehen, dürftest; **er** hätte, würde gehen, dürfte; **wir** hätten, würden gehen, dürften; **ihr** hättet, würdet gehen, dürftet; **sie** hätten, würden gehen, dürften; **ich** sollte, wäre, könnte; **du** solltest, wärst, könntest; **er** sollte, wäre, könnte; **wir** sollten, wären, könnten; **ihr** solltet, wäret, könntet; **sie** sollten, wären, könnten.

4. Setzen Sie das Verb im Konjunktiv Plusquamperfekt ein: **1.** gehabt hätte **2.** aufgepasst ... und gelernt hättest **3.** aufgestanden wäret **4.** gewesen wäre **5.** gegessen hätten **6.** gesprochen hätte **7.** gefragt hättest **8.** gewonnen hättest **9.** gekümmert hättest.

5. Wie heißt das Gegenteil? **1.** ausmachen **2.** dunkel **3.** am billigsten **4.** direkte Rede **5.** geduldig **6.** neu **7.** anfangen / beginnen **8.** klasse / toll / wunderbar / stark / intelligent / irre ... **9.** nie.

6. So eine Katastrophe: 1. Wenn du nicht so schnell gefahren wärest, wäre das nicht passiert! **2.** Wenn du besser aufgepasst hättest ... **3.** Wenn du früher aufgestanden wärest ... **4.** Wenn du nicht zu spät zum Rendezvous gekommen wärest ... **5.** Wenn du nicht mit dem Videorekorder gespielt hättest ... **6.** Wenn du gestern nicht schwimmen gegangen wärest ... **7.** Wenn du nicht so laut Saxophon gespielt hättest ... **8.** Wenn sie nicht so schnell Motorrad gefahren wäre ... **9.** Wenn du nicht so wild getanzt hättest ... **10.** Wenn du nicht zur Spielbank gegangen wärest ...

7. Wenn-dann-Salat: 1. Wenn ich einen Computer hätte, würde ich alle meine Referate darauf tippen. **2.** Wenn du mir einen zweiten Apparat gekauft hättest, könnte jeder jetzt sein eigenes Programm sehen. **3.** Wenn wir einen Computer hätten, könnte Paps die Steuererklärung damit machen, und du könntest Briefe darauf schreiben. **4.** Wenn du nicht sofort den Film wieder anmachst, gehe ich. **5.** Und wenn du nach drei Wochen die Lust verlierst, dann steht die Kiste hier rum, und wir haben das viele Geld umsonst bezahlt.

8. Fragen Sie Ihren Nachbarn: 1. A: Was würden Sie tun, wenn Sie eine Million Euro gewinnen würden? B: Wenn ich eine Million Euro gewinnen würde, ... **2.** ... , wenn Sie Politiker wären / Wenn ich Politiker wäre ... **3.** ... , wenn Sie Deutschlehrer wären? / Wenn ich Deutschlehrer wäre ... **4.** ... , wenn Sie Deutschbücher schreiben würden?/ Wenn ich Deutschbücher schreiben würde ... **5.** ... , wenn Sie wie Marilyn Monroe aussehen würden?/ Wenn ich wie Marilyn

Monroe aussehen würde ... **6.** ... , wenn Sie wie Tarzan aussehen würden? / Wenn ich wie Tarzan aussehen würde ... **7.** ... , wenn Sie nach einem Schiffsunglück allein auf einer Insel leben würden? / Wenn ich nach einem Schiffsunglück allein auf einer Insel leben würde ... **8.** ... , wenn Sie eine Hexe/ein Zauberer wären? / Wenn ich eine Hexe/ein Zauberer wäre ... **9.** ... , wenn Sie ein Vogel wären? / Wenn ich ein Vogel wäre ... **10.** ... , wenn Sie einen Film machen würden? / Wenn ich einen Film machen würde ... .

9. Erpressungen: 1. Wenn du die Suppe nicht isst, dann bekommst du keinen Nachtisch. **2.** Wenn du die Wohnung nicht sauber machst, kaufe ich dir das neue Kleid nicht. **3.** Wenn du mir das neue Kleid nicht kaufst, mache ich die Wohnung nicht sauber. **4.** Wenn Sie mir nicht das ganze Geld geben, schieße ich. **5.** Wenn Sie nicht mit einer Million Euro zum Bahnhof kommen, sehen Sie Ihre Frau nie wieder. **6.** Wenn Sie die Polizei rufen, muss Ihre Frau sterben. **7.** Wenn du nicht heute Abend mit mir ins Kino gehst, gehe ich mit Ulla. **6.** Wenn du mich nicht nach Paris mitnimmst, lasse ich mich von Willy nach Monaco einladen.

10. Bilden Sie Sätze! 1. Mutter und Vater kümmern sich um die Kinder. **2.** Moritz und Franz reden über ihren Vater. **3.** Der Politiker ärgert sich über die Wahl. **4.** Franz diskutiert mit seiner Tochter über den Sinn eines Computers. (!) **5.** Du interessierst dich für die neuesten Filme. **6.** Ich erinnere mich an die Bootstour bei Kreta. **7.** Was denkst du über den Umweltschutz zu Hause? **8.** Das Kind lacht über den Clown. **9.** Andrea bewirbt sich um die Stelle als Fremdsprachensekretärin. **10.** Ich freue mich sehr (!) auf die nächste Übung zu den präpositionalen Verben.

12. Partnerübung: 1. Ich bin mit meiner Freundin verabredet. **2.** Ich denke an gar nichts. **3.** Ich habe mich mit dem Chef unseres Büros unterhalten. **4.** Ich ärgere mich über meinen kaputten Computer. **5.** Ich bin nicht einverstanden mit euren Plänen für die Ferien. **6.** Ich freue mich so über meine neue Liebe. **7.** Sie sollen mich mit meiner Mutter in Moskau verbinden. **8.** Die Kinder lachen so laut über den Clown. **9.** Ich rede so unfreundlich über meinen Bruder. **10.** Es kommt bei diesem Rätsel auf eine schnelle Antwort an. **11.** Er fragt nach seinem Vater. **12.** Wir haben gestern so lange über den Krieg diskutiert. **13.** Ich warte hier auf den Arzt. **14.** Ich lade dich zu einem Abend im Theater ein. **15.** Ich kann mich nicht mehr an meinen Großvater erinnern.

13. Welches Wort fehlt hier? 1. Lautsprecher **2.** heller **3.** Kabelfernsehen **4.** Clips **5.** einlegen **6.** fotogen **7.** Chips **8.** Bildschirm.

14. Wie heißt die richtige Antwort? 1. Eine Computer-Anlage besteht aus einem Rechner, einem Bildschirm und einer Tastatur. **2.** Ich bin mit einem Freund aus Marokko verabredet. **3.** Mister Universum träumt von Miss World. **4.** Edgar hat zu

LÖSUNG

seinem Geburtstagsfest eingeladen. **5.** Unsere Fahrradtour hängt vom guten Wetter ab. **6.** Ein Psychologe beschäftigt sich mit der Seele des Menschen. **7.** Diese Kinder gehören zu dem Paar aus der Schweiz. **8.** Ich habe nach dem neusten Buch von Salman Rushdie gefragt. **9.** Ich habe mich mit dem tollen Typ aus der Disko verabredet. **10.** Ich will mit dem Bundespräsidenten verbunden werden.

15. Welches Wort passt hier nicht? 1. Alter **2.** Audi **3.** Lautsprecher **4.** Zirkus **5.** lachen **6.** Umweltschutz.

16. Sagen Sie es direkter: 1. Besuch mich bitte morgen! **2.** Nimm bitte den Hund! **3.** Hilf mir bitte! **4.** Lade Ferdi bitte auch ein! **5.** Gib mir bitte endlich das Geld! **6.** Stör bitte jetzt nicht! **7.** Werde jetzt bitte nicht verrückt! **8.** Klär das vorher bitte mit Ulla! **9.** Vergiss das bitte nicht! **10.** Schau dir das bitte mal an! **11.** Flieg bitte mit der nächsten Maschine! **12.** Setz dich bitte einen Moment! **13.** Triff dich bitte ein letztes Mal mit mir! **14.** Besuch mich an meinem Geburtstag! **15.** Vergiss das bitte!

17. Welcher Imperativ fehlt hier? 1. Lies **2.** Stell **3.** Erzähle **4.** Gib **5.** Lauf **6.** Unternimm **7.** Sei **8.** Zieh aus **9.** Ruf ...an **10.** Komm ...vorbei.

18. Wie heißt der Imperativ? 1. Komm zu mir zurück! **2.** Fahr noch schnell bei der Post vorbei! **3.** Räum dein Zimmer endlich auf! **4.** Melde dich für den neuen Kurs an! **5.** Zieh dich elegant für das Fest an! **6.** Gib das ganze Geld nicht in einer Nacht aus! **7.** Kratz dich nicht! **8.** Ärger dich über die verlorenen 100 Euro! **9.** Spul den Film zwei Minuten zurück! **10.** Schau dir den neuen Film von Klaus Kinski an! **11.** Geh zu einem Spezialisten! **12.** Stell das Bild besser ein! **13.** Schalte auf ein anderes Programm um! **14.** Halte dich aus dieser Geschichte raus! **15.** Kauf in der Nähe ein!

19. Kreuzworträtsel: 1. Vorspulen **2.** Videofilm **3.** Aufnehmen **4.** Kassette **5.** Hollywood **6.** Tastatur **7.** Fernbedienung **8.** Rechner. – Lösung: SOFTWARE.

20. Erinnern Sie sich an die Geschichte? 1. b **2.** c **3.** c **4.** a **5.** a **6.** c **7.** c **8.** c **9.** a.

21. Sagen Sie es indirekt: 1. Der Arzt sagt mir, dass ich mit dem Rauchen aufhören soll. **2.** ..., dass sie früher kommen soll. **3.** ..., dass ihr euch nicht beklagen sollt und dass das nichts hilft. **4.** ..., dass er dich nicht stören soll. **5.** ..., dass sie nichts von diesen elektronischen Geräten versteht. **6.** ..., dass Sie sich den Film anschauen sollen. **7.** ..., dass du dir den Film anschauen sollst. **8.** ..., dass du die Tür schließen sollst, wenn du aus dem Haus gehst. **9.** ..., dass er sie in Ruhe lassen soll. **10.** ..., dass er zu Hause bleiben soll und dass sie die Arbeit schon macht. **11.** ..., dass sie

Kaffee kochen soll. **12.** ..., dass er sich eine andere Sekretärin suchen soll. **13.** ..., dass er ihr mehr bezahlen soll. **14.** ..., dass er Elektronik studieren möchte.

22. Setzen Sie in die indirekte Rede: 1. Willy Wacker sagt, dass er nicht wählen geht. **2.** ..., dass es fünf vor zwölf ist. **3.** ..., dass Spanisch schön ist. **4.** ..., dass Ausländer nicht immer gut behandelt werden. **5.** ..., dass es noch nicht zu spät ist. **6.** ..., dass ich zuerst darüber nachdenken muss. **7.** ..., dass zu viel Arbeit zu viel Arbeit ist. **8.** ..., dass ich keine Lust mehr habe. **9.** ..., dass ihr etwas unternehmen müsst. **10.** ..., dass ich das nicht so sehe. **11.** ..., dass das alles sehr kompliziert ist. **12.** ..., dass ich nächste Woche nach Italien fahre. **13.** ..., dass wir Ihnen die Unterlagen faxen.

23. Verbinden Sie: 1a, 1b, 1c – 2a, 2b, 2c, 2d – 3a, 3b, 3c – 4a, 4b, 4c – 5a, 5c, 5d – 6a, 6b, 6c – 7a, 7b – 8b.

24. Wie heißen Artikel und Plural des Wortes? 1. der, Übersetzer **2.** die, Töchter **3.** der, Rechner **4.** die, Bürgerinitiativen **5.** die, Meinungen **6.** der, Lautsprecher **7.** der, Sprüche **8.** die, Gesellschaften **9.** der, Bürger **10.** die, Zeitschriften **11.** die, Stimmen **12.** der, Neffen **13.** der, Drucker **14.** der, Söhne **15.** das, Geräte **16.** die, Kenntnisse **17.** der, Apparate **18.** der, Stiefsöhne.

25. Bilden Sie Sätze mit «lassen»: 1. Lassen Sie Frau Müller anrufen! **2.** Lassen Sie Ihren Chef bezahlen! **3.** Lassen Sie Ihren Arzt schnell kommen! **4.** Lass dich entschuldigen! **5.** Lass Jochen das tun! **6.** Lass dir das wiedergeben! **7.** Lassen Sie sich das Auto nicht kaputtmachen! **8.** Lass dir nichts Falsches erzählen!

26. Sagen Sie's anders: 2. Madonna sieht nicht gut aus. **3.** Er braucht noch 1000 Euro. **4.** Lass das Auto reparieren. **5.** Es sieht schlecht aus. **6.** Es sieht aus wie neu. **7.** ..., wenn du Hilfe brauchst. **8.** Ich kann das gut (ge)brauchen. **9.** Du siehst nicht gut aus.

27. Setzen Sie ein: 1. am besten **2.** am meisten **3.** am besten **4.** spätestens **5.** am meisten **6.** schnellstens **7.** mindestens **8.** am höchsten **9.** am langsamsten **10.** höchstens **11.** meistens.

Hör & Spiel

A: 1. ja **2.** nein **3.** nein **B: 1.** b **2.** b **3.** c **4.** b **5.** c **C: 1.** Er möchte einen zweiten Fernseher für seine Frau kaufen. **2.** Er sucht einen bunten mit einem großen Bildschirm mit Fernbedienung und Kabel.

LÖSUNG

Im Fernsehgeschäft

Hallo, Franz. Was machst du denn hier?
Hallo, Moritz. Tja, ich will einen zweiten Fernseher kaufen. Meine Frau und ich streiten jeden Abend über das Programm.
Jaja, das kenne ich. Stell dir vor, ich hab dazu noch drei Kinder! Wir müssten fünf Fernseher haben, damit bei uns jeder sein Programm sehen könnte.
Fünf Stück! So viele Zimmer habt ihr doch gar nicht!
Ja, Franz. In Wirklichkeit finde ich es auch Unsinn, das Fernsehen so wichtig zu nehmen. Der eine Apparat bei uns zu Hause ist mir schon zu viel. Die Familie sollte lieber miteinander reden und spielen, als sich vor die Glotze zu setzen.
Na ja, ich werde auf jeden Fall einen zweiten Apparat kaufen – damit ich das nächste Mal in Ruhe Sport gucken kann, während im anderen Programm so «ein toller Film» läuft.
An was hast du denn gedacht, Franz? Bunt oder schwarzweiß?
Bunt natürlich. Wer ist heute noch mit schwarzweiß zufrieden?
Habt ihr eigentlich Kabelfernsehen? Dann müsste es ja ein besserer Apparat sein.
Ja. Außerdem will ich 'ne Fernbedienung. Und Moritz – einen großen Bildschirm muss er haben!
Komm, wir gucken uns mal ein bisschen um. Das interessiert mich auch.
Was hältst du von dem hier? Ich mache ihn mal an. Ich will sehen, wie das Bild ist.
Ein bisschen dunkel. Die Farben sind nicht richtig.
Kannst du es heller stellen?...Ja, so ist gut. ... Und jetzt schalte mal auf die verschiedenen Programme. Wie viele Programme hat er denn?
Dreißig. Das reicht wohl fürs Kabelfernsehen.
Toll, so ein großer Bildschirm, nicht?
Ja, ich habe gehört, es soll jetzt Schirme geben, die über einen Meter groß sind. Fast wie im Kino. Also, der Apparat hier ist okay. Eigentlich gefällt er mir ganz gut.
Und was soll er kosten?
Mal sehen. O je ...1099. Das ist ganz schön viel. Nee, das ist mir sogar zu viel. Da streite ich mich lieber wieder heute Abend mit meiner Frau. Du sagst ja auch, man sollte mehr miteinander reden in den Familien... . Sag mal, was machst du überhaupt hier im Geschäft?
Ich wollte einen Videorekorder für unseren Fernseher besorgen ... .

Lektüre

1. nein **2.** nein **3.** ja **4.** ja **5.** nein **6.** ja **7.** ja **8.** ja.

LÖSUNG

TEST 1
(Thema 1 und 2)

SCHLÜSSEL

1. Hören Sie die Fragen von der CD. Wie heißt die richtige Antwort: 1. c
2. b 3. b 4. a 5. c 6. b 7. b 8. c 9. a 10. b. **Die Fragen: 1.** Welches Foto meinst du?
2. Wieso hast du nur mit ihm getanzt? **3.** Wohnt dieser Typ auch da? **4.** Wie möchtest du wohnen? **5.** Warum schläfst du auf dem Sofa? **6.** Was wollen wir am Wochenende machen? **7.** Was hältst du davon, mit Egon ins Kino zu gehen?
8. Können wir nicht gemütlich zu Hause bleiben? **9.** Warum hat er das nicht früher gesagt? **10.** Sollen wir nicht anhalten?

2. Verbinden Sie die Sätze mit einem Relativpronomen: 1. Morgen kommt Frau Waldherr, der wir unser Haus in Lugano verkauft haben. **2.** Der Film hat mir sehr zu denken gegeben, den wir gestern gesehen haben. / Der Film, den wir gestern gesehen haben, hat mir sehr zu denken gegeben. **3.** Die Geschichten, die Rainer immer erzählt, langweilen mich. / Mich langweilen die Geschichten, die Rainer immer erzählt. **4.** Die Tour, die ich mit dir gemacht habe, hat mir nicht gefallen. / Mir hat die Tour nicht gefallen, die ich mit dir gemacht habe. **5.** Ich kann die Leute, die du kennst, nicht leiden. **6.** Die guten Krimis, die ich gerne sehe, kommen erst nachts um halb zwölf. **7.** Ich kenne keinen Politiker, dem ich glauben kann. **8.** Der Freund, den du mir auf dem Fest vorgestellt hast, war sehr sympathisch. **9.** Der Franzose, den wir im Zug nach Salzburg kennen gelernt haben, konnte sieben Sprachen sprechen. **10.** Du kannst das Geld behalten, das wir sparen, wenn wir zu Hause bleiben.

3. Was ist richtig? 1. c 2. c 3. b 4. b 5. c 6. a 7. c 8. a 9. a 10. c.

4. Hören Sie die Sätze von der CD. Schreiben Sie die Wörter, die fehlen:
1. erst mal, geärgert **2.** beruhigt, Zirkus **3.** jedenfalls, Geschichten, komisch
4. Erinnerungen **5.** Anrufbeantworter, 13 29 516 **6.** interessiere, Nachrichten
7. nichts zu essen, Kühlschrank **8.** beeil, bisschen.

5. Wie heißt der Satz im Perfekt? 1. Herr und Frau Läufer sind um halb elf zurückgekommen. **2.** Ich habe es nicht mehr ausgehalten mit Maria. **3.** Die Müllers sind in eine Wohnung am Bahnhof gezogen. **4.** Am Wochenende haben wir nichts unternommen. **5.** Mario hat vier Jahre in Moskau studiert. **6.** Hans und Karin haben sich nicht besonders verstanden. **7.** Haben Sie nicht zu viel versprochen? **8.** Die zwei haben noch nicht miteinander geschlafen. **9.** Diese Geschichten haben mich nie interessiert. **10.** Wir haben uns nur gestritten.

6. Hören Sie die Sätze von der CD. Wie heißen die richtigen Fragen dazu? 1. b **2.** b **3.** a **4.** a **5.** a **6.** a **7.** c **8.** a **9.** b **10.** b. **Die Sätze: 1.** Wir haben uns ein neues Auto gekauft. **2.** Gestern Abend war ich bei Bernd auf dem Fest. **3.** Ich möchte am Wochenende zu Hause bleiben. **4.** Ernst und Evelyn haben angerufen. Sie wollen morgen mit uns essen gehen. **5.** Alte amerikanische Filme sehe ich am liebsten. **6.** Ich möchte ihn nie wieder sehen. **7.** Konrad und Andrea verstehen sich nicht besonders. **8.** Wir können noch nicht aus dem Haus gehen. **9.** Ich habe letzte Woche den neuen Film von Woody Allen gesehen. **10.** Wir hatten keine Zeit. Wir waren in Köln.

7. Zwei Lösungen sind richtig. Finden Sie die falsche: 1. c **2.** a **3.** a **4.** c **5.** c **6.** c **7.** b **8.** a **9.** b **10.** a.

Auswertung

0 bis 34 richtige Antworten: Sie sollten nochmal die Relativpronomen und das Perfekt wiederholen, alle Wörter aus Thema 1 und 2 genau lernen, die Dialoge durcharbeiten und die wichtigsten Übungen wiederholen. *«Aller Anfang ist schwer.»*
35 bis 55 richtige: Nicht schlecht, aber es kann noch besser werden. Wie? Mit Arbeit und Konzentration! *«Studieren geht über Probieren.»*
56 bis 68 richtige: Wunderbar, für Sie ist das alles überhaupt kein Problem. Wie sagen die jungen Leute: *«Null Problemo!»*

TEST 2
(Thema 3 und 4)

1. Hören Sie die Fragen von der CD. Wie heißt die richtige Antwort? 1. b **2.** a **3.** c **4.** b **5.** a **6.** c **7.** b **8.** a **9.** c **10.** a. **Die Fragen: 1.** Was hast du denn, Andrea? **2.** Hast du eine Arbeit gefunden? **3.** Wann kann ich mich vorstellen? **4.** Wo arbeiten Sie zur Zeit? **5.** Möchten Sie halbtags arbeiten? **6.** Wo bekomme ich eine Monatskarte? **7.** Sind Sie Ausländerin? **8.** Wofür brauchen Sie die Passbilder? **9.** Waren Sie schon in der Sprachschule? **10.** Wo kann ich einen Deutschkurs machen?

2. Wie heißt es richtig? 1. a 2. b 3. c 4. c 5. b 6. a 7. c 8. a 9. c 10. b.

3. Setzen Sie den Text ins Präteritum: 1. Es war Samstag. 2. Die Sonne schien, und Kalli hatte Lust, aufs Land zu fahren. 3. Er setzte sich mit seiner Frau und seinen Kindern ins Auto und fuhr hinaus. 4. An einem See hielt er an. 5. Dort gingen sie baden. 6. Sie schwammen ein bisschen, dann aßen sie zu Mittag. 7. Danach schlief er, während seine Frau ein Buch las und die Kinder im Wasser spielten. 8. Später machten sie einen Spaziergang im Wald. 9. Als die Nacht kam, stiegen sie wieder ins Auto und fuhren nach Hause. 10. Dort gab es noch einen tollen Krimi im Fernsehen.

4. Pam ist wieder in den USA und schreibt einen Brief an ihre deutsche Freundin: 1. eine neue Arbeit 2. las ich in der Zeitung 3. deutsche Firma 4. stellte ich mich 5. der schönste Mann, älter 6. so alt wie 7. zwei Jahre, Deutsch 8. bekam 9. 3000 brutto 10. Grüße.

5. Welche Konjunktion fehlt hier? 1. ob 2. bis 3. wenn 4. ob 5. obwohl 6. wenn/weil 7. als 8. weil/wenn 9. weil 10. wenn.

6. Sie hören einen kurzen Dialog. Sagen Sie, ob die Sätze unten richtig sind: a nein b ja c nein d ja e ja f nein.

Der Dialog:
Hallo, Andrea! Wie war es bei der Reiseagentur sunny vacation? Hast du einen Job gekriegt?
Nein, ich wollte diese Arbeit aber auch nicht machen. Der Chef, Herr Trödler, ist ein ganz unsympathischer Mann. Er hat die ganze Zeit von meiner tollen Vorgängerin erzählt, die Tag und Nacht gearbeitet hat, und die machte das für 2600 brutto.
Was für ein Gehalt hat er dir denn angeboten?
Auch nur 2600, aber nur, «wenn Sie auch mal bereit sind, Überstunden zu machen». Nein, das war nichts für mich.
Ja und, was machst du jetzt? Ich dachte, du brauchst unbedingt Geld!
Ich habe erst mal etwas anderes gefunden. Ich arbeite in der Universität als Sekretärin, im französischen Institut. Da verdiene ich zwar auch nicht so viel, aber es macht mir großen Spaß, weil ich dauernd mit jungen Leuten zu tun habe. Auch mit vielen Ausländern.

SCHLÜSSEL

Auswertung

0 bis 33 richtige Antworten: Jeder hat mal einen schlechten Tag, oder? Wenn Sie aber keinen schlechten Tag haben und trotzdem so wenig Punkte, dann müssen Sie nochmal ins Buch schauen. «*Geduld ist die Schwester der Weisheit.*»
34 bis 53 richtige: Gar nicht übel. Aber es dürfen noch mehr richtige Antworten werden. Schauen Sie genau hin, welche Fehler Sie gemacht haben. Die Grammatik können Sie nur mit dem Buch wiederholen, die Hörverständnis-Tests mit Kassette und Buch. «*Früh übt sich, was ein Meister werden will.*»
54 bis 66 richtige: Warum lernen Sie eigentlich Deutsch? Fast schon alles doch Sih konne! Weiter so, Sie werden noch in die Fußstapfen Goethes treten. «*Nach getaner Arbeit ist gut ruh'n.*»

TEST 3
(Thema 5 und 6)

1. Hören Sie die Fragen von der CD. Wie heißen die richtigen Antworten? 1. b **2.** a **3.** b **4.** a **5.** c **6.** c **7.** a **8.** b **9.** a **10.** c. **Die Fragen: 1.** Was meinst du mit «allein erziehend»? **2.** Muss ein Kind immer mit Vater aufwachsen? **3.** Wer geht zum Psychiater? **4.** Meinst du das im Ernst? **5.** Warum regst du dich so auf? **6.** Findest du auch, dass wir nicht in einer Demokratie leben? **7.** Bist du für Atomkraftwerke? **8.** Möchtest du Ausländer in Deutschland sein? **9.** Haben andere Parteien keinen Streit in der Öffentlichkeit? **10.** Also, worum geht es?

2. Was passt hier – a, b oder c: 1. b **2.** b **3.** c **4.** a **5.** b **6.** a **7.** c **8.** b **9.** a **10.** b **11.** a **12.** a **13.** c **14.** c **15.** c **16.** a **17.** b **18.** c **19.** b **20.** c **21.** c **22.** c **23.** c **24.** b **25.** a.

3. Hören Sie die Antworten von der CD. Welche Frage passt dazu? 1. b **2.** b **3.** a **4.** c **5.** c **6.** b **7.** a **8.** c **9.** b **10.** c. **Die Antworten: 1.** Ich kann die Fernbedienung nicht finden. **2.** Nein, das ist ein amerikanischer Film mit Rita Hayworth. **3.** Leider sind die Lautsprecher kaputt. **4.** Ich möchte das zu Ende sehen. **5.** Ich lege die Video-Kassette ein. **6.** Oma sieht eins a aus für ihre 80 Jahre. **7.** Nein, lass uns das doch schnell zu Ende sehen. **8.** Das hängt von der Qualität ab. **9.** Das ist doch unsere Zukunft. **10.** Weil du dich vielleicht nach drei Wochen nicht mehr dafür interessierst.

4. Schreiben Sie die Wörter auf, die Sie hören: 1. Ausländerpolitik 2. Schweineschnitzel 3. Fernbedienung 4. allein erziehend 5. unnötig 6. entwickeln 7. schwören 8. Schwiegertochter 9. Kenntnisse 10. problematisch 11. Lautsprecher 12. ändern 13. Tschechoslowakei 14. Qualität 15. verprügeln 16. sexy 17. Sprüche 18. Mülltonne.

5. Was ist hier falsch? 1. zum 2. entwickelt 3. Stimme 4. Atomkraftwerke 5. über den Weg 6. schalt(e) 7. Kurzwelle 8. Jahre 9. nachdenken 10. Mathe und Physik 11. Stiefeltern 12. ein Ende.

Auswertung

0 bis 37 richtige Antworten: Nix «serr gut» diesem Test! Laider. Auch nix «nurr gut» dieser Toast. Also: an die Arbai! *«Jetzt wird wieder in die Hände gespuckt, wir steigern das Bruttosozialprodukt.»*

38 bis 60 richtige: Klasse, zwei ganze Bücher haben Sie durchgearbeitet, so lange haben Sie ausgehalten. Wir gratulieren! Mit etwas Geduld und Ausdauer kriegen Sie die paar Fehler auch noch weg. Sie können aber auch jetzt schon mit sich zufrieden sein. *«Lieber ein Spatz in der Hand als eine Taube auf dem Dach.»*

61 bis 75 richtige: Sie sind Olympiasieger im Deutschlernen. Bravo, bravo, bravo! Sie können anfangen, einen Roman auf Deutsch zu schreiben. Es wird bestimmt ein Bestseller! *«Fortuna lächelt, doch sie mag • Nur ungern voll beglücken: • Schenkt sie uns einen Sommertag • So schenkt sie uns auch Mücken.»* (W. Busch)

SCHLÜSSEL

VERBEN

Unregelmäßige Konjugation?
Kein Problem!

Wie Sie mit dieser Verbliste arbeiten können:

Infinitiv: **amüsieren** ist nicht trennbar.
ab·geben ist trennbar.

3. Präsens: findet man, wenn diese Form unregelmäßig ist
genauso: Imperativ 2. Person

Präteritum: hier steht die 1. (und 3.) Person Präteritum

Partizip 2: hier stehen alle unregelmäßigen Formen, (s) heißt: Perfekt oder Plusquamperfekt wird mit «sein» gebildet (nicht mit «haben»)

Probleme und wie Sie sie lösen:

1. Ist «vergessen» trennbar? Sie finden **vergessen** → «vergessen» ist nicht trennbar → «ich vergesse»
Ist «mitnehmen» trennbar? Sie finden **mit·nehmen** → «mitnehmen» ist trennbar → «ich nehme mit»

2. Wie heißt die 3. Person Präsens von «schlafen»? Sie finden **schläft** → «du schläfst, er schläft»
Wie heißt die 2. Person Präsens von «heißen»? Sie finden **heißt** → Das hat schon ein «s» → «du heißt»
Wie heißt der Imperativ von «nehmen»? Sie finden **nimm!** → «nimm!»

3. Wie heißt das Präteritum 1. Plural von «stehen»? Sie finden **stand** → «wir standen»
Wie heißt das Präteritum 2. Singular von «kennen»? Sie finden **kannte** → «du kanntest»

4. Wie heißt das Partizip 2 von «verabreden»? Sie finden **verabredet** → «verabredet»
Wie heißt das Perfekt 3. Plural von «sitzen»? Sie finden **gesessen** → «sie haben gesessen»
Wie heißt das Perfekt 3. Singular von «umziehen»? Sie finden **umgezogen (s)** → «er ist umgezogen»

Infinitiv	3. Präsens/ Imperativ Sing.	Präteritum	Partizip 2
ab·geben	gibt/gib!	gab	abgegeben
ab·hängen		hing … ab	abgehängt
ab·schreiben		schrieb … ab	abgeschrieben
amüsieren			amüsiert
an·bieten		bot … an	angeboten
an·gehen		ging … an	angegangen (s)
an·halten		hielt … an	angehalten
an·kommen		kam … an	angekommen (s)
an·probieren		probierte … an	anprobiert
an·rufen		rief … an	angerufen
an·sehen	sieht/ sieh! … an	sah … an	angesehen
an·sprechen	spricht/ sprich! … an	sprach … an	angesprochen
an·springen		sprang … an	angesprungen (s)
an·ziehen		zog … an	angezogen
auf·nehmen	nimmt/ nimm! … auf	nahm … auf	aufgenommen
auf·schreiben		schrieb … auf	aufgeschrieben
auf·stehen		stand … auf	aufgestanden (s)
auf·wachsen	wächst/ wachse! … auf	wuchs …	aufgewachsen (s)
auf·ziehen		zog … auf	aufgezogen
aus·fallen	fällt/ fall! … aus	fiel aus	ausgefallen (s)

VERBEN

Infinitiv	3. Präsens/ Imperativ Sing.	Präteritum	Partizip 2
aus·geben	gibt/ gib! … aus	gab … aus	ausgegeben
aus·gehen		ging … aus	ausgegangen (s)
aus·halten		hielt … aus	ausgehalten
aus·sehen	sieht/ sieh! … aus	sah … aus	ausgesehen
aus·ziehen		zog … aus	ausgezogen (s)
beeilen, sich			beeilt
beginnen		begann	begonnen
begrüßen			begrüßt
beklagen			beklagt
bekommen		bekam	bekommen
benutzen			benutzt
beruhigen sich			beruhigt
besorgen			besorgt
besprechen	bespricht/ besprich!	besprach	besprochen
bestellen			bestellt
besuchen			besucht
bezahlen			bezahlt
bitten		bat	gebeten
bleiben		blieb	geblieben (s)
da·bleiben		blieb … da	dageblieben (s)
denken		dachte	gedacht

Infinitiv	3. Präsens/ Imperativ Sing.	Präteritum	Partizip 2
dran·kommen		kam ... dran	drangekommen (s)
ein·geben	gibt/ gib! ... ein	gab ... ein	eingegeben
ein·laden	lädt/ lade! ... ein	lud ... ein	eingeladen
ein·schlafen	schläft/schlaf ... ein	schlief ... ein	eingeschlafen (s)
ein·schreiben		schrieb ... ein	eingeschrieben
ein·steigen		stieg ... ein	eingestiegen (s)
ein·ziehen		zog ... ein	eingezogen (s)
empfangen	empfängt/ empfange	empfing	empfangen
empfehlen		empfahl	empfohlen
entnehmen	entnimmt/ entnimm!	entnahm	entnommen
entscheiden		entschied	entschieden
entschuldigen			entschuldigt
entwickeln			entwickelt
erlassen	erlässt/erlasse	erließ	erlassen
erlauben			erlaubt
erwarten			erwartet
erwischen			erwischt
erzählen			erzählt
erziehen		erzog	erzogen
essen	isst/iss!	aß	gegessen

VERBEN

Infinitiv	3. Präsens/ Imperativ Sing.	Präteritum	Partizip 2
fahren	fährt/fahr!	fuhr	gefahren (s)
fallen	fällt/falle!	fiel	gefallen
fliegen		flog	geflogen (s)
geben	gibt/gib!	gab	gegeben
gefallen	gefällt/ gefalle!	gefiel	gefallen
gehen		ging	gegangen
gehören			gehört
gewinnen		gewann	gewonnen
gratulieren			gratuliert
haben	hat/habe!	hatte	gehabt
halten	hält/halte!	hielt	gehalten
heißen		hieß	geheißen
helfen	hilft/hilf!	half	geholfen
heraus·geben	gibt/ gib! … heraus	gab … heraus	herausgegeben
herein·kommen		kam … herein	hereingekommen (s)
herum·laufen	läuft/ lauf! … herum	lief … herum	herumgelaufen (s)
hinterlassen	hinterlässt/ hinterlass!	hinterließ	hinterlassen
interessieren, sich			interessiert
kassieren			kassiert
kennen		kannte	gekannt

Infinitiv	3. Präsens/ Imperativ Sing.	Präteritum	Partizip 2
klingeln	−/kling(e)le!		geklingelt
kommen		kam	gekommen (s)
können	kann/−	konnte	gekonnt
krank·schreiben		schrieb … krank	krankgeschrieben
lassen	lässt/lass!	ließ	gelassen
laufen	läuft/lauf!	lief	gelaufen (s)
leiden		litt	gelitten
lesen	liest/lies!	las	gelesen
liegen	liegt/lieg!	lag	gelegen
mit·kommen		kam … mit	mitgekommen (s)
mit·nehmen	nimmt/ nimm! … mit	nahm … mit	mitgenommen
mögen	mag/−	mochte	gemocht
müssen	muss/−	musste	gemusst
nach·denken		dachte … nach	nachgedacht
nach·kommen		kam … nach	nachgekommen (s)
nehmen	nimmt/ nimm!	nahm	genommen
organisieren			organisiert
passieren			passiert
raten	rät/rate!	riet	geraten
raus·gehen		ging … raus	rausgegangen (s)

VERBEN

Infinitiv	3. Präsens/ Imperativ Sing.	Präteritum	Partizip 2
raus·halten	hält/ halte! … raus	hielt … raus	rausgehalten
raus·schmeißen		schmiss … raus	rausgeschmissen
rein·gehen		ging … rein	reingegangen (s)
rennen		rannte	gerannt (s)
rufen		rief	gerufen
scheinen		schien	geschienen
schlafen	schläft/schlaf!	schlief	geschlafen
schließen		schloss	geschlossen
schreiben		schrieb	geschrieben
schwimmen		schwamm	geschwommen (s)
schwören		schwor	geschworen
sehen	sieht/sieh!	sah	gesehen
sein	ist/sei!	war	gewesen (s)
sitzen	sitzt/sitz!	saß	gesessen
sollen	soll/–	sollte	gesollt
spinnen		spann	gesponnen
stehen		stand	gestanden
sterben	stirbt/stirb!	starb	gestorben (s)
streiten		stritt	gestritten
studieren			studiert
telefonieren			telefoniert

Infinitiv	3. Präsens/ Imperativ Sing.	Präteritum	Partizip 2
tragen	trägt/trage!	trug	getragen
treffen	trifft/triff!	traf	getroffen
treten	tritt/tritt!	trat	getreten
tun	tut/tu!	tat	getan
um(·)ziehen		zog … um	umgezogen (s)
überlegen			überlegt
übersetzen			übersetzt
übertreiben		übertrieb	übertrieben
über(·)ziehen		überzog/ zog … über	über(ge)zogen
unterhalten, sich	unterhält/ unterhalte!	unterhielt	unterhalten
unternehmen	unternimmt/ unternimm!	unternahm	unternommen
unterschreiben		unterschrieb	unterschrieben
unterstreichen		unterstrich	unterstrichen
verabreden			verabredet
verändern			verändert
verbieten		verbot	verboten
verbinden		verband	verbunden
verdienen			verdient
vergessen	vergisst/vergiss!	vergaß	vergessen
verlassen	verlässt/verlass!	verließ	verlassen
verlieren		verlor	verloren

Infinitiv	3. Präsens/ Imperativ Sing.	Präteritum	Partizip 2
verprügeln			verprügelt
verschreiben		verschrieb	verschrieben
versprechen	verspricht/ versprich!	versprach	versprochen
verstehen		verstand	verstanden
versuchen			versucht
verwenden		verwendete	verwendet
verzichten			verzichtet
vorbei·fahren	fährt/ fahr! … vorbei	fuhr … vorbei	vorbeigefahren (s)
vorbei·kommen		kam … vorbei	vorbeigekommen (s)
vor·gehen		ging … vor	vorgegangen (s)
vor·kommen		kam … vor	vorgekommen (s)
vor·schlagen	schlägt/ schlag! … vor	schlug vor	vorgeschlagen
waschen	wäscht/ wasch!	wusch	gewaschen
weg·fahren	fährt/ fahr! … weg	fuhr … weg	weggefahren (s)
weg·geben	gibt/ gib! … weg	gab … weg	weggegeben
weg·laufen	läuft/ lauf! … weg	lief … weg	weggelaufen (s)
weiter·geben	gibt/gib!	gab	gegeben
weiter·gehen		ging … weiter	weitergegangen (s)

Infinitiv	3. Präsens/ Imperativ Sing.	Präteritum	Partizip 2
werden	wird/werde!	wurde	geworden (s)
werfen	wirft/wirf!	warf	geworfen
wiedertreffen	trifft/ triff! ... wieder	traf ... wieder	wiedergetroffen
wissen	weiß/wisse	wusste	gewusst
wollen	will/–	wollte	gewollt
ziehen		zog	gezogen
zu·lassen	lässt/ lass! ... zu	ließ ... zu	zugelassen
zurück·rufen		rief ... zurück	zurückgerufen
zurück·treten	tritt/ tritt! ... zurück	trat ... zurück	zurückgetreten (s)
zusammen·kommen		kam ... zusammen	zusammengekommen (s)
zusammen·ziehen		zog ... zusammen	zusammengezogen (s)
zu·sehen		sah ... zu	zugesehen
zu·steigen		stieg ... zu	zugestiegen (s)

INDEX

Wo Sie die Grammatik erklärt finden

Die Zahl gibt das Thema an, in dem das entsprechende Problem der Grammatik behandelt wird.

Akkusativ **68**
an **214**
Artikel 24, **68** (Akk.)
auf **214**
bleiben **216**
da- (Pronomen, damit, dafür darauf etc.) **212**
dass **132, 220**
Dativ **94, 96**
Datum **92, 94**
Demonstrativpronomen **190**
doch **50**
dürfen **158**
entweder ...oder **192**
erst **222**
fahren **216**
Frage **26, 46**
geben **26**
gehen **26, 216**
haben **44**
halten **216**
hängen **216**
hatte **102**
hier **212**
hinten **212**
hinter **214**
Imperativ **70**
in **214**
Inversion **74**

kennen **1**
kennen **26**
kommen **216**
kommen **44**
Konjunktionen **192**
können **124**
legen **216**
links **212**
Lokaladverbien **212**
möchten **124**
Modalverben **124, 158**
Monate **92**
müssen **124**
neben **214**
Nebensätze **132, 220**
nicht mehr **224**
noch **224**
noch nicht **224**
Nominativ **68**
nur **222**
ob **220**
Ordinalzahlen **92**
Partizip (2) **152, 154**
Perfekt
  – im Nebensatz **194**
  – mit sein **156**
  – nicht trennbare Verben **156**
  – regelmäßige Verben **152**

  – unregelmäßige + trennbare Verben **154**
Plural **68, 160**
Possessivpronomen **128, 130**
Präpositionen
  – da + – **226**
  – mit Dativ **184**
  – mit Akkusativ **186**
  – Wechselpräpositionen **214**
  – + Zeit **188**
Präteritum (sein, haben) **102**
Pronomen
 –Akkusativ **96**
 –da + – **226**
 –Dativ **96**
rechts **212**
Satzfrage **26**
Satzstellung
 –Hauptsatz **68**
 –Inversion **74**
 –Imperativ **70**
 – Nebensatz **132, 194**
 – Modalverb **158**
schon **222**
sein **26, 44, 216** (+ Dativ)

setzen **216**
Singular **68**
sollen **158**
sowohl ... als auch **192**
stellen **216**
treffen **44**
tun **216**
über **214**
Uhrzeit **40, 42**
unten **212**
unter **214**
Verb
–trennbar **72, 154**
–nicht trennbar **72, 156**
–regelmäßig **154**
–unregelmäßig **154**
Verneinung **48**
vor **214**
vorne **212**
wann **46**
war **102**
warten **44**
Wechselpräpositionen (Dativ, Akkusativ) **214**
weder ... noch **192**
weil **132**
wenn **132**
wo **214**
Wochentage **4**
Wochentage **92**
wohin **214**
wollen **158**
Zahlen **24**
– Ordinalzahlen **92**
zwischen **214**

Die neue Rechtschreibung

Hertha Beuschel-Menze / Frohmut Menze
Die neue Rechtschreibung
Wörter und Regeln leicht gelernt
(rororo sachbuch 60788)
Dieses Handbuch übersetzt die wichtigsten neuen und alten Regeln für Rechtschreibung und Zeichensetzung in leicht fassliche Form. Es enthält das amtliche Wörterverzeichnis sowie ein Variantenverzeichnis: Wörter mit neuer Schreibweise und solche mit Wahlmöglichkeit sind zur schnellen Orientierung rot gedruckt. Ratschläge zur Lerntechnik zeigen, wie Sie sich am einfachsten und sichersten Regeln oder Wörter merken können.

Hertha Beuschel-Menze / Frohmut Menze
So schreibt man das jetzt! *Die neue Rechtschreibung*
(rororo sachbuch 60172)
Dieses Handbuch für den Arbeitsplatz und zu Hause orientiert schnell und sicher: Es enthält das amtliche Wörterverzeichnis zur neuen Rechtschreibung, dazu die wichtigste Regel über den Gebrauch von s / ss / ß.

Horst Fröhler
Das ändert sich: alle Wörter mit neuer Rechtschreibung
Alphabetisch aufgeführt und nach Gruppen geordnet
(rororo sachbuch 60384)

Ernst Brandl / Catharina von Fürstenberg
Einfach umlernen – so schnell sitzt die neue Rechtschreibung
(rororo sachbuch 60866)
Die neue Rechtschreibung ist da. Aber keine Sorge, Sie stehen keineswegs vor der Aufgabe, ein komplettes Regelwerk neu lernen zu müssen. Wenn Sie die alten Rechtschreibregeln korrekt anwenden können, ist das Umlernen ein Leichtes für Sie.

Schülern der 7. bis 10. Klasse empfehlen wir zum Umlernen den Titel aus unserer Reihe **klipp & klar Lerntrainer**:
Deutsch, 7. bis 10. Klasse
Die neue Rechtschreibung – so klappt's sicher. Leicht verstehen, schnell umlernen
(rororo sachbuch 60626)

Weitere Informationen in der **Rowohlt Revue**, kostenlos im Buchhandel, und im **Internet**: www.rororo.de

rororo sachbuch

Überflieger

Die **Überflieger** sind der Einstieg für alle, denen ein ganzes Lehrbuch zu langwierig und ein Sprachführer zu floskelhaft ist. Mit der ausgefeilten Methode der "Überflieger" können Sie schon in wenigen Tagen die notwendigen Grundkenntnisse erwerben, um sich in einem fremden Land zu verständigen. Praktische Tips zu Kultur und Alltag helfen bei der Orientierung.

Uwe Kreisel /
Pamela Ann Tabbert
American Slang in letzter Minute
(Buch: rororo 19623 /
Toncassette: rororo 19705)

Iain Galbraith / Paul Krieger
Englisch in letzter Minute
(Buch: rororo 60908 /
Buch mit Audio-CD:
rororo 60909 /
Toncassette: rororo 60910)

Isabelle Jue /
Nicole Zimmermann
Französisch in letzter Minute
(Buch: rororo 60911 /
Buch mit Audio-CD:
rororo 60912 /
Toncassette: rororo 60913)

Frida Bordon /
Giuseppe Siciliano
Italienisch in letzter Minute
(Buch: rororo 60914 /
Buch mit Audio-CD:
rororo 60915 /
Toncassette: rororo 60916)

Christof Kehr
Spanisch in letzter Minute
(Buch: rororo 60917 /
Buch mit Audio-CD:
rororo 60918 /
Toncassette: rororo 60919)

Weitere Informationen in der
Rowohlt Revue, kostenlos im
Buchhandel, und im **Internet:**
www.rororo.de

rororo sprachen

Englisch

Robert Kleinschroth
Sprachen lernen *Der Schlüssel zur richtigen Technik*
(rororo 60842)

Gunther Bischoff
Speak you English? *Programmierte Übung zum Verlernen typisch deutscher Englischfehler*
(rororo 16857)
Better Times *Ein leichtes Programm zum richtigen Gebrauch der englischen Zeiten*
(rororo 17987)

René Bosewitz
Better Your English *Wie man typisch deutsche Fehler verlernt*
(rororo 60802)
Perfect Your English *Wie man die tückischsten Sprachfallen vermeidet*
(rororo 61147)

René Bosewitz /
Robert Kleinschroth
Joke by Joke to Conversation *Sprechsituationen mit Witz gemeistert*
(rororo 18797)
Joke Your Way Through English Grammar *Wichtige Regeln zum Anlachen*
(rororo 18527)

Hartmut Breitkreuz
False Friends *Stolpersteine des deutsch-englischen Wortschatzes*
(rororo 18492)

Hartmut Breitkreuz /
René Bosewitz
Getting on Top of Idiomatic Verbs *Tausend Wendungen im Kontext*
(rororo 18523)

Iain Galbraith / Paul Krieger
Englisch in letzter Minute *Ein Sprachführer für Kurzentschlossene*
(Buch: rororo 60908 /
Buch mit Audio-CD:
rororo 60909 /
Toncassette: rororo 60910)

Hans-Georg Heuber
Talk one's head off. Ein Loch in den Bauch reden *Englische Redewendungen und ihre deutschen «opposite numbers»*
(rororo 17653)

Weitere Informationen in der **Rowohlt Revue**, kostenlos im Buchhandel, und im **Internet:** www.rororo.de

rororo sprachen

Literatur

rowohlts monographien
Begründet von Kurt Kusenberg, herausgegeben von Wolfgang Müller und Uwe Naumann.

Alfred Andersch
dargestellt von
Bernhard Jendricke
(50395)

Lou Andreas-Salomé
dargestellt von Linde Salber
(50463)

Bettine von Arnim
dargestellt von
Helmut Hirsch
(50369)

Jane Austen
dargestellt von
Wolfgang Martynkewicz
(50528)

Simone de Beauvoir
dargestellt von
Christiane Zehl Romero
(50260)

Wolfgang Borchert
dargestellt von
Peter Rühmkorf
(50058)

Albert Camus
dargestellt von
Brigitte Sändig
(50635)

Raymond Chandler
dargestellt von
Thomas Degering
(50377)

Joseph von Eichendorff
dargstellt von
Hermann Korte
(50568)

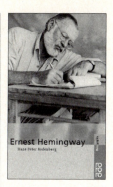

Theodor Fontane
dargestellt von
Helmuth Nürnberger
(50145)

Frauen um Goethe
dargestellt von Astrid Seele
(50636)

Ernest Hemingway
dargestellt von
Hans-Peter Rodenberg
(50626)

Henrik Ibsen
dargestellt von
Gerd E. Rieger
(50295)

James Joyce
dargestellt von Jean Paris
(50040)

Ein Gesamtverzeichnis der Reihe *rowohlts monographien* finden Sie in der *Rowohlt Revue*. Vierteljährlich neu. Kostenlos in Ihrer Buchhandlung.
Rowohlt im Internet:
www.rowohlt.de

rowohlts monographien

Online

Die Welt geht online: Ob Telebanking oder computergestütztes Verkaufen, Austausch über Mailboxen oder das Nutzen des World Wide Web im Internet – mit den Online-Büchern bei *rororo computer* gehen Sie auf spannende und unterhaltsame Datenreisen.

Ingo Steinhaus
Bank und Börse online
Geldanlage per Internet
(rororo computer 60089)

Petra Vogt
Bekanntwerden im Internet
Wege zur optimalen Webpräsenz
(rororo computer 60088)

Jason Cranford Teague
DHTML *in 500 Bildschritten*
(rororo computer 60071)

Phyllis Davis / Deborah Craig
FrontPage *in 800 Bildschritten*
(rororo computer 19899)

Elisabeth Castro
HTML für das Web *in 500 Bildschritten*
(rororo computer 19894)

Helmut Erlenkötter
HTML *Von der Baustelle bis Javascript*
(rororo computer 60085)

Steve Haite / Felix Bossart
Internet für Unternehmen *Das 5x5 Erfolgsrezept*
(rororo computer 60087)

Gabriele Hooffacker
Informationen gewinnen im Internet *Zielgenau suchen und auswerten*
(rororo computer 60070)

Ingo Steinhaus
Keine Panik! Internet!
Sicher nutzen
(rororo computer 60081)

Weitere Informationen in der **Rowohlt Revue**, kostenlos im Buchhandel, und im **Internet: www.rororo.de**

rororo computer

Lebenshilfe

Die praktische Psychologie ist traditionell ein Schwerpunkt im Sachbuch bei rororo. Praxisorientierte Ratgeber leisten Hilfestellung bei privaten und beruflichen Problemen.

Kuni Becker
Die perfekte Frau und ihr Geheimnis *Eß- und Brechsucht: Hilfen für Betroffene und Angehörige*
(rororo sachbuch 19576)

Annette Bopp /
Sigrid Nolte-Schefold
StiefKinder – RabenEltern – RabenKinder – StiefEltern *Leben in einer Patchworkfamilie: Probleme erkennen, Perspektiven gewinnen*
(rororo sachbuch 60541)

Gerd Hennenhofer /
Klaus D. Heil
Angst überwinden *Selbstbefreiung durch Verhaltenstherapie*
(rororo sachbuch 16939)

Eleonore Höfner /
Hans-Ulrich Schachtner
Das wäre doch gelacht! *Humor und Provokation in der Therapie*
(rororo sachbuch 60231)

Eva Jaeggi
Zu heilen die zerstoßnen Herzen *Die Hauptrichtungen der Psychotherapie und ihre Menschenbilder*
(rororo sachbuch 60352)

Spencer Johnson
Ja oder Nein. Der Weg zur besten Entscheidung *Wie wir Intuition und Verstand richtig nutzen*
(rororo sachbuch 19906)

Ursula Lambrou
Helfen oder aufgeben? *Ein Ratgeber für Angehörige von Alkoholikern*
(rororo sachbuch 19955)

Frank Naumann
Miteinander streiten *Die Kunst der fairen Auseinandersetzung*
(rororo sachbuch 19795)

Ann Weiser Cornell
Focusing – Der Stimme des Körpers folgen *Anleitungen und Übungen zur Selbsterfahrung*
(rororo sachbuch 60353)

Weitere Informationen in der **Rowohlt Revue**, kostenlos im Buchhandel, oder im **Internet:** www.rororo.de

rororo sachbuch

Gisela Krahl

Das Schlampenkochbuch *Für gewitzte Anfänger, eilige Gourmets und alle, die mit links etwas zaubern möchten*
(rororo sachbuch 60898 und als gebundene Ausgabe bei Wunderlich)
Sie würden manchmal gern kochen – aber spontan, flink und so originell, dass jedes Fertiggericht sich beschämt versteckt? Dieses Kochbuch verrät Ihnen Rezepte und Tips, mit denen Sie den anspruchsvollsten Überraschungsgast erstaunen, hungrige Freunde beglücken oder die ganz große Party werfen können. Chaotensicher beschrieben werden hier Grundrezepte mit jeweils mehreren Variationen, jedoch mit verblüffend anderem Gaumenkitzel, die großen Eindruck machen – und ruckzuck auf den Tisch zu bringen sind.

Schlampenküche für verspielte Mütter
192 Seiten. Gebunden bei Wunderlich
Auch Schlampen haben Kinder, und was macht die Chaotin mit Stil, wenn ihr Nachwuchs sich hungrig um den Tisch schart? Wie zaubert man mit viel Phantasie und wenig Aufwand Überraschungen auf den Teller? Und wie verwandelt man kleine Geschmacksbanausen in neugierige Jungschmecker? Hier finden Sie Gerichte, die einfach nachzukochen sind und das Familienleben bereichern. Pädagogisch ist das alles nicht immer ganz korrekt, dafür aber sehr liebevoll.

Frech auf den Tisch *Wenn die Schlampe feiert*
160 Seiten. Gebunden bei Wunderlich
Eine schlaue Frau denkt gar nicht daran, das zu werden, was Superweiber, Schnepfen und verwöhnte Männer unter einer guten Hausfrau oder perfekten Gastgeberin verstehen, denn das ist ein blöder, völlig unzeitgemäßer Job. Rauschen Sie lieber festlich los: Hier sind Tips für die Organisation, Dekoration und das Arrangement bei größeren Versammlungen. Für Feste jeder Art werden ganze Menüs vorgeschlagen – denn der Triumph der Gastgeberin hängt von einer organisatorisch klugen und kochtechnisch einfachen Zusammenstellung ab. Die meisten Rezepte lassen sich individuell am Herd weiterentwickeln, Variationen und Würze zaubern Sie nach Laune und Gegebenheiten.

rororo sachbuch / Wunderlich